出没風波里

当代风波里

江平和他的时代

陈夏红 著

法律出版社
LAW PRESS · CHINA

致 谢

感谢江平教授的信任，将他晚年最重要的两本著作委托笔者完成：一本是他的口述自传《沉浮与枯荣：八十自述》，另一本即《出没风波里：江平和他的时代》。为了这两本书的写作，江平教授多次接受采访，耐心并坦率地回答了我提出的几乎所有问题。

感谢吴未央学兄的大力推荐，使我有机会并荣幸地承担为江平先生作传的重任。亦诚挚感谢本书策划人赵旭东教授，为本书写作筹措必要的经费。

本书的写作过程中，以下人士（按姓氏字母顺序）接受过笔者的采访：阿计（计伟民）、蔡定剑、陈光中、陈汉章、崔琦、邓辉、费安玲、冯钟骥、郭恒忠、韩良、黄道秀、黄进、江波、江伟珊、江伟珣、孔祥俊、李伯康、李桂芳、李曙光、李逸尘、刘程潜、刘兆兴、刘苏里、毛振华、穆谟、浦志强、邱海洋、王保树、王红松、王家福、王文杰、王涌、王泽鉴、申卫星、沈国锋、施天涛、孙国栋、孙兆晖、陶和谦、田耕、文海兴、魏振瀛、吴端民、吴敬琏、巫昌祯、解战原、肖峋、许建武、徐杰、严端、杨正彦、应松年、赵旭东、郑大勇、张晋藩、张守东、张思之、张青、张遵修、庄守经、周恒岐、周小明等。若非他们慷慨接受采访，提供相关线索及文献,这本传记注定要逊色很多。

还要特别感谢孙国栋和他编辑的《永远的校长——江平教授八十华诞庆贺文集》一书中所有的作者:张思之、王泽鉴、贺卫方、米健、柳经纬、李静冰、龙卫球、罗培新、王淑琴、陈家祥、唐师曾、陈俐茹、胡春秀、林晓东、许志永、赵国君、张星水、谢冀川、陈杰、韩良、郭恒忠、于海涌、李文子、王俊秀、王小峰、孙国栋、许章润、徐家力、刘桂明、田文昌、俞梅荪、陈惠忠、赵红梅、宋振江、王才亮、王利平、冉瑞雪、赵威、李轩等。这本贺寿文集使笔者的采访工作量大大降低。

除此之外,顾昂然、刘桂明、郭银星、高浣月、刘智慧、刘泽巍、王旭、古川、牛晓飞等人亦提供部分采访必需的信息;杨学伟、杜平、姜丽丽、俞楠等人协助安排部分采访;张培坚、谢中华、赵晶等帮助查找、购买部分资料。

本书第一稿完成后,江平、赵旭东、郑导、孙东育等审阅全稿并提出宝贵的修改意见。张守东、孙国栋、阿计、俞飞、夏楠、赵旭东、李海艳等师友,百忙之中拨冗审阅第二稿全文,并提出宝贵的建议。本书的定稿即建立于上述人士的贡献之上。本书的讹误与错谬,全部由本书作者承担;但如果本书尚有可取之处的话,应该归功于上述各位。

在配图方面,江伟珊、江伟珉尤其是江平本人为本书提供大量照片。江宏景、萧三郎、艾群等朋友,亦给予大力支持。

在李嵩的推荐下,中国政法大学 2010 届毕业生游张军以勤工俭学的方式,帮助完成除江平外所有采访录音的整理工作。

法律出版社副总编吕山、编辑孙东育、郑导为本书的出版付出大量劳动和心血。

李海艳女士陪伴我完成本书的写作。远在大沟寨村的家人,亦对我的写作提供了精神上的动力;这本书的写作耗时甚久,我甚至不得不抱憾缺席先父逝世三周年祭奠。

谨向上述人士致以诚挚的谢忱!

2011 年 6 月 25 日于马斯特里赫特无忧壁

江平全家福。

江平夫妇与女儿的戏装照。

江平和夫人崔琦。

目 录

九、治校八年

十、永远的校长

十一、市场经济的法律思考

十二、从法律到政治

十三、未尽的梦想

十四、我师江平

十五、回报社会

十六、推动中国

引　子

在这个法学院遍地开花、法学教授车载斗量的时代，江平先生是为数不多的值得大书特书的法学家。用陈寅恪悼念王国维的话讲，“先生之著述，或有时而不章；先生之学说，或有时而可商。唯此独立之精神，自由之思想，历千万祀，与天壤而同久，共三光而永光。”不管后世对江平的学问作出怎样的评价，但他在人生跌宕起伏的乐章中，尤其是历史的大是大非面前，已经用“只向真理低头”的姿态写下知识分子精神独立的绝响。

毋庸讳言，江平和他的时代，已然成为考察近代以来中国现代化转型尤其是法治化进程的重要视角。江平的命运，不仅是他本人自然生命的延续，更是中国政法大学校史的缩影、中国法治命运的缩影、中国当代史的缩影。按照许章润教授在《书生事业　无限江山：关于近世中国五代法学家及其志业的一个学术史研究》中的“研究”，江平作为第四代法学家之代表，“自莫斯科大学法律系毕业回国，赶上大鸣大放的阳谋时节，年不足而立……身心俱受摧残，从此被迫沉默二十年，在劳力与诛心的炼狱中听任流年似水。”而这以江平为代表的第四代法学家，在他们所处的时代里，“对于多数人来说，青年读书，而校园外如火如荼；壮年遭难，轻则干校，重则牢狱，在整人与挨整中，彼此简直都是一佛出世，二佛升天，而绝大部分于一场一场的‘阳谋’中重复登台，终遭整肃，美好年华被迫付与错乱；中年重归书斋，亡羊补牢，奋笔疾书，起起仆仆，孜孜不倦，奠立了20世纪80年代以降法学教育和法学研究的基础。”而“若从长远学术史看，也仅着眼于学术，则多乏善可陈，可得流传后学者绝无仅有”。许氏聊聊数百字，已经为“第四代法学家”和他们悲剧性的经历勾勒出草图。江平作为“第四代法学家”的代表，与他的时代一道成为转型中国的一个缩影。无论是出于接续中国法学传统的考虑，还是图谋祭奠中华民族百年以来这深重的苦难，我们都需要饱含深情地为“江平和他的时代”画一幅工笔画，借以为历史之镜鉴，让悲剧不再重演。

迄今为止,坊间尽管有许多与江平有关的文字,但却没有一部与江平和他的时代相匹配的人物传记,这不能不说是一大遗憾。我们需要认认真真地为“江平和他的时代”画像。套用李敖的话说,我的目的不仅是画江平之像,“并且还要画这个时代的像,我要画出这个时代的大舞台、画出它的喜剧和悲剧、画出剧里的主角和配角、画出它的场地的布景、画出布景后面的众生相,也画出戏台前面的千万只眼睛”。

不才如我者,遂决计“上穷碧落下黄泉,动手动脚找东西”,将有限的生命投入到无限的采访中。最终,所有的心血与努力凝结于这部《出没风波里:江平和他的时代》。

写下这些文字的时候,脑海里千回百转的是江平先生波澜壮阔的一生。突然想起来童年时学过的一首小诗——北宋诗人范仲淹的《江上渔者》:

江上往来人,但爱鲈鱼美。
君看一叶舟,出没风波里。

不禁暗忖:这不正是江平一生的真实写照吗?这本书所试图展示的,正是江平先生迄今为止80年“出没风波里”的人生历程,正是“江平和他的时代”。

一、青少年时代

生于忧患

江平在2004年底接受《南方人物周刊》采访时，说过这样一句话："我出生的年代，是中华民族走到了命运的重要关头，虽然我没有参与很多救亡和抗日的运动，但从小时起，民族的患难意识很强。"

的确如此。回溯历史，江平八十多年的人生历程，恰是中国近现代史上"历史三峡"中最为云谲波诡的一段：1931年"九·一八事变"、1937年"卢沟桥事变"、八年抗战、国共内战、中华人民共和国成立、"反右"、"文革"、改革开放……目不暇接的历史事件像个坏脾气的君王一样反复无常，翻手为云，覆手为雨。而江平的个人命运，则在这些历史事件构成的历史长河中，忽而站在风口浪尖，忽而又被风浪碾为齑粉。江平八十多年的人生历程，一直在这样的时代夹缝中左冲右突，艰难前行。

1930年12月28日，农历庚午年十一月初九，星期日。这一天，江平在大连呱呱坠地。查阅网上各种版本的"历史上的今天"，这是普通的一天，没有什么惊天动地的大事发生。

对于出生地大连，江平多少有点怀疑。他母亲曾告诉江平：他出生在哈尔滨，但出生没几天，由于他父亲工作调动，江平便随全家南迁大连。江平的二姐江伟珊亦确认这一点。实情究竟是否如此，随着江母的过世，已无人能够说得清楚。但江平的履历中，经常这样写：浙江宁波人，1930年生于大连。

江平原名江伟琏，按照江家"永怀伟业"的辈分顺序，江平属于"伟"字辈。至于"琏"字，一方面是因为他母亲姓王，江平兄妹几人的名中第二个字都有王字旁；另一方面则因为江平在大连度过童年，为了纪念这个地方，江平的父亲给他取名"江伟琏"。而在家里尤其在书信中，江平常常为父母亲称为"琏儿"。

20世纪七八十年代后，江平与吴敬琏相识，每次与吴敬琏教授对话,向听众介绍到自己时,都会提及原名“江伟琏”。而且,江平还会幽默地解释:“琏”字是吴敬琏的“琏”;而在这之前,他只能告诉别人,“琏”字是《红楼梦》里贾琏的“琏”。

家　世

江平祖籍浙江宁波。关于家世,江平在其口述自传中已经有介绍。需要补充的是,据江平的二姐江伟珊、三姐江伟珣介绍,曾祖父江功甫在宁波地方有一定名气,墓园很大;到祖父这代,家道中落,不似以前,但毕竟还属于知识分子家庭。限于当时的医疗条件,祖父母都在四十多岁时逝世。

江平的父亲江仲宁在兄弟姐妹中排行第二,上有哥哥,下有两个妹妹、四个弟弟。祖父母逝世后,按理说养家的重任应该落在伯父身上。按照分家协议,大伯应该在祖父过世后继承祖上遗产,并将叔叔姑姑们抚养成人。实际上,大伯只履行第一项,而拒绝抚养叔叔姑姑。最终,五叔、六叔都在江平的父母亲抚养下长大成人。

江仲宁原名怀澄,字仲宁,以字行世。江仲宁生于1897年,早年毕业于宁波南希师范学校。由于前述原因,作为家里的次子,江仲宁比较早地承担起养家的责任,年纪轻轻就从浙江宁波来到东北,投奔在哈尔滨中国银行工作的亲戚。后来,又从哈尔滨调任大连,由此使江平在这座美丽的海滨城市度过童年时光。

江平的母亲王桂英,生于1899年,排行老大,下面还有三个妹妹,其娘家在宁波属于望族。王桂英过早承担起照顾妹妹们的担子,因此受教育不多。但王桂英通情达理,心地善良,在亲友间口碑甚好。

江、王两家本属亲戚。按照宁波亲上加亲的地方传统,在江仲宁两岁时,双方家长便为他和王桂英订了娃娃亲,于1918年结婚,那一年,江仲宁21岁、王桂英19岁。尽管王桂英没怎么读过书,但明白事理,勤俭持家,与江仲宁相濡以沫度过一生。江仲宁晚年半身不遂17年,都是王桂英在无微不至地照料。

1984年,88岁高龄的江仲宁在卧床17年后,沉疴不起,驾鹤西归。当时江平刚刚担任中国政法大学副校长,人生的黄金时代渐次打

童年。

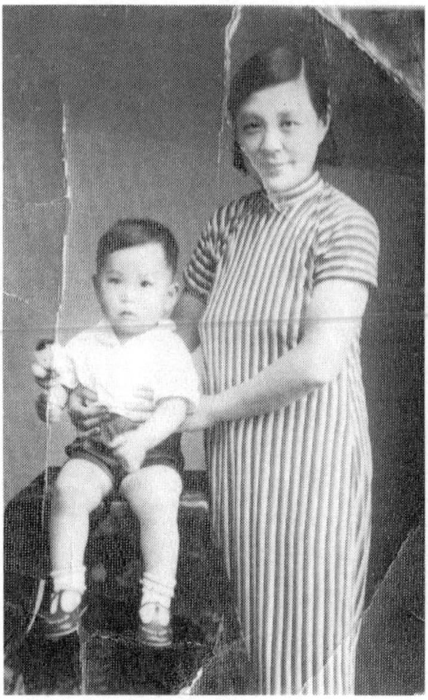

母子情深。

江平的父母亲。

江平幼年时的全家福。

开。1996 年,王桂英亦于 98 岁高龄在京逝世。江平和他的姐姐们将父母亲葬在北京的万安公墓。

重视教育的家庭氛围

江仲宁和王桂英对孩子们的教育可谓不遗余力。江平感受尤其深的有两点:其一,尽管家境并不是非常富裕,但父母依然千方百计培养江平和他的兄弟姐妹们上最好的大学;其二,父母亲教育子女的方式很民主,从不打骂,而代之以宽容与交流。

江伟珊、江伟珣对此深表赞同:“父亲琴弹得很好,喜欢文艺,兴趣广泛。他对家庭教育抓得挺紧,要求我们不光成绩要好,爱好也要丰富,不要死读书。”在江伟珊印象中,姐弟几个从来没有挨过父母的打骂,至多是罚跪、罚站。

开明的家庭教育,对江平的性格养成不无影响。江伟珊认为,“父亲要求兴趣不要单一、不要死读书,这点对伟琎是有影响的,他不死读书,从来没说数学一定要考一百分,他没有那样的想法。反而,他的兴趣爱好很广泛,他诗里写五读《红楼梦》,我这个外语系的,都没有一本书能够读五遍。”

父母亲对教育的重视,使江平和他的兄弟姐妹们最后都有机会上大学,囊括北大、清华、燕京三所著名学府。像江家兄妹这样的情况应属罕见。江伟珊忆及,“大家都说,你们兄妹几个都能上大学,是不是家里很有钱?我说,也不是,那时候清华、北大都有公费、半公费,我就是半公费上的清华大学外语系。”但无论如何,对于江仲宁来说,同时供三四个孩子上大学,依然是不轻的负担;若非极其重视教育,这样的状况恐怕很难出现,更难持久。

除了重视公共教育,江平的父母也很注重对下一代的家庭教育。父母亲的言传身教,让江平姐弟们赞不绝口。“我爸妈人缘特好,两个叔叔没有不夸奖父母的。母亲把两个叔叔就当亲生儿女一样,一说起我母亲,我的六婶就感激涕零。”“五叔、六叔都小,父亲培养他们。六婶比我大姐还小,大姐叫伟珉,我们都叫伟珉姐,六婶也跟着我们叫伟珉姐,辈分全乱了。”

这种教育使江平和他的姐姐们一样,宽厚待人,严于律己。江伟珊、江伟珣忆及,“伟琏是乖孩子,小时候从来不打架不欺负人,有孩子打他,他也不还手。他有一次被小孩子打,还被父亲冤枉过一次,父亲说,之所以被人打,肯定他也有过错,罚他面壁。后来别人跟我们说,那根本不是伟琏的错。”

江平的兄弟姐妹

在他的兄弟姐妹中,江平排行第五。他的兄弟姐妹们排行如下:

大哥江伟琳,1923 年生于宁波,年长江平 7 岁。早年,在大连就读于日本人办的中学,功课甚好。1937 年江平全家搬到北平,为了不影响功课,江伟琳继续留大连上学。1943 年江伟琳高中毕业,由于成绩优异,被保送日本京都帝国大学学医。次年,考虑到美日开战后日本的安全状况,正在读京都帝大医学院二年级的江伟琳奉父亲的建议回国,在家闲居至抗战胜利。抗战胜利后,全国只有台湾大学承认日本教育体制,因此,江伟琳于 1947 年进入台湾大学医学系继续学业;三年后,江伟琳从台大毕业。然而,当时台海两岸隔海分治之势已经形成,江伟琳无法返回大陆,只好留在台湾,先后开过私人诊所,后来又因服兵役进而进入军界,位至少将。退役后,又担任台湾“卫生署副署长”。随着两岸关系的好转,江伟琳退休后,才偶尔回大陆与江平等团聚。江伟琳现在国外定居。

大姐江伟珉,1919 年生于宁波。早年,江伟珉就读于北平私立中国大学,学中文专业。解放后,江伟珉在民族出版社从事编辑工作。她的爱人早年毕业于清华大学藏文专业,反右时被打成极右派,“文革”期间又被斥为历史反革命,因政治压力太大,此后不久即与江伟珉离婚。“文革”中,江伟珉被下放到湖北摘棉花,心情抑郁,而患肺癌早逝。1974 年 12 月,江平曾写过《七律·悼大姐》一首:

油尽残灯不复明,寒夜一刻分死生。
长辞人间岁寒暑,却叫儿女泪纵横。
沪居难忘代母意,美食还记让弟情。
莫道铁石人无泪,哀歌一曲寄姊灵。

江平和他的兄弟姐妹。

江平不同时期的全家福。

二姐江伟珊,1926年生于大连。1946年考入清华大学外语系。20世纪60年代前往郑州工作。现从郑州大学离休,担任河南省文史研究馆副馆长。

三姐江伟珣。1928年生于大连。1948年前后考入北京大学医学系。现从北医三院离休。

弟弟江伟璋,1937年生于北平。7岁时夭折。

在大连

7岁以前,江平一直在大连生活。

早在甲午战争之后,根据中日《马关条约》,大连即划归日本。其间,由于日本、俄国力量的消长,大连的统治权曾在日俄之间有几次反复。1904年日俄战争后,大连即一直由日本人统治。大连在江平幼年的记忆中留下了很美好的印象:“气候温和,四季宜人”,“甚至客观地说,在城市规划以及市政管理方面,日本人的治理还是很不错的”。

江伟珊对大家在南山摘苹果的童年记忆犹新,大连在她心目中也留下美丽的印象:“大连气候温暖,物价便宜。海鲜多,又便宜,我们都喜欢吃。”

尽管当时大连是在日本人治下,但江仲宁所供职的中国银行,却是地地道道的中资金融机构。

在江平的童年中,父亲的工作环境也成为他快乐的源泉之一。江仲宁的同事们大都来自江浙,方言相近,这使江平从小就学会两种语言:在家里说宁波方言,在外面则说所谓官话。在饮食、风俗上,他们完全继承宁波地方习俗。更使江平开心的是,中国银行每年年底都要举行同乐会,所有职员都表演节目。江平对父亲扮演《空城计》中扫街的老军记忆犹新。同乐会往往是一年里江平最为开心的时刻。

由于中国银行属于中资金融机构,每年的同乐会上,都悬挂青天白日满地红旗。这给江伟珊留下深刻印象:“那时候我不完全懂事,就知道每年开同乐会,都悬挂中华民国的青天白日旗,这是很稀奇的,当时大连已经属于满洲国。”

大连的生活给江平姐弟们带来无尽的快乐,一定程度上培养了他们的性格。江伟珊告诉笔者,“伟琏个性自由奔放,跟大连有关系;他后来写诗,也老写海鸥;我喜欢大海、爬山,跟大连也有关系。记得小时候,爸爸带我们去大海,辽阔的大海、老虎滩,等等,海阔天空,印象很深。”

在 北 平

1937 年,由于江仲宁工作变动,全家从大连迁到北平,江平时年仅七岁。在北平,江平全家住在屯绢胡同。这段时光美好而模糊。江平的记忆中,只有四合院、夏夜的乘凉、数星星、寒冬等印象。

童年时期的江平,活泼好动,兴趣广泛。在江伟珊、江伟珣眼中,江平似乎对什么都感兴趣:“过去北京的四合院,一般就五六间房子。我们家亲戚多,院子也不大,被分隔成前院后院。伟琏跑到我叔叔的屋子,他看到我叔叔会照相,对照相也发生了浓厚的兴趣。”说着,她们递给笔者一张江平的第一幅摄影作品——1941 年 11 岁那年摄于颐和园。“当时,我们都没意识到这是伟琏拍的,后来发现那天去颐和园的全家人都在,就缺伟琏,我叔叔说,这就是伟琏拍的。估计从那时候起,他就对摄影产生了兴趣。”

江伟珣还忆及,“我婶婶跟我说,真有意思,你弟弟什么都喜欢看,做饭、炒菜,他也去学。他后来炒菜水平还挺高。”

江平童年时兴趣多样,数不胜数。“我们家里有京剧唱片,他很喜欢听,还经常唱两句。同乐会演出的京剧里有武生,他看了,回来自己也在那练。”江伟珊、江伟珣说,“其他像溜冰、下棋、打牌,他也看得津津有味,他那时候才八九岁。还有去厂甸玩空竹。他也喜欢狗,我们家还养了两条小狗,一只叫小黄,一只叫小白。我们家还有葡萄架、枣树,他也去摘。”

“七七事变”后,满洲国已经成立,而北平亦完全被日本占领。江仲宁曾建议江平等姐弟几人回宁波,接受国民党治下中国的教育,因此举家南迁。1937 年 8 月 12 日,江平等人回到上海,孰料第二天“八·一三”淞沪抗战爆发,江平等得以在近距离目睹。

在江平的眼中,波澜壮阔的“八·一三之战”只留下了残存的图像："我模糊的记忆中，对这场战争印象最深的是那时候人们支援军队抗日的情形。除此之外，淞沪战争爆发后，中国难民源源不断地涌入租界区。隐隐约约听大人说，中国空军的飞机为了减轻负担，误把炸弹投到闹市中，炸死了不少人。我们在上海并没待多久，战事一结束，我们全家就回北平了。"

除了江平的回忆之外，江伟珣的回忆也很有现场感："当时国民党情报失灵，把日本军队登陆的地方搞错，结果很快国民党就惨败，然后化装成老百姓往南京跑。"江伟珣说，"我们当时在英租界里，租界里面不许打枪，但在英租界里，还是由印度人担任警察，不时有人被流弹打死。四行仓库守得很艰苦，八百壮士，我弟弟他们看过，他那时候还小，觉得好玩。"

艺文中学

这次举家南迁并未如愿久，迫于形势，江平全家最终还是又回到北平。江平也在北平度过他的小学和初中岁月。

上学后的江平，在姐姐们的记忆中，并未留下太多的记忆："他小时候，比较好动，上学什么就没有印象，也没有觉得他有多么喜欢念书。"江伟珊回忆说。

但江平博览群书的习惯，的确从初中就已经开始。江伟珊忆及，"唯一的印象是他上初中时，已经开始看《红楼梦》。""我高一、他初二那年，我们在上海，一转学，我当时自己买书，想考好点学校，他也喜欢买书。那时候没有学校，刚好从北京到上海，中间有一段空白阶段，他自己喜欢看书。"

但无论如何，这段时间，江平过得循规蹈矩，在江平的人生中，也并没有留下太多的印记，甚至他自己连小学的名字都想不起来。即便是在艺文中学，相比于上学，江平记忆中更深刻的事情是在一墙之隔的中南海公园玩闹的情形。

据江平的中学同学肖峋介绍，艺文中学校长叫关璐峰。这是一所中国人办的私立中学，坐落在中南海南门的东边、南长安街南口偏西，与中南海公园只有一墙之隔。"有篮球比赛什么的，我们低年级的就在墙上坐着,后边就是中南海。我们当时去中南海玩,从来都不走正门,从艺文中学爬过去就是。""日本占领北平时,中南海是一个很大的公园,里面还有很多人住,房子也出租。抗战后李宗仁搬进去,就封闭了。"

在肖峋的印象中,江平上初中时"比较聪明,记忆力很好,该玩的时候玩,玩得时间不比我们少,念书的时间不比我们多,但是他的成绩一直很好"。

据肖峋回忆,他和江平就读于艺文中学时,由于日本已经占领北平,当时开设的外语课是日语。但对于日语,大家都本能地反感,谁都没有好好学过。学生如此,老师亦如此,也没有好好教。肖峋说:"老师都说,他们是混饭吃的,考试的时候就在门口坐着,你要抄就抄,他也不管。"

整个初中时期,艺文中学每周都要开一次朝会。朝会时,学生排队站立,日本教官在讲台上用日语训话,再由一位赵姓日语老师翻译成中文。令肖峋感到新奇的是,"翻来覆去,他就那几句话,什么大东亚共荣圈万岁,什么你们好好念书,等等。"肖峋说:"其实日本人讲什么,我们也不知道,问老师怎么翻来覆去都是这几句,他就说,去,去,去。他知道那日本人不懂中国话,懒得翻译,就糊弄过去了。"这位赵老师,在江平他们初三那年,也就是 1945 年,回南方去了。

肖峋告诉笔者,艺文中学的课程设置并没有特色。倒是美术课,给肖峋留下深刻印象:"美术课由一个叫王清芳的雕刻家教我们。老太太拿着木雕的板子,上面已经画好粗线条,每人发一个,让我们刻粗线条,上课就给她干活。下课她就收走,回去再细加工。"肖峋说,"这个印象深,因为我给她刻坏过。她要打我,我就跑,她穿着长马褂,哪跑得过我啊?我一下子跑出教室,她还摔倒了。"

国语老师留给肖峋的唯一印象是烟瘾很大,每次抽烟都抽到烧手,手指都熏黄了,才肯进教室上课。

在课余,肖峋和江平一般都按时回家,如不回家,就翻墙去中南海公园玩。"玩什么呢?就在那儿跑跑闹闹呗。那时候中南海公园里有一个荒凉的小土山。有时候湖上结冰,我们就去滑冰。高年级同学甚至骑自行车在冰上比赛。"肖峋说,"我们那时候都比较小,一个班能差四五岁,我们算小的,就是去那玩玩。”

据江平回忆,在抗战胜利之前,大概 1944 年前后,他还曾转学前往上海某不知名的中学学习过半年。但抗战胜利后,他还是回到北平,考入崇德中学,并在那里走向革命。

二、走向革命

个人命运与国家命运

1945年江平15岁。随着这年8月抗日战争胜利，中国的国家命运来到一个不知何去何从的十字路口。此后的三年中，国共两党和战两难，在血腥的内战中，成王败寇的逻辑大行其道。最终，中国共产党取得政权，于1949年10月1日建立中华人民共和国。多少年炮声仍隆隆，多少年又是多少年？中国大地再次陷入“华北之大，容不下一张书桌”的境地。

这一切，正是15岁的江平必须要面对的。1945年在中国近现代史上是很重要的一年，这种重要性丝毫不亚于1949年、1978年。如果说1949年是开天辟地的一年，那么，四年前的1945年8月，则是开天辟地前最后的胶着。从1945年开始，江平开始走向革命，在实实在在的革命行动中，经受思想和世界观的洗礼，走向他那坎坷而富有传奇的人生之路。而这时候，江平只是一个高中学生——让一个涉世未深的中学生在如此纷繁复杂的时代背景中掌握命运的航向，这实在也太有难度了。

然而，这就是命运的玄关所在。龙应台女士在《大江大海，一九四九》中慨叹：“他们曾经意气风发、年华正茂；有的人被国家感动、被理想激励，有的人被贫穷所迫、被境遇所压，他们被带往战场，冻饪于荒野，暴尸于沟壑。时代的铁轮，碾过他们的身躯。那烽火幸存的，一生动荡，万里飘零。”“也正因为，他们那一代承受了，战争的重压，忍下了离乱的内伤；正因为，他们在跌倒流血的地方，重新低头播种，我们这一代，得以在和平中，天真而开阔地长大。”此言得之。龙应台为1949年一代中国人写下的文字，颇似为江平个人命理与国家的变奏而量身定制的主题歌。

青年时期的江平。

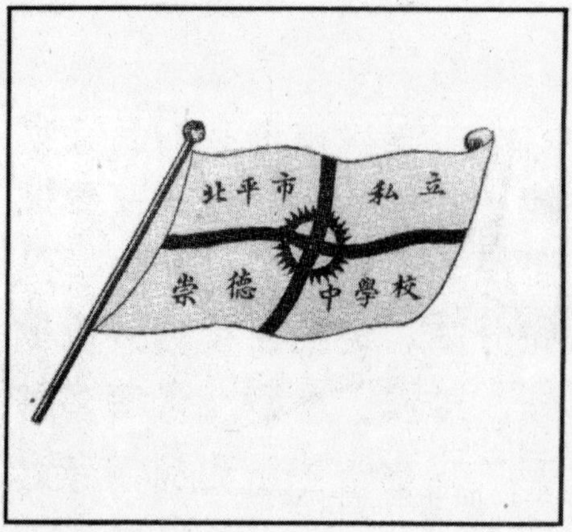

崇德中学校旗。

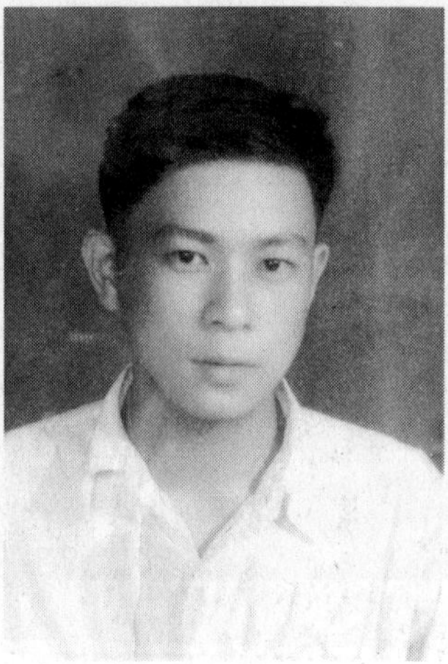

青少年时的江平仪表堂堂。

崇德中学校训：
“业精于勤，行成于思”。

考入崇德

1945 年 8 月，日本投降，北平重回国民党治下。百废待兴之际，抗战期间外迁的文教机构，也陆陆续续回迁北平。

崇德中学即回迁的文教机构之一。早在 1941 年日本对美国宣战后，以燕京大学附中名义办学的崇德中学难以在北平容身，遂西迁至四川成都。1945 年 9 月，学校尚未迁回北平，就已经在报纸上刊载招生广告。

时年 15 岁的江平，已经断断续续地读完初中，到了该上高中的年纪。而这个时候，他父母由于种种原因，南迁上海工作。偌大的北平城里，只剩下他和正在上北大、清华的两个姐姐。

江平看到崇德中学的招生广告，便报考并顺利考取。江平这一批学生，是崇德中学在北平复校后招收的第一批学生，因此，只有初一和高一两个年级。其中，初一有 47 人，高一则只有 36 人。

在北京第 31 中学 1991 年印刷的《崇德北京三十一中学》校庆画册中，收录 1948 届学生名单，其中高中年级有：郑甲登、江伟连（即江平，应为"琏"，原文如此）、曾善初、金铮、刘家洵、马崇智、李友滨、王育玮、许津、董文忠、邹道诵、蹇人斌、江钧凯、李世光、张泽成、戚志冲、庄守经、朱文矩、陈伯逵、孙以萱、肖岣、孙以艿、薛祚瑄、唐卉璋、刘澄潜、张凤翔、陈翼福、耿汉斌、汪振武、戚志俭、杜克智、罗思澈、何景岳、吴世民、黄一谦、张淮诚、陈乐庸、周钟德、张守耀。

江平在崇德中学的三年时光，一些事情如过眼浮云，事过境迁即烟消云散，而另一些经历，却深深影响甚至主导江平此后的人生历程。

民主的启蒙

按照江平的说法，崇德中学的学生有四类：进步学生、信教学生、国民党系统的学生和"逍遥派"。他属于第一类。

那么，江平是怎样才成为进步学生的呢？

江平的高中同学庄守经忆及，1945 年底他们考入崇德时，中国刚战胜日本,大家都很高兴,"当时一个目标就是建设新中国,要民主、富强、民族独立,打败帝国主义,整体上,大家都有爱国的情怀。""从1945 年到 1946 年,从原来的比较相信国民党,到后来不再相信。"1946年初蒋介石在太庙接见学生,庄守经还前往参加,"当时很崇拜他,认为他是民族英雄。当时同学们能够亲眼见到蒋介石,很不容易,所以很兴奋"。"但后来国民党腐败成风,五子登科,四处'劫收',开始镇压学生运动。""我们当时就是希望国民党能够建设新中国,但没想到的是,大家很快就发现国民党靠不住,在这种情况下,大概在 1946 年年底'沈崇事件'后,共产党很快就进入我们的视线和思想。""大家的观念很快就转变了,一方面国民党确实很坏,另一方面共产党很多工作做得确实很深入,所以很快就把青年人都吸引到共产党这条路上来了。当时我们都觉得,如果能够很快找到地下党组织,加入地下党或者外围组织'民联',那将是一生中很幸运的事情。"

事实上,江平等在当时,对共产党也谈不上太多的了解。"我们当时就知道两句话:一句是'苏联的今天就是我们的明天',另一句是'解放区的天是明朗的天',这两句话可以概括当时我们的觉悟水平。要想建设新中国,国民党没指望,只有靠共产党,所以要找党组织,跟着共产党走。"庄守经说,"我们同学里,李友滨最早和地下党取得联系,慢慢地我们就都加入共产党,江平也在 1947 年下半年成为地下党外围组织'民联'的盟员。"

为什么江平会这么迅速地接受中共地下党呢?按说,江平殷实的家庭出身、良好的家庭教育等种种因素,都不足以将江平逼上"革命"的道路。

这个问题的答案,可能既需要了解个人的交际圈,更需要从时代背景中找答案。据江平自己回忆,由于他三姐在北大医学院读书,他每次去探望姐姐,总会顺道在民主广场阅读各种各样的大字报。"每当发生重大事件,民主广场就成了各种观点汇集的海洋,本身就是学生运动的一部分,对学生运动的开展亦起了很重要的作用。"江平回忆说,"那时候的大字报,即便是用现在的眼光看,也还是很有水平的,有一些独立的思想和见解,猛烈批评时弊,有点振聋发聩的感觉。当时我才 16 岁。对于我这个 16 岁的少年来说,每次步入民主广场,都像步入了一个各种观点汇集的海洋，目不暇接，眼花缭乱。那些文采飞扬而又剑拔弩张的大字报，对我来说的确有很大的煽动力。通过观看大字报，通过阅读进步书刊，更关键的是再加上周围进步学生的启引，我很快也就加入了学生运动潮流。”

江平怎么会看到那些进步书刊呢？据肖峋回忆，江平的同班同学中，陈翼福与江平私交最好。“陈翼福也属于‘民联’，他俩床铺挨着。当时北平有个时代出版社，有苏联大使馆背景，出版《时代》杂志和报纸。他俩就交换着看，看完就藏在床底下。”肖峋忆及，“学校的训导主任姓韩，去宿舍检查，就把陈翼福和江平床铺底下的《时代》杂志都查出来没收了，说以后不许再看。这样就算处理了。”

在崇德中学，江平不光热情地主办班内的壁报，甚至还与同学一道排演话剧《升官图》。据刘澄潜回忆，“江平没担任什么角色，主要是提词。我们上台后会忘词，他就给提词。这一点印象比较深。他年龄比较小，就在幕布的后面站着。而且，他提词比较好，很专注，看着每一个演员的情况，他要注意，而且他要留意你的台词和表演，一看到哪一句不太熟，马上就有声音出来。不像有的同学提词，演得好时，就光顾着在那看戏，万一台上忘词，也反应不过来。我对江平这一点印象很深，他做工作比较细致、认真。”

另一个很重要的因素，就是中共地下党组织及其外围组织的有意诱导。在《崇德北京三十一中学》中，收录了一篇李友滨、顾昂然、金铮、郑甲登、庄守经五人联合署名的《北平崇德中学地下党支部的建立和活动》。在这篇文章中，李友滨等回顾崇德地下党组织建设的过程以及他们发展新盟员的方式：

我们党支部和民联小组（我校的民联小组长都由党员担任）会议的议题大多是研究校内的政治动态，逐个分析班内每个同学的家庭情况和本人的政治思想状况、学习成绩和爱好、特长、个性，等等。对于条件较好的同学，则由党员、民联成员去分工联系，做团结争取工作。当条件成熟时，就组织学习民联章程。工作对象接受承认章程，我们就及时吸收为民联的盟员。这样滚雪球，民联组织得到了较迅速的发展。到 1948 年 6 月第一届高三学生毕业时，该班 30 多个学生已有党员 3 人和民联盟员 14 人。

毫无疑问,江平亦是被这样物色、了解并最终发展成“民联盟员”的。在江平的口述中,我们可以获悉这样一些信息:看过数不清的大字报和所谓进步书籍之后,江平本人思想逐渐倾向于民主、自由。庄守经和冯钟骥回忆,加入“民联”之后,“经常会组织看一些进步的东西,印象中比较突出的就有毛泽东的《新民主主义论》、《论联合政府》和《土地法大纲》等”。

地下党组织发展江平为民联盟员并未费太大的周折。到1947年底时,江平已深受地下党组织信任,甚至由地下党推举来竞选学生自治会主席。郑甲登等人回忆:

我们几个党员多数在学生自治会里工作,郑甲登同志任学生自治会主席,他还代表崇德中学参加八校联合会和华北学联召开的一些会议。1947年秋民联有了发展,郑又入了党,中学委要求我们把秘密工作与公开工作适当分开,支持在群众中有一定威信的民联盟员竞选自治会主席。1947年底江伟琏(现名江平)在激烈的竞争中获胜,任自治会主席。各班同学还分别出壁报《暖流》、《野火》、《发掘》等,以传播革命的、进步的思想。

据肖岣回忆,上述壁报中,《暖流》就是他和江平等一起做的,“我们先把《暖流》的内容在纸上写好,然后贴在墙上。其中最重要的内容之一,就是在一张由北大学生社团赠送的中国地图上,挑出已经解放的地方,以画一面红旗的方式醒目地标注出来。这个倾向性当然很明显了,但学校的训导主任只是把我和江平叫去一顿臭骂,以后禁止再出”。

为什么会让江平出来竞选学生自治会主席呢?肖岣的说法是江平威信高。“之所以选江平,是因为他功课好,在班里威信也高。”肖岣解释说,“那时候有几种人威信比较高,一种是体力过人,比如会玩单双杠的,一身肌肉,同学都服气;江平不是这种,江平属于另一种,即功课好,人也聪明,脑力过人,而受到大家的尊重。”

作为学生自治会主席,江平参与甚至领导了很多校内的学生运动。肖岣回忆说,那时候学生自治会主要的工作就是组织读书会、组织文艺活动或者体育比赛等。“那时候叫占领,班里的组织能占领的都占领。”

江平的三姐江伟珣1946年考入北京大学医学系。1947年华北学联成立大会在民主广场召开,她亲眼看到江平带着一帮学生,以他为首进入民主广场。江伟珣甚至提及,在1947年七八月份,她和江平去上海探望父母,曾听到一个消息说,江平已经上了国民党的黑名单。此事真假姑且不论。但无论如何,江平作为崇德中学学生自治会主席,其因为"革命"而引发的关注由此可见一斑。

还有一个很宝贵的因素,那就是作为教会中学,崇德所形成的宽容、自由的校园氛围。在教会中学,江平等进步学生固然不能为所欲为,但从事政治活动的风险和阻力,绝对要小于国民党系统的中学。在这种宽松的氛围下,江平等不会被迫去信教,亦有足够的空间和时间,在地下党的授意下参加一些力所能及的政治活动。

2000年底,江平在《江平文集》自序中忆及,"我在高中参加当时学生运动、反对当时的专制腐败政权时,就是为了'反内战,反饥饿','争民主,争自由'。我之所以要报考燕京大学新闻系,就是想用报纸来实现国家的民主化、自由化,使之成为真正的民之喉舌。我之所以辍学参加革命工作就是为了建立一个民主、自由、富强的新中国。"

作为地下党外围组织民联的盟员,江平的组织关系在其1948年9月前往燕京大学读书时,得到转接和延续。不知不觉中,江平已经成为一个革命者。

爱在崇德

关于江平在崇德中学的经历,还有一件事,江平本人从未提过,但这里依然值得一提。这件事就是江平的初恋。

当时,崇德中学的校长是从英国留学归国的基督教徒凌贤扬。凌贤扬膝下,有两个女儿、一个儿子。大女儿叫凌文霭,肖岫等人送外号"大刀","刀"是 daughter 的谐音;二女儿叫凌文廉,人称"二刀";那个儿子也有个"小虎子"的绰号。

江平的高中同学中,班长江钧凯和马崇智最先跟"大刀"认识。"大概是马崇智给他介绍的'二刀'。我们上高三的时候,正好在校长家后面的一个小楼里,楼上是宿舍,楼下是教室,他家的后窗正对着我们的窗户。江平和'二刀'有些个小的活动,也不太避着我们,他们的事儿我们全知道。"刘澄潜回忆说,"因为江平年龄比较小,凌文廉也比较小,我们很少逗他俩。基本上我们都逗'大刀'寻开心。'大刀'跟我们班江钧凯和马崇智都很熟,我们接触多一点,也算比较熟悉。"

那么,江平又是怎么追求"二刀"的呢?据肖峋回忆,"'大刀'和'二刀'每天都骑着自行车去上学,也不知道怎么着,老江就看中'二刀'了。每天早上,江平就在校门口等着'二刀'。等她们走到门口,他就冲'二刀'说'你好啊'。开始人家也不理他。不知道过了多久,人家冲他一笑,后来他们就认识了,有时候就结伴出去玩。"

但这段感情并未持续太久。肖峋说,他们"解放后就吹了。一个原因是年龄太小;另一个很重要的原因是解放后宣扬无神论,'二刀'是基督徒,她父亲又是牧师,朝鲜战争爆发后搞'三自'爱国运动,他积极响应,成了北京地区基督教负责人。而江平是无神论者。面对有神论与无神论的矛盾,他们可能也很难走在一起"。刘澄潜的回忆与此差不多:"后来刚解放,就听说他们可能要分手,因为'二刀'信教很虔诚。人家信上帝,江平信马克思,当时唯心论和唯物论很难相容。从这一点说,他们最终不可能在一起。"

刘澄潜忆及,20 世纪 80 年代有次去江平家里,江平还拿出一张照片来,问他还认不认识这个人,"我说,当然认得了,那就是凌文廉的照片。他还留着,说明他们感情比较深。"

解放后,肖峋有次偶遇凌贤扬,说及他们这些同学,凌贤扬显然很了解,"说江平在莫大学习,他和我小女儿通讯呢。"据肖峋回忆,他后来还碰到凌文廉的弟弟"小老虎",了解到凌文廉后来一直崇文区某中学教书。"江平还问凌文廉的情况,我估计他还有点留恋。毕竟是初恋,他还没有完全淡忘。"

冯钟骥还提及,改革开放后给凌贤扬平反,开追悼会。他前往参加,先见到凌贤扬的夫人,然后见到两个女儿和小儿子。"我们聊了一会,'二刀'还装正经,我跟她说,我是崇德复校的第一批学生,江平是我同学。"冯钟骥说,"后来我告诉江平,江平还有点恋恋不舍,问我凌文廉怎么样。那是在 80 年代初,我们都还满头黑发,而凌文廉已经满头白发。"

崇德点滴

江平在崇德中学里，除参加地下党外围组织的活动外，一方面，培养出对足球持续终生的爱好；另一方面，曾参与十多个住校同学伙食的管理。

在刘澄潜的印象中，江平在班里岁数比较轻，“是我们班里面岁数比较小的同学之一，很聪明，而且在小同学中比较老练，很团结同学，也愿意帮助同学，只要同学去问他，他都会很耐心地讲”。“他的功课很全面，在考上燕京大学新闻系之前，我还在想他要考理科，后来才知道他考文科。”

在教会学校三年而不信教，这除了个人因素外，可能跟外在的环境也有关系。在江平的记忆中，崇德中学从不强迫学生信教，任课教师也从来不在课堂上传教，即便他们的任课老师是虔诚的基督徒，甚至以传教为终身的事业。

肖峋忆及，在当时来说，英文老师芮德兰尽管不强迫学生信教，但当时有一条做法很明显，那就是如果信教的话，除英文成绩能轻松及格之外，还能拿到奖学金。“我们当时对这点很看不惯，比较反感，有能耐你就及格，没能耐你就别及格，看不惯这一点，更不想入教。”“同学们信教的也不多，崇德中学有个小教堂，真正到里面祈祷的很少，我们这帮人对宗教无所谓。”无所谓也就罢了，无名的怒火使肖峋等人“踢球时故意往教堂墙上踢，并不是反对宗教，我们就是看不惯”。

即便如此，江平在崇德时，英语成绩依然很好。“芮德兰有个做法：谁考得好就坐前排，考得不好就坐后排，成绩一般的坐在中间。江平老坐在前面，我们这些人有时候在中间，有时候在后面。但很多人解放后都成了英文老师。”江平在崇德受到英语的启蒙，培养出他对外语良好的感觉，不光在后来考燕京大学时派上用场，后来学俄语、拉丁语亦触类旁通，80 年代接见外宾时用英文发表学术演讲……这些都与崇德的培养不无关系。

江平对足球的爱好，在他的高中同学中尽人皆知。“上高中时我们就一起踢球，老庄（庄守经）守门，顾昂然踢左边锋，江平踢右前锋。”

肖峋回忆说,"下课铃一响我们就跑出去,踢个十来分钟再回来。"江平等不光在校内踢,偶尔也有教会中学校际之间的比赛。据江平回忆,"其他方面,崇德中学或许不是最好的,但就足球场而言,崇德可以说是最好的,毕竟它是北平所有中学里唯一一个有标准足球场的中学。有了这个硬件条件,我们不光平时经常踢,而且还举办过对外售票的足球比赛。"

保送燕京大学

1948 年 9 月,江平高中毕业,被保送燕京大学。1948 年五六月间,江平等临毕业前还专门组织二十多位同学,从市里去燕园参观,为报考燕京大学做准备。

江平之所以被保送燕京,还是缘于崇德民主、自由的办学传统。这一点冯钟骥很是感佩,崇德中学"比较开放,开放式的思维对我们都有好处。比如说,高中毕业后,崇德就像燕京大学附中一样,保送四位同学:冯钟骥、李友滨、江平、周忠德。而崇德在所有同学中遴选出四个名额时,对所有人都毫无偏见。尤其是李友滨,学校里训导主任一直怀疑他是地下党,也一直在暗中调查他,但这并没有影响李友滨被保送"。冯钟骥指出,"其实老实的同学很多,比如许津是一个虔诚的基督教徒,但包括许津在内,'大个李'(李世光)和董文忠都没有推荐。崇德中学最终推荐的人选,都是学习成绩优秀、思想比较开阔活跃的。"

获得保送名额后,江平参加了燕京大学内部的保送生考试。这种内部的保送生考生发榜要比对外考试早。这样的安排,正好也给考生准备报考其他学校留出了时间。江平在参加完燕京大学的入学考试后,同时还报考清华大学建筑系。只不过由于数学一向是他的弱项,最终去了与清华一街之隔的燕园。

江平在崇德中学三年的教育,就此画上句号。但这段经历,却在江平的人生中留下了难以磨灭的印记。与其说燕京大学塑造了江平自由奔放的个性,还不如说是崇德中学三年的熏陶,养成了江平热爱真理、向往光明并最终走向革命的追求。

1977年1月，江平途经北京市第三十一中学（其前身即崇德中学），兴致勃勃地赋词《江城子·三十年后途经母校高中》一阙：

问君何时最陶然，情半含，瞬一间。心心相许，羞怯醉初欢。豆蔻梢头梦长记，人静夜，小楼前。

如今残发换朱颜，历辛酸，绪万千。停车久盼，重忆旧华年。还我童心更何处，巷中土，墙头烟。

30年前，江平在这里走向革命的征程。30年后，江平成为“革命”的对象，“被”站在革命的对立面，等待着“被”解放。站在红旗飘扬的旧时崇德中学门前，在命运最低谷的江平思绪飘飞，灵魂出窍，仿佛一下子又回到青春年少的中学时代……

2001年4月，崇德中学（北京市第三十一中学）迎来建校90周年华诞，江平应约题词，写下“崇尚真理、德智双馨”，巧妙地在上下联首次嵌入“崇德”二字。这与其说是他对“崇德”二字的解读，毋宁说是他在心中对崇德中学时代所受教育的一种追忆。

燕大半载

1948年9月，江平进入燕京大学新闻系。

按照江平自己的说法，之所以报考新闻系，是因为解放战争期间，报纸和杂志对他思想发生很大的影响。在他的高中时代，民主运动如火如荼，各种报刊对民主思想的传播功不可没。尤其是《文萃》和储安平主编的《观察》，成为江平中学时代重要的精神食粮。爱屋及乌，江平亦梦想成为未来自由奔放的“无冕之王”。

倘若不是时代的因缘际会，江平应该会在这条路上走下去，成为一名新闻记者。然而，时代却没给他这样的机会。最终，中国少了一位名为“江伟琏”的记者，却有了一位名为“江平”的法学家。造化弄人，此言得之。

由于江平在燕京大学新闻系时间只有半年，笔者曾千方百计联系几位燕京大学新闻系1948级的同学，但他们对江平印象不深。对江平这半年了解最多的，依旧是来自崇德的校友们，如庄守经、李伯康等人,尤其是燕京大学“高唱队”的一些成员。

江平在燕京大学的半年中,解放战争的形势发生一边倒的变化。而江平作为中共地下党外围组织的成员,亦时刻为迎接解放战争做准备。至于学业,倒无暇顾及,短短一学期中,只能依稀记得张隆栋老师的“新闻学概论”课。

在燕京大学报到之前,崇德中学地下组织的负责人已经告诉江平如何跟燕京大学的地下组织接头。江平入学报到之后,和燕京大学地下组织对上接头暗号之后,他与组织便接上了头。在地下党的引导下,江平在燕京大学参加一些进步的学生社团,比如黑白社、高唱队等。

黑白社的主要活动是社员隔三差五集会探讨时事。其中,讨论共产国际情报局开除南斯拉夫的一节,给江平留下深刻印象。江平回忆说,崇德中学时的相对封闭与燕京大学对于国际时事政治的关注,形成鲜明对比。而在当时,江平正处在对知识和信息充满渴求的年纪。因此,这种对比本身,对江平的人生视野产生强烈冲击,甚至在一定程度上,这种冲击重塑了他的人生观。

作为燕大学生,江平在燕大最重要的革命经历是参加 1948 年 12 月的“护校运动”。当时,解放战争已经打到北平西郊,江平等人在地下党的组织下,组成护校队日夜巡逻,防止燕京大学受到国民党残兵败将的破坏。

参加“高唱队”对江平的人生轨迹产生了最为直接的影响。“高唱队”是以合唱为主的进步社团。1949 年 3 月,正在燕京大学迎来第二学期的江平禁不住革命形势的诱惑,准备报名南下参军。但出发的前夜,上面一纸指示,“高唱队”成员全部留下组成北平市青年文工团。因此,江平的命运发生大转折。

此后不久,燕园很快解放。1 月 31 日,解放军举行入城仪式,北平城亦和平解放。当时,江平等还以“高唱队”的成员身份,被抽调组成燕京大学迎接北平解放文艺宣传大队,专门进城参加欢迎解放军入城仪式。

燕园解放后,随即停课。北平解放后,江平等亦期待着能够为革命出力。1949 年 2 月底,平津各大报纸登出招南下工作团成员的启事,江平踊跃报名并被录取。由于要南下,为了南方家人的安全,江平响应革命号召,放弃“江伟琏”的本名,改名“江平”沿用至今。为什么会改名为“江平”呢?当时江平为新名字苦苦思索,不得其解,地下组织负责人建议:“你一直住在北平,北平……北平……有了,你就叫江平吧。”

抽调组建文工团

南下工作团定于1949年3月6日启程。江平做好一切准备,甚至开始盘算自己会在哪座城市停留下来,投身人民革命政权的建设中。

然而,人算不如天算。临出发的前一天,上级下令原“高唱队”成员全部留下,组建北平青年文工团。这是江平人生中又一次关键的转折。他若真南下从军,命运究竟会是什么样子很难说。

3月6日一大早,江平一行即被大卡车送往东长安街8号市青委报到。报到次日,即前往“北平市青年干部培训班”学习。二十天后,学习结束,江平等成为中国新民主主义青年团第一批团员。如今“团派”吃香,掐指算来,江平也算是“团派”元老呢——在好几次讲座中,江平本人便这么幽默地谈及这段经历。

此时距离10月1日中华人民共和国成立还有半年多时间。这也是江平等青年文工团成员总说他们“早于共和国半年成立”的原因。

青年文工团的作用是什么?按照当时团长李伯康的说法,北平市青年文工团是“北平解放后的第一支革命青年文艺工作队伍”。文工团最主要的功能,是参加新政权成立前的各种庆典表演,用舞蹈、独唱、大合唱、扭秧歌等方式,烘托气氛。

之所以能够让像江平这样并无专门音乐训练的人来组团,极为重要的原因是当时百废待兴,人才奇缺。可谓“矮子里选将军”,新政权的组织者们无人可用,尤其是大部分工农兵都不擅长文艺的时候,像江平这样参加过合唱队的地下党外围组织成员,政治上可靠,业务上也还过得去,无疑便被新政权看做是有文艺特长人才并委以重任。

而青年文工团在半年后便被解散的命运,也正说明了这一点。较之专业文工人才,江平们的文艺才能实在业余;但在专业文工人员集中之前,他们的文艺特长倒也能救急。用李伯康的话说,他们"在北平解放初期的革命文艺宣传工作中留下了自己的战斗足迹"。

青年文工团的生活艰苦但充实。据李伯康回忆,"我们刚搬进绒线胡同45号时,那里只是个空院子,没有家具,没有床,大家在地上铺稻草打地铺。全团只有一张办公桌、几个条凳,学习、开会都坐在地上。日常伙食是窝头、高粱米、熬菜等。院子脏乱,大家自己清理住处,打扫卫生,轮流值日。天还很凉,都用冷水洗脸、洗衣服。全团有两辆自行车,是专给出去采购、办事的人用的。出去开会、听报告、小型演出,都走着去。""经费少,就自己画布景、制作道具,演出服装都是从旧货市场买来旧衣服,由女同志自己动手改制。"在这么艰苦的条件下,江平等近七十人,在这里度过自己革命初期的岁月。

据李伯康讲,江平在青年文工团有个很重要的任务,即每天大清早敲锣叫大家起床。"当时团员们虽然经过青训班的学习,但跟正式的部队和干部还是不一样,没有他们的那种训练,有点散漫,纪律性不强。原来早上吹哨起床,很多人都起不来。后来不知道是谁想出的招数,就让江平敲锣。每天他都起得很早。要不给他任务,他也会睡得很实;可是给他任务后,他就起得很早,起来后就拼命敲锣,直到把所有人都叫醒。"

经过简短的排练,江平等在四月下旬迎来第一次演出。当时,市青委书记李昌调往上海工作。江平等带着第一批排练的节目,在东长安街8号首次演出,欢送李昌南下。

据江平的团友、后来在北平体育分会的同事张青回忆,"正欢送的时候,听到街上叫卖'号外'。大家窃窃私语问怎么回事。舞台上就有人宣布好消息:解放军过长江了。于是,我们终止欢送会,都跑到楼底下,跟人流在一起联欢,大家高唱《大旗一举满天红》,特别带劲。"

五十多年后的2003年,江平在山东青岛参加修宪会议时,巧遇著名经济学家冯兰瑞。而冯兰瑞正是李昌的夫人。江平趋前问候并告诉冯兰瑞:"李昌同志还是我第一个领导呢。"

据李伯康回忆,青年文工团在短短时间内,排练出数量可观的节目:合唱有《没有共产党就没有新中国》、《打得好》、《跟随毛泽东前进》、《淮海战役组歌》、《工人阶级万岁》、《铁路工人之歌》等；舞蹈有《工人舞》、《进军舞》、《火炬舞》、《光荣灯》等；独幕剧有《师徒之间》、《取长补短》；小秧歌剧有《夫妻识字》、《小放牛》等。除此之外，还有为数不少的自创节目。“由于节目多，人手少，常常要一个人顶几个角色，有的同志放下乐器就去演唱，接着又上秧歌剧。搞美术、音响的也要当演员。演员在开演前，一起布置舞台，演出后，还得一起拆搬灯光道具。”

在青年文工团半年里，江平随全团参加一个又一个重要的演出：6月19日，新政协筹备会胜利闭幕，江平等排演当天晚上的庆祝晚会，第一次看到毛泽东、周恩来等新政权领袖；7月1日，全团去先农坛体育场，参加庆祝建党28周年群众大会并演出……

先农坛的演出，让文工团的每位成员都记忆犹新。在简陋的先农坛体育场，文工团成员在突发的雨中完成演出；而主席台上新政权的政要们，亦拒绝工作人员递来的雨伞，在雨中观看完全部演出。领袖们亲民的作风，令青年文工团的团员们留下深刻印象。雨过天晴之后，郭沫若的赞美诗突然响起，江平等人近距离目睹郭沫若如何为毛泽东和他的新政权大唱赞歌。演出结束后，江平等步行回到驻地，又困又乏，连脸上化妆的油彩都没来得及洗就和衣而卧，翌日起床，文工团院内柳绿花红。

演出并不是每次都成功，江平就曾弄砸过一次。4月初，青年文工团应命前往北平市人民广播电台，录播大合唱《我爱人民的新中国》，作为北平人民广播电台的开播序曲。指挥把领唱的任务交给江平。江平很纳闷为什么会点他的名，甚至有点胆怯。但江平安慰自己：连革命都不怕，还怕合唱吗？于是他就大胆地领唱。谁知道，这一开口，立马就跑调，整个合唱也因此推倒重来，年轻的团友们忍不住泪流满面。张青说：“那时候大家都说文工团眼泪多，演得好哭，演得不好也哭。”

尽管团友们并未责备江平，但他依然无地自容。团友张永经在回忆青年文工团的文章《悠悠往事在心头》中写道：“四月初，我们应邀到六部口北平人民广播电台作了一次实况转播。首先是大合唱，第一首歌是《我爱人民的新中国》。歌词第一段大体是：‘我爱人民的新中国，新中国伟大坚强,它有广阔的田野,有无尽的宝藏。'可是在实况演播时,有一位同志忽然放了'一炮',即众人还没开口,他就抢先唱了一句。显然大家紧张,有些美中不足,但还是得到电台人员的夸奖。"张永经甚至在团庆五十年上朗诵诗歌《放歌五十年》时,还提及江平的窘状:

大约是四月初去电台直播,
大家兴高采烈高唱工人阶级,
突然间江平放了一个响炮,
大煞风景,在当时是过于积极。

这次经历击碎了江平唱歌的自信。时隔多年后,江平忆及这次经历时还说,"唱砸歌这件事使我明白,我是没有文艺细胞的,所以最后终于走上和文艺截然相反的道路——搞法律。后来,我乐器也都学一些,手风琴曾每天都拉,但就是左右手永远合不起来。小提琴也买过,但调老调不准。经济条件富裕了,也买了一架钢琴,倒不是故充高雅,更不敢和青年文工团的团友尹仪芝这样的高手攀比,只想当做自己休闲娱乐的一种工具,但总不见长进,也只好自己最终给自己下个结论:缺少音乐细胞!"

其实,这种失败的经历在所难免。李伯康指出,在整个青年文工团,大部分团员都没有自己的专业特长,基本上都是靠热情支撑他们的演出。"那时候学生比较单纯,学校参加那么久学生运动,都认为来青年文工团就是真正以革命为职业。既然如此,那就没得说,所有个人利益都抛后头,组织让干什么就干什么,打心眼里愿意真心干好。"李伯康说,"但全团看上去五六十人,可是真正有演出的时候,人手也不够,每个人都是多面手,叫唱歌就唱歌,唱完歌又去扭秧歌,哪儿缺人去哪儿。当时都很有热情,江平就是这么一个人。"

然而,演出并非靠热情即可,出现失误自是难免。"江平和我们一样,属于什么都愿意干,但在文艺上没有明显特长,属于文艺爱好者,一般的演出也能对付。"在李伯康印象中,"那段时间的相处,我觉得江平就是一个很热情很单纯的小弟"。

演出中也发生一些事情,让江平等"小革命"们想不通。参加政协筹备会胜利闭幕演出前,全团人员排演《大团结舞》。这个舞蹈的创意之一，就是在舞台上用大红绸子组成“自由”、“和平”、“民主”、“团结”八个大字。然而演出前，上级却下令取消“自由”。这让江平等人很费解：“当时我们就在想：按照笔画来说，‘自由’和‘民主’、‘和平’差不多，取消的原因肯定不是艺术上的瑕疵，可能是政治上有缺陷吧？但这既然是上级的决定，大家还是服从，不就是少跳了两个字嘛！”

即便有这样那样的插曲，整体来说，江平在青年文工团过得很开心。2008 年 10 月，江平应文工团团庆 60 周年组委会约稿，在《三年内人生的三个转折》一文中写道：“在文工团里最大的乐趣就是和我们团里的几位同志每日看着地图插红旗。在渡江战役之前我们文工团就成立了。随着渡江战役我们也忙坏了，每天按报纸的报道寻找地图上的每一个地名。那时地图也小，地名也不很全，为找一个刚解放的县名还要认真看，兴趣盎然，似乎我也随着南下工作团在前进，也不知道原本我会在哪个地方停留下来，停止前进。”

这么一支朴素但富有激情的文工团体，为新政权成立前的黎明暖场。然而半年后，正当文工团上下慢慢找到感觉时，市青委认为解放后各行各业急需高素质人才，而文工团成员文化程度普遍比较高，决定撤销文工团，“留下少数同志改组为团市委文化艺术部，负责指导基层组织开展青年业余文艺活动。多数同志可以参照大家的意见重新安排工作，年纪小的同志可以再去学习”。

江平对这种理由并不认可。“好听的说法是把这么多的大学生出身的知识分子，集中在这么小的文工团里，每天就蹦蹦跳跳，确实造成人才的浪费。现在国家急需人才，应当把这些人放到社会里更广阔的地方去锻炼、培养。而不好听的说法是把这么多的大学生出身的知识分子集中在一起，臭味相投，接触不到工农群众，小资产阶级气味得不到改造，不利于知识分子的成长。我更相信后者。”

尽管文工团上下对撤销青年文工团的决定颇想不通，但当上级晓之以革命大义，尤其是提出革命以服从为天职时，江平等就不好再说什么，只好服从分配。

就这样，尽管千般留恋、万般不愿，青年文工团在存在半年后即被撤销。江平被分配到对外称为“北平体育分会”的北平团市委军体部。

转战体育分会

离开青年文工团,江平转战北平体育分会。从音乐到体育,江平的人生再次发生大转折。由于江平在崇德、燕京时就热爱体育,因此对从事体育工作,他没有表现出半点不乐意。

在北平体育分会,江平的顶头上司是燕京大学校友杨正彦,唯一的同事是青年文工团的团友张青。

据张青介绍,北平体育分会的任务,按照其章程规定,主要是团结教育广大体育工作者和体育爱好者,而"团结教育"的所谓体育工作者,主要是全北平的大中学体育老师和民间的武术爱好者。

体育分会的第一项工作是先吸收所有体育老师和武术爱好者为会员。张青回忆道,"包括清华大学全国很有名的马约翰教授在内,还有很多大中小学体育老师都来登记,全市前后登记的会员有八百多人。我和江平一人办登记手续,一人发会员卡。"

在张青的记忆中,体育分会的另一项重要工作是展开对全市体育教师的培训。"在摸清底子后,我们发现八百多体育老师中,既有各大学体育系的专家,也有中小学的体育老师。而这些体育老师也是良莠不齐,有些确实没有学过体育,不会上体育课。所以,北平体育分会就办体育教师培训班,通过每周一次讲座的方式展开业务培训。"

按照张青的说法,她和杨正彦、江平都曾为全市体育教师讲过课。当然,除了他们之外,也请马约翰等体坛名宿亲自出马。张青忆及江平讲课时的细节:"江平一边讲、一边比划。为了让大家看得更清楚,我们会在主席台上摆个凳子,他就站在凳子上示范每个动作。"

这些工作说起来简单,但江平和张青需要处理的事情还是很多。在每位老师讲课前,他们要主动征询讲课老师意见;如果有讲课大纲,要油印好分发给大家;要开会,他们就把通知油印好,装到信封里骑着自行车一家家送。

后来,体育分会开始办一份八开的《北京体育小报》,宣传体育界的动态。这份报纸也是江平和张青一道编辑的。除此之外,江平和张青还编了一本叫做《北京体育》的书,把历次讲座中的内容整理出来,

江平在青年文工团时期的集体照。

燕京大学校足球队（前排右一为江平）。

年轻时代。

面向全国出版发行。

中华人民共和国成立后，举国上下逐步掀起学习苏联的热潮。1950 年 8 月中国体育代表团访苏，带回一些苏联“劳卫制”的俄语材料。据张青回忆，“体育分会有个叫杨烈的女同志是代表团成员，她带回来一份‘劳卫制’章程。我和江平就跟她借过来，研究它们的标准和做法，看苏联如何把劳动与卫国体育结合起来，供中国制定类似标准时参考。”

借过来好说，但是如何阅读呢？张青和江平都不懂俄语。在对俄语不甚精通的情况下，江平借着俄汉词典，硬着头皮把关键信息翻译成汉语。张青回忆说：“江平开始也不知道怎么翻译。后来北京四中有个叫段炳晨的体育老师，自告奋勇央求他们学校的俄语老师。这个老师的父亲是研究中国问题的苏联专家。他不懂中文，但是他看得懂‘劳卫制’的材料。看完之后，就一个动作一个动作地比划，比划到后面，就爬在地上跑。然后，这个俄语老师说，这是‘匍匐前进’，告诉我们。江平就按照这些示范并借助词典，勉强将‘劳卫制’标准翻译出来。”

为什么说江平对俄语不甚精通呢？他在青年文工团的时候，按照统一的要求，曾学过一些简单的俄语。对于这段学俄语的经历，张青忆及，“那时候，市委宣传部在一个小礼堂里统一请人教俄语。每天六点半，我们就起床走着去上课。学习材料有北大编俄汉对照的《联共党史》，要求大家背诵。学完俄语回来，就在青年文工团的墙上四处写，以便强化记忆。”但毕竟这种学习不是他们的主业，很不系统，成效也不大。张青说：“我们学完俄文，也就限于知道几个单词，比如说像‘同志’，等等。我们也不会跟人讲理，连骂人也不会，顶多说人家，‘你是一支铅笔’。”

在翻译“劳卫制”的过程中，江平在清华外语系毕业的二姐也成了他的帮手。据张青回忆，登在《北京体育小报》上的一些苏联游戏，都是江平找他姐姐帮忙翻译成汉语的。

曾与江平短期共事，并在后来全面接过江平工作的周恒崎说：“我是 1951 年 3 月从团市委组织部调到军体部的。暑假之前，江平一个人搞了一套暑期体育锻炼标准。江平挺能写，我去体育分会时，他刚搞完《1951 年北京市学生体育锻炼标准》。这个标准参照‘劳卫制’,规定体育锻炼的力量、速度、耐力、灵巧这四项标准,要求每个年龄段的青少年都要全面发展。江平后来还编写过一本《体育锻炼手册》,写明每个项目的锻炼方法,还画了很多小人作为插图,比如双杠中的曲臂、单杠的引体向上、俯卧撑等。”1951 年暑假之前,北京市团市委召开专门会议,将《体育锻炼手册》下发并要求各大中小学落实。此时,江平已经确定奉派去苏联留学,剩下的工作便由周恒崎接手了。

选派留苏学法律

1951 年 7 月上旬,一纸来自教育部的通知,彻底改变江平的命运。经过严格的层层选拔,江平被选为中华人民共和国首批留学苏联的学生之一,由此人生中最大的转型,开启他近六十年法律人生。

为什么会选中江平呢? 按照江平的说法,他上过半年大学、文科、外语基础好等条件,恰好满足选派单位华北局的各方面要求,因此被选中。这种说法与江平燕大校友、文工团团友田耕的说法不谋而合。田耕忆及,当时华北局下发的选拔标准有三条:第一,要大一学生;第二,外语要很好;第三,要很聪明。

江平唯一的劣势是政治面貌。时任共青团北京市委军体部部长的杨正彦说,当时上级对于究竟是否选江平还有点犹豫,因为江平只是共青团员。较之共产党员,共青团员的政治面貌显然不是特别好。在这种情况下,杨正彦说他面对上级,替江平做了担保。这样,江平最终才有机会去苏联留学。

对于这次选拔,张青当时还有点耿耿于怀。“团市委通知我们,说要派一个人到苏联去留学,要找一个会俄语的男同志。我其实还挺想去,而且我英语也不差。但除了性别因素,我家庭出身也不好,我爸爸当过银行经理,刚解放时他又跑到香港去,所以组织上认为我出身不好,最终决定派江平去。”

组织最后决定安排江平学法律。对于学法律,江平并不情愿。田耕忆及,“江平被选上之后,组织分派他去学法律。但他对法律不感兴趣,还是觉得自己学体育更好,还专门问组织可不可以改学体育。组织给回复说，所有的留苏生都是定向培养，拒绝他的要求。”

江平出发之前，张青等人并不知道江平是去学法律。“他既然是体育分会出去的，我以为是去学体育，还跟他说，你在苏联了解到有关体育方面的情况，要经常跟我们通通气，有什么好的书，就给我们送点来。”

时隔多年后，当年青年文工团的团友彭树宇还曾赋诗一首赠给江平：

出国为国去深造，学法用法在除妖。
赤心不改终身志，一击再击不折腰。

走向民主，通往革命

回过头看，江平从1945年到1951年的人生历程，尤其是1948年9月上燕京大学之后，短短两年间，可谓百转千回。本来想做记者，组织却让他搞文艺；本来想安安心心搞文艺，组织却安排他去搞体育；刚熟悉体育工作，组织却又选拔他去苏联学法律。从新闻到文艺到体育再到法律，这种“奇变”令人眼花缭乱。

更吊诡的是，江平在最早参加学生运动时，孜孜以求的是民主和自由。而且，他可能已经意识到，真正的民主和自由有赖于点滴的改良、和平的递进，而绝不是大破大立的革命可以孕育。但时代的因缘际会，却使他站在革命阵线的最前列，甚至最终前往世界革命的中心苏联。

江平数次谈起过林达的《西班牙旅行笔记》。他之所以喜欢这本书，最主要的原因在于林达传神地描绘出西班牙内战时期两派对峙的状况。按照江平的说法，当时西班牙社会分化成两派，极端对立，任何人都没有中间的道路可以走，而这一切与他高中时代所面临的时代背景又是非常相似。江平坦言，当时所有人都面临着选择，要么跟国民党，要么跟共产党，没有任何“第三条道路”可供选择。而在这时代的节骨眼上，国民党的腐败与专制，最终失去民心、失去政权。江平等一大批胸怀理想的热血青年，加入革命的洪流，投向共产党的怀抱，并将民主、自由的梦想托付在共产党的执政上。

这一点并不难理解。解放战争期间,中国共产党的确显示出民主的形象。在各类出版物中,无论是江平等作为地下党外围组织成员奉为圭臬的《论联合政府》、《论人民民主专政》,还是中共中央机关报《新华日报》等社论中所发出的"历史的先声",无不表达着中国共产党对其革命前景的理解与诉求。连许多大知识分子都死心塌地选择跟着共产党走,更何况江平等满腔热血而又拙于世故的青年学生。

时移世易,建设一个理想的民主自由的中国仍在艰难地进行中……

江平曾提及他们这代人"两头真"的问题。按照他的说法,他们早年的许多想法都非常真诚,而到晚年怀疑甚至否定当初的一些想法亦十分真诚。"只有两头是真的,中间全是假的",江平哈哈大笑。

三、苏联西游记

江平的茫然

接到留苏的通知并完成政审、体检后，江平于1951年7月中旬重回燕京大学，在当时设于燕园的留苏预备部接受短期集训。

在燕京大学，江平遇到也被派往苏联学习法律的其他8名同学。其中，现在依然健在的有陈汉章和穆谟。来自天津法院的穆谟回忆说："我们第一次见面就很合得来。解放前驻天津的美国军队比较多，市面上美国货不少，我和江平见面时穿的还是美军的牛仔裤，看上去很利索。江平看着觉得新鲜，就跟我说，'脱下来给我穿穿'。"江平的率真给穆谟留下深刻印象，"后来我俩很要好，要玩就一起玩，要闹事也是一起闹事"。

集训固然有很多乐趣，但这并不能驱遣江平内心的茫然。即将前往一个遥远而陌生的国度，踏入一个他一点也不了解的专业，那段时间，江平内心到底在怎么想？四十年后，江平在其文集自序中，念及那段心路历程，茫然的情绪依然洋溢在笔端："法律并不是我人生自愿的职业选择，它枯燥无味，不像新闻那样自由奔放。但既然是国家派我去学的，当然是抱着崇高的使命感去学的。"江平当时的心境在这些文字中可以看出来：

> 我是从北京团市委调来的，一点思想准备都没有，革命燃起的激情还难以适应学习要求的冷静，面对校园的书桌有些茫然。我在燕京大学原来读的是新闻系，那是我自己选择的，而现在让我去苏联学法律。新闻像我的性格一样奔放、激情，而法律却似乎像冰山那样生硬、冷酷。在我的脑海里，那像是由一条条僵化、难懂的法律条文筑起的高墙等待我去攀援。

更让江平郁闷的是，对法律、对俄语都一窍不通的他，想带几本中文法律书，但囿于当时"废除旧法"的政法指针，这成为一种奢望：

准备时间很短,第一件想到的事情便是去买几本中文的法律书以便对专业有所熟悉。谁知这一打算立刻遭到当头一棒,纪律中有一条就是不准带任何旧法的书籍。去苏联是学习革命的法律,中国的旧法已经完全被废除,旧法体系也被打烂,旧法的思想更不能继承,为了免受旧法的毒害,应该是完全重新学起,不准带旧法的书籍。而当时我们的行囊中,能有的书籍就是一本俄语词典和一本俄语语法,我就从此游进了茫茫的法律"大海"。

短期集训如何进行?穆谟回忆说,"当时住在燕京大学,吃得不错,都打地铺。考试也很简单,做几道题、写作文、回答问题等。"集训的主要内容是政治学习、宣布纪律。对这批留学生的纪律非常严苛。其中最主要的一条,即绝对不允许中国留学生与苏联女性谈恋爱,同胞之间亦不能有恋爱行为。这些严苛的纪律,在江平留苏初期得到严格执行,穆谟就因为与同胞恋爱而被遣送回国。

集训结束后还有考试。穆谟回忆,"我们都等着发榜,老不发,一直眼巴巴等着。后来发榜时,天都黑了。我们一听说发榜,赶快去看。天黑看不清楚,有的拿着手电,有的点着火柴,迫不及待地找自己的名字。我第一个看到的就是江平的名字,他这名字笔画简单,排在前面。"江平、陈汉章、穆谟等都毫无悬念地通过集训考试。

按照古川在《取"法"苏联的"红色法学家"》中的报道,实际上第一批去苏联学法律的只有陈汉章、吴建璠、魏敏、陆思明、谢让柏、江平、穆谟和李延茂。同一批来自天津市政府的李昂,因为政审未通过而未能前往苏联。

临行前,政务院总理周恩来专门在北京饭店为首批三百多名中国留学生举办隆重的送别酒会,时任高教部部长张奚若亦陪同出席。穆谟回忆说,"被送别的有三百多人,周总理不可能和每人都碰杯。但我们 8 个学法律的比较特殊,周总理专门过来,和我们挨个碰杯。听说只有我们 8 个学法律的,是由周总理亲自政审、看试卷并审定的。"周恩来对学法律留学生异乎寻常的重视,使江平等人既感到光荣,亦感到压力。

在生活方面,中央政府给第一批留学生的待遇,足以让他们成为新政权初期的"贵族"。按照标准,江平同其他同学一样,获得两套西

江平戴上红领巾，与苏联的少先队员在一起。

和江平一道在苏联学习法律的中国同学。

江平在苏联的留影。

江平在苏联法庭实习。

江平与苏联同学在一起。

服、一件狐皮大衣；此外，还领到大批高级罐头和饼干。据说，中央政府当时的财政支出中，排第一位的培养飞行员，留苏学生紧随其后。新政权初期，举国百废待兴，但中央政府还是克服困难，将有限的财力投资到这批留学生身上，江平等人肩负的希望可想而知。按照政策制定者的预期，江平等留苏学生在长达六年的时间内，都是一部只会不停学习的机器，要尽可能多地学到苏联的教科文卫技术。

事实最后也证明，中央政府的这笔“投资”非常划算：在长达30年的时间内，这批留学生返国后，成为各条生产战线上的主力军，让中国能够在完全与世隔绝的情况下，依旧在科技、生产领域取得丰硕的成就。单刚、王英辉著《岁月无痕：中国留苏群体纪实》中统计指出，在大规模的留苏学生中，不光有上百位同学归国后在不同时期担任过党和国家领导人或者高级别行政职务，还产生96名中国科学院院士和103位中国工程院院士。

江平和他的中国同学

1951年8月13日，江平一行踏上开往莫斯科的火车，九天九夜新奇而疲倦的旅程由此铺开。

21日，江平等抵达莫斯科。中国驻苏联大使馆代办曾永权为他们举行接风酒会。兼任这批留学生总领队的是同样去留学的老干部钱信忠。钱信忠生于1911年，比江平他们大近20岁，参加过长征，有很老的革命资历。钱信忠前往苏联时，即带着女伴。而曾永权在接风酒会上致辞时，谈到纪律，第一条就是不许谈恋爱。钱信忠听了很不自在，他是领队，又第一个违反这条纪律。他作为学生代表上台致辞时，还委婉地就恋爱禁令表达了自己的看法。穆谟回忆说，“他有几句话顶曾永权，他讲，谈恋爱有什么问题啊？”最终，因为钱信忠资格老，这条禁令也就对他“豁免”。

据穆谟回忆，他们抵达莫斯科当天，第一次照面当时在莫斯科动力学院留学并担任莫斯科中国学生会会长的李鹏。“到莫斯科的第一天，李鹏就安排我们住在莫斯科动力学院。也是在那里，我们第一次看到黑白电视。”

江平等8名学法律的学生,全部被分配到远离莫斯科的喀山法学院。他们抵达喀山后没多久,国内又派出刘鉴、王叔文、司马念媛、佟明晖4人,也前往喀山学法律。

在这12个留苏学法律的学生中,刘鉴由于年龄大、政治觉悟高,成为江平等十多人的党支部负责人,在一定程度上,亦成为江平等人与中国驻苏联大使馆联系的纽带。在这种情况下,江平等人的一举一动,将都会由刘鉴通过组织程序上报。

这批留苏学法律的青年们,一起在喀山、莫斯科度过五至六年的留学岁月。作为新政权成立后首批法律人,他们中的大多数还未来得及享受这个头衔带来的殊荣,便被历史的车轮无情地碾过。近六十年后,当我们一道追随江平的足迹钩沉这段往事时,这批当时意气风发的青年人,在世的已经只有陈汉章、穆谟和江平3人。

据古川整理的不完全信息,除江平外其余11人经历如下:

陈汉章,1925年生,浙江海宁人,从中央人民政府法制委员会派出,回国后去国务院法制局,曾参与《民法通则》的起草,1987年离休。

穆谟,1926年生,四川自贡人,从天津市法院派出,回国后去天津市法院,曾参与《民法通则》的起草,1990年离休。

王叔文,1927年生,四川省青神人,从四川大学派出,回国后去中国社科院法学所,曾担任法学所所长,著名宪法学家,2006年去世。

吴建璠,1926年生,湖南常德人,从中央人民政府人民检察署派出,回国后到中国社科院法学所,曾担任法学所副所长,著名法学家,2004年去世。

司马念媛,女,天津人,从北京大学派出,回国后去中国社科院法学所,从事工会法研究,在80年代末去世。

魏敏,从内务部派出,回国后到北京大学法律系,从事国际法研究,在80年代初去世。

佟明晖,女,从北京大学派出,回国后去中国社科院法学所,后来又去了吉林大学,未从事法律工作,是否在世未知。

刘鉴,从湖北检察院派出,中途回国,后去华中工学院,没有从事法律工作,现在是否在世未知。

李延茂,从天津市法院派出,回国后没搞法律,去法律出版社,后调到四川图书馆,“文革”初期因一件小事,受迫害自杀。

陆思明,彝族,从云南派出,回国后不知下落。

谢让柏,从公安部派出,中途回国后不久自杀。

同学眼中的江平

陈汉章年长江平五岁,和江平是浙江同乡。陈汉章属于高干子弟,出国前即在中央人民政府法制委员会工作,与王明关系密切。1950年前后,苏联专家苏达里科夫和贝科夫来华讲学,陈汉章与其女翻译恋爱并导致对方怀孕而回国。因此,陈汉章积极争取留学名额,期望在莫斯科与女友相聚。遗憾的是,陈汉章好不容易到苏联,却被分配到远离莫斯科的喀山。

苏联普通学院的学制是四年,大学本科五年。按照原先的安排,江平等留学生需要先学一年俄语,再上五年本科,用六年时间完成学业。时年二十六七岁的陈汉章,已经有很好的俄语基础,便决定直接跟喀山法学院1951级新生一道上一年级。

在陈汉章的影响下,江平不顾语言的障碍,在学完半年俄语后,亦插班进入一年级,然后在后来的几个学期中将第一学期落下的课程修完并通过考试。由于省下一年时间,江平最终在1956年提前一年完成学业回国。

谁也没有想到,江平等人在喀山法学院只待了一学期。1952年初苏联撤销喀山法学院,他们被安置到喀山大学法律系。喀山大学法律系在苏联算不上一流,但因为列宁曾在这里学习并被开除,留下了令人骄傲的历史。江平等留学时,列宁在喀山大学法律系用过的桌子、教室都还专门保留。江平幽默地说:“列宁就是在喀山大学从事革命活动而被捕的。可以想见,我们能去这所大学是很光荣的,人们都说,那是和列宁前后同学。”

江平等抵达喀山大学法律系之后,校方并没有将他们安排在一起住,而是与其他国家乃至苏联本国学生住在一起。陈汉章说:“对我们而言,和苏联同学生活在一起,好处就是通过日常接触,学俄语比较快。”

近六十年后,陈汉章对江平留学时的情况依然历历在目。“他很年轻,1951年的时候他21岁,我26岁。他很聪明,学习又很用功。性格活泼,待人很热情。学生会的一些事他也爱参与。"可能因为同乡关系,再加上陈汉章年长,又有插班跳级的经历,江平和陈汉章私交甚笃。正因为如此,江平在留学苏联期间受到的"团内批评"处分,与陈汉章有密切的关系。

从地理上来说,喀山地处苏联中部,距离莫斯科近八百公里。在当时的交通条件下,可谓千山万水。而且,喀山大学法律系虽是列宁的母校,可是喀山各方面的实力在全苏联并不高。天寒地冻,冷清寂寥,对于心中澎湃着革命情怀的江平等人来说,实在没有太多留在那的理由。因此,陈汉章建议大家以喀山条件太差为由,积极向组织反映要求回莫斯科。对于陈汉章的提议,江平自然赞同,带头向刘鉴反映,并要求刘鉴代表他们与中国驻苏联大使馆沟通。1953年初斯大林逝世后,苏联全国大赦,喀山社会秩序混乱。江平等人趁此机会,一鼓作气,在中国驻苏联大使馆的支持下,于1953年9月来到莫斯科大学法律系,继续他们的学业。陈汉章亦得以"豁免"不能与苏联女性结婚的禁令,在莫斯科与妻女团聚。

但这次交涉,也导致江平与刘鉴关系恶化,并在他的人生历程中留下第一笔"团内批评"的记录:1957年"反右"运动中江平被划为右派,其处分材料中就提及,江平"在苏联喀山大学法律系学习时,为了向莫斯科大学转学,曾煽动一部分同学和领导闹对立,因此在团内受过严厉的批评"。

罗马法与拉丁文

通过自己的勤奋和努力,江平在学习中拿了一个个"五分",最后以全优的成绩从莫斯科大学毕业。在1956年6月的毕业典礼上,江平作为优秀留学生代表致辞。这对于江平和中国留学生,都是一种莫大的殊荣!

从江平后来的学术经历来说,苏联这五年他收获最多的可能不是如何应付课堂讨论、如何应付考试,而是罗马法和拉丁文的启蒙。尤其是罗马法,决定了他的学术结构和学术渊源,成为他数十年后在法

20世纪50年代在斯大林像下留影。那时候，江平在想些什么？

江平在断臂女神雕塑下的留影。

天性好玩的江平。

学界安身立命的根本。

为什么要学习拉丁文呢？老师告诉江平：拉丁语是世界上已经死去的语言，没有人说，但医学和法律专业的学生还必须学拉丁语，许多医学和法学术语都是拉丁文的，各国通用。既然是死去的语言，只能阅读而不能运用，学习的难度亦非常大。时隔50年，江平对拉丁文依然心有余悸："拉丁语真是头疼，俄语还没学好，还必须学拉丁语，请求免修还不准。俄语的语法已经够复杂了，一个名词还要分阳性、阴性、中性三种，每种单复数共16个格要变，形容词也要变格，动词还要变位。拉丁语比俄语还麻烦。"

当然，更让江平惊讶的是，苏联法律体系完全不忌讳苏联民法对罗马法的继受：

> 他们可以认为苏俄的民法与旧沙皇的民法不同，因为那是意识形态的不同，但他们不否认苏俄的民法是继受罗马法的，罗马法是历史渊源。沙皇和西方国家的民法既然是意识形态不同，当然可以批判，但罗马法是其历史渊源，你的祖先是不能批判的！这种尊重历史、尊重罗马法的精神我印象至深。

关于苏俄民法对罗马法的继受，江平喜欢讲一个例子：20世纪90年代江平应邀前往意大利参加国际罗马法大会，会议主办者要求发言人必须用除英语外的任何一种欧洲大陆国家语言去演讲，江平与会务组沟通后，用俄语演讲"罗马法在中国的复兴"。主办方斯奇巴尼教授告诉江平，英国不是继受罗马法的国家，而俄罗斯则是，凡继受罗马法的国家都有共同语言，那就是罗马法和拉丁语。

由于学习罗马法，江平在苏联期间曾买过一本俄语版的罗马法教科书并带回中国。"文革"期间，江平的藏书大都卖了废纸，但这本罗马法教科书却被有意留下。令江平没想到的是，居然在20世纪80年代派上了用场，他的第一本学术著作《罗马法概论》即以此书为蓝本写成。

近距离看苏联

五年的留苏，对江平的眼界和阅历，都具有非常重要的影响。甚至正是因为他头顶上“苏联留学生”的光环,使他回国后既成为北京政法学院炙手可热的学术新星,也因此而招来无端的嫉恨。

留苏五年,使江平有机会深入苏联普通人的生活,甚至前往司法机构实习,这使他能得以近距离看苏联。其中,比较重要的经历有三次:

一是两度游历伏尔加河。1952 年暑假,江平应喀山大学法律系苏联同学之邀,来到伏尔加河流域。1954 年 7 月,时隔两年后江平一行再次从莫斯科来到伏尔加河。这两次游历,给江平留下很深刻的印象。在他的诗词中,《忆江南五首 · 忆俄罗斯》与这两次深入苏联腹地的游历有关:

绿岸好,长忆伏尔加。一捧清流朝漱口,几点星火晚浮槎。水边是我家。

风光好,千里度闲暇。欧西田野夹岸送,异国乡趣润心滑。胸思更豁达。

俄娃好,难忘娜塔莎。白桦树下人双立,明镜水中身半斜。尔我何亲狎。

天色变,大河雄姿拔。云生江口盖地卷,风来狂涛连天压。和浪独弹笳。

好梦断,何时睹清沙。晴空重飞比翼蝶,绿水再泛双白鸭。送我回天涯。

二是在苏联司法系统的实习。按照苏联的法学教育模式,法律系学生在大学五年期间,必须有两次实习经历。江平第一次实习去苏联基层法院。这使他能够有机会了解苏联司法制度的实际运作,尤其是社会主义政权下苏联法官的独立办案机制。由于专业方向是民法,江平第二次实习去苏联国家公断处。国家公断处实际上是官方的仲裁机构。江平后来参与起草《仲裁法》、担任中国国际贸易仲裁委员会仲裁员和北京仲裁委主任的经历,或许与这段实习经历的影响有关。

三是在苏联听赫鲁晓夫反斯大林的“秘密报告”,尤其是近距离看到苏联人对“秘密报告”的反应。这段经历使他在“反右”之前,成为向同事们传达苏联近况的“信使”。“反右”运动中,这便成为他攻击社会主义的证据，给他带来苦厄，也使他开始反思社会主义制度。

课 余

江平在俄罗斯深厚的艺术传统熏陶下，留学期间养成两大爱好：一个是摄影，另一个是音乐。

在苏联，江平每个月的生活补助比较宽裕。除吃饭和买书，他还省下一些钱，买了一台苏联产的ZORKI旁轴相机。这台照相机成为江平在苏联时期学习和生活的见证。穆谟手头珍藏着几大本留学苏联时期的相册，这些照片大都出自江平之手。江平家里也还留着留苏期间及回国初期拍摄的七大本影集。

在穆谟看来，江平最大的特点，就是爱玩、爱钻研。“一到苏联，生活费宽裕，他就第一个买照相机。本来他不会照相，但他就钻研，后来就学会拍摄、自建暗房冲洗等全套工序。这些照片虽然说不是太好，但他都是自己照、自己洗。”

1955年7月31日，为期15天的第五届世界青年联欢节在波兰首都华沙举办。由于品学兼优，江平被中国驻苏联大使馆选为11名非正式团员之一，随同中国代表团一道前往华沙参加联欢节。江平带着他的相机，用镜头记录下战后的华沙街头的风貌，也拍摄了联欢节上的比赛、酒会等瞬间。回莫斯科之后，江平把这些照片全部冲洗并装订成一本相册，专门给这本相册题名为“华沙十五天”。

江平对音乐的兴趣，也是在苏联期间逐步养成的。2004年12月20日，江平74岁生日前夕接受《南方人物周刊》记者曾繁旭的专访。在他的“采访手记”中提及江平和他的音乐世界：“书房约30多平方米，中央一张大床，床头夹着一个红色小台灯，方便看书。数百张唱片码在床边的书架上。他喜欢西方古典音乐，最喜欢贝多芬的《命运》，‘经常听，我能听到命运的声音’，说着，嘴里发出蹦、蹦、蹦的节拍声，手也挥动起来，很快就进入音乐的世界，脸上露出满足的笑容，听得出来，他在演奏《命运》。”

江平回忆说，在苏联期间，他的捷克好友有次邀他去听挪威交响乐《皮尔·金特》。从那之后，他就迷上这种高雅艺术，自己也经常去听交响乐,观看芭蕾舞演出。“我现在对音乐的爱好,实际上就是从苏联留学时培养的。这对我的人生确实有很大的帮助。”

在苏联期间,江平也爱上滑冰。穆谟印象中,他们到苏联之后没多久,江平看到滑冰很不错,便号召大家买冰鞋,这是他从童年时便很喜爱的一项运动。从江平的诗作中,我们也能看到他对滑冰的挚爱。1970年夏,江平曾写过一首《七律·自幼喜滑冰盛夏观冰上表演有感》:

冰玉盘上起婆娑,感叹却比惊叹多。
已成圄圄井下水,曾是滚滚江上波。
志能移山应如是,力不从心可奈何。
还将旧时殷勤意,诗书丛里觅快活。

禁令下的爱情

在苏联留学期间,江平遇到一段真正的爱情。这段爱情故事先甜后苦,让江平刻骨铭心。

战后的苏联,满目疮痍。战争中男性大量死伤,酿成社会上男女比例严重失调,中国男生颇受苏联女性欢迎。这可能也是出国前宣布的纪律中,首当其冲即禁止与苏联女性恋爱的重要原因。

但对于江平来说,“我胆子比较小,没有敢在这方面有所尝试。我觉得,不同民族之间差异很大,无论是性格还是习俗,沟通难度很大,甚至根本就没法沟通。所以那时候尽管一些中国留学生都跃跃欲试,想要个苏联姑娘回来,但我还是不敢去尝试”。其实,即便他当时敢于尝试,联想到后来中苏关系的恶化,恐怕也难逃最后劳燕分飞的结局。陈汉章、洪增仁等跨国婚姻的悲剧就证明了这一点。

江平等在出国前集训时,已经被明确告知:不管是中国留学生与外国学生之间,还是中国留学生内部,都绝对不允许谈恋爱。这是一条铁的纪律。1954 年 4 月,与江平一道留苏的穆谟和司马念媛就撞到了这条禁令的枪口上。

囿于三令五申的恋爱禁令,穆谟和司马念媛的恋爱开始完全处于地下状态。但后来,司马念媛想公开这段恋情,就跟代表组织的刘鉴汇报。这下子,他们都面临着被处分。古川在《取“法”苏联的“红色

藏在栅栏背后，是模仿失去自由的状态？还是在发愁如何在俄语的大海中开始学习法律？

活泼的江平与同学在一起时总是开怀大笑。

怀抱吉他的文艺青年江平。他是在回想
自己在青年文工团的岁月吗?

1955年前往华沙参加世界青年代表联欢大会。

法学家"》一文中援引穆谟的说法:"'当时我是党员,司马念媛是团员。虽然是她主动的,但我提出要处分就处分我,不要处分司马念媛。他们接受了我的意见,没有处分司马念媛。'穆谟解释说,'当时给我的书面理由是调回国工作。'"

1954 年 4 月,穆谟以"调回国工作"为由,被勒令离开苏联归国。穆谟回国时,江平、魏敏和吴建璠还赶到车站送别。据古川在其文章中提及,这件事后没几天,高等教育部还在 1954 年 4 月 19 日专门发布《关于颁发留学生管理注意事项的通知》。其中,第 7 条规定:"为了集中全力完成学习任务,对恋爱问题应自觉约束,正确处理,在留学期间,不得结婚。"

由不得恋爱变为不得结婚,中国留学生内部谈恋爱的禁令实际上悄悄放开。江平和陈绥的相识相知由此开始。

江平与陈绥的相识,与"红娘"穆谟不无关系。穆谟回忆说,"那时候派到苏联留学的女同学很少。跟我们来往较多的,除了司马念媛就是陈绥。司马跟我在一起,女生就剩下陈绥了。陈绥长得不算太漂亮,但人挺好。我走的时候跟陈绥说,江平特别好,你可以考虑跟他好。我跟江平在一起时,也常说陈绥的好话。就这样,陈绥和江平后来好上了。"

陈绥比江平低一个年级,于 1957 年回国,被分配到北京政法学院。回国不久,他们在短短的时间内结婚又离婚,成为大时代背景下个人悲剧的典型。

四、昙花一现

北京政法学院新来的年轻人

1956年6月,时年26岁的江平从莫斯科大学法律系提前一年毕业回国。江平被分配到成立刚刚四年的北京政法学院——这是新政权自己建设的政法教育机构。

江平为什么会被分配到北京政法学院呢?

据江平介绍,1956年从苏联留学归国的第一批法律专业学生只有他和陈汉章。按照原先的培养计划,江平等人被当做“母机”培养,他们回国后的任务是从事政法教育工作,培养更多符合需要的政法人才。陈汉章在出国之前,本身就是中央人民政府法制委员会工作人员,所以他归国后,还是回到原单位。

关于江平的去向,分配部门专门征求他的意见。江平表示,既然派出去的时候就是作为“母机”培养的,而他自己又对教书感兴趣,还是想去教学机构。

在这种情况下,北京政法学院就成首选。在当时来说,北京大学法律系尽管在撤销两年后又复办,但毕竟还是旧综合大学的法律系;而以北京政法学院为代表的五所司法部下属政法院校,则被看做新政权自己的政法教育机构。江平在北京长大,而政法工作又不能离政治中心太远,种种因素交织,北京政法学院成为江平回国后的新单位。

1956年8月,江平前往北京政法学院民法教研室报到,以助教身份开始他“一生一世法大人”的生涯。

接待苏联法律代表团

在北京政法学院,江平尚未洗去长途归国旅程的疲惫,就被抽调参加接待苏联法律工作者访华代表团的工作。尽管苏联法律工作者

1956 年底，意气风发的江平在北京政法学院门口留影。

江平身着印有“北京政法学院”字样的运动背心，成为校教工篮球队的一员。

1956年底，江平在北京政法学院报到后不久，即被抽调参加接待苏联司法界访华代表团的工作。在短短的时间内，江平随代表团走遍中国的大江南北。

代表团访华之后,司法部曾编印不少有关苏联司法制度的材料,但从江平的经历来说,这段经历依然鲜为人知。

何勤华教授在《关于新中国移植苏联司法制度的反思》一文中,曾转引司法部 1957 年 1 月编印的《苏联法律工作者访华代表团演讲及问题解答汇集》,道出这段访问的大体经过:

> 1956 年 10 月,以苏联副检察长亚·尼·米舒金为团长的苏联法律工作者代表团访问中国,在北京、上海、广州等地作了六场讲演,并就中国司法干部提出的各种问题作了解答。这些讲演中涉及司法制度的有米舒金的《苏联共产党二十次代表大会与苏联审判机关和检察机关的任务》、苏联最高法院审判员尼·古·莫洛佐夫的《苏维埃刑事诉讼中的上诉程序和监督程序》两场。同时,在中苏司法干部一起参与的司法工作座谈会上,苏联专家玛·尼·斯捷潘诺娃教授专门介绍了苏俄司法部在领导和监督司法机关中的作用。此外,苏联专家还就苏联的审判工作、司法行政工作和检察工作方面中国同行提出的各种问题作了详尽的解答。

由于资料稀缺,现在已很难知道具体访问的过程。上海市人民检察院所办网站"上海检察网"载有"上海检察志",其中外事活动一章中,曾提及苏联法律工作者代表团在上海的行程:

> 1956 年 10 月 12 日,应中央司法部、中苏友好协会邀请,苏联法律工作者访华代表团抵沪。代表团团长米舒金和团员邦达立·安德列也夫斯基、图里索夫到上海市人民检察院访问。检察长王范介绍上海市检察机关的组织机构、干部情况,上海市人民检察院领导工作的组织形式、党组、院务会议和检察委员会工作等情况。双方作检察业务交流。当天,米舒金等在上海市人民检察院副检察长方行陪同下,访问上海市黄浦区人民检察院。13 日,米舒金和邦达立·安德列也夫斯基由方行陪同,前往上海铁路运输检察院和上海水上运输检察院访问。并参观上海市监狱。16 日,代表团到上海市第一中级人民法院旁听一审刑事案件审理。

这仅仅是在上海的行程。事实上,苏联法律工作者访华代表团的行程遍及中国的大江南北,从北京到杭州,从杭州到上海,从上海到广东,再从广东回北京。江平全程参与接待与陪同,并留下大量珍贵的影像资料。

整个接待中,江平主要担任两方面工作:一方面担任代表团的生活翻译,陪同其在北京、上海、广州等地访问;另一方面则在代表团中民法学者发表学术演讲时,担任现场翻译。

“江平同志来校后工作表现很好”

江平在接待中的优异表现,得到上级机关的认可。这使北京政法学院对江平的工资定级时,得以破格提升。

1956 年 12 月 19 日,北京政法学院人事处人事一科向人事处打报告,并由人事处转呈院长批示,请求确定江平的工资级别:

> 留苏毕业生江平同志现分配到我院教研室工作,该同志于四九年参加工作,在北京市团委会做一般工作,五一年九月调到苏联大学本科学习五年。其工资级别根据高教部规定,国内本科四年毕业工作六个月后一般定为教学十二级,留苏生一般应比国内当年大学毕业生高一级。我院今年由人大毕业分配来的调干学生,在入学前曾工作过二三年,多数定为教学十一级,个别定为十级。江平同志来校后工作表现很好,结合以上情况,并和本单位负责人研究,我们意见其工资级别定为教学十级,工资 78 元,当否请批示。

经过北京政法学院领导们层层审批之后,12 月 24 日,江平的工资级别正式被破格定为教学十级。对于时年 26 岁的江平来说,这种破格关照,是个不坏的开端。

两则署名为“平”的学术通讯

现在能够看到的江平署名的作品,是对一篇译文的校阅。江平成为北京政法学院的教师后,可能由于留学苏联的背景,跟当时支援北京政法学院的苏联专家楚贡诺夫有一定的交往。1956 年 12 月 31 日北京政法学院《教学简报》上发表由张尧翻译、江平校阅的楚贡诺夫的文章《论演讲的技巧》。这篇文章约13,500字，占了7页的篇幅。通过这篇校作品，“江平”的名字第一次在北京政法学院的《教学简报》上变成铅字，北京政法学院的师生员工们对江平有了文字上的认识。

此后不久，1957年3月25日的《教学简报》第23期中，在“国外论文介绍”栏目中发表了两则署名为“平”的学术通讯。第一则《苏维埃家庭法中的几个问题》，介绍1956年第9期的《苏维埃国家和法》杂志上发表的学者古里维奇的一篇有关婚姻法的文章。第二则《关于违约金的几个问题》，介绍苏联《苏维埃国家和法》杂志1955年第5期发表的莱赫尔的一篇有关违约金分类文章。

这两则学术通讯，应该都是出自江平之手。为什么这么推测呢？第一，这两则通讯一篇涉及婚姻家庭法，另一篇涉及合同中的违约金问题，两者都属于民法学科，而江平回国后就是在民法教研室；第二，当时民法教研室所有教师中，姓名中含有“平”字的只有江平；第三，所译介的两篇文章均出自《苏维埃国家和法》杂志，在当时懂俄语的人才比较稀少、学术译介更是稀有的情况下，只有江平有最大可能接触、阅读并译介这些文献。

联系江平校阅楚贡诺夫的文章的情形，不难发现，江平回国初期的学术研究，基本是利用俄语优势，译介苏联的学术文献。这种取向，恐怕与他后来“比较法的情怀”有着千丝万缕的联系。

直击所有权大题

1980年下半年，江平与从事经济学研究的同事康德琯、田建华在《法学研究》第4期上发表《国家与国营企业之间的财产关系应是所有者和占有者的关系》一文。这篇文章在江平的学术生涯中具有标志性的作用，这是他1957年“反右”运动后第一次公开发表的学术论文。1997年江平主持“中美元首法治计划”之“美国法律文库”时，选择的第一本书则是汉斯曼教授的《企业所有权论》。

前后数十年，可以看出江平对所有权问题有着浓重的情结。事实上，这种情结可以追溯到更早的1957年。1957年5月15日，江平在《教学简报》上发表与同事陈汉邦合写的学术论文：《关于所有权转移问题的商榷》。江平为第二作者。这是江平 60 年学术经历中,第一次公开发表的学术论文。

陈汉邦和江平写这篇文章的缘起,是北京政法学院《教学简报》第 20 期上,陈德仲、王守仁联合发表了一篇有关在买卖合同中所有权问题的文章。该文作者以所有制形式和统治阶级意志而非所有权人的主观意志决定所有权的范围为学理依据,主张在买卖合同中所有权不能转移。这样的观点颇有时代特色,政治上也非常正确。

但是,这并不符合学术常识。时年仅 27 岁的江平年轻气盛,与陈汉邦一道洋洋洒洒写下六千多字的《关于所有权转移问题的商榷》一文,从权利能力和主观权利的区分、意志关系在苏联法学界的争议、财产转移与主观权利的关系、民事权中财产权与人身联系与否、处分财产与所有权的关系等五大方面,对陈、王的文章展开全面批驳。

通过这篇文章,江平面对国内学界在学理阐释上的误解,凭借留苏五年的学养,第一次发出自己的声音。这篇文章,也成为他日后继续关注所有权问题的开山之作,也为晚年为私权的呐喊弹奏出曼妙的序曲。由此,江平开启长达五六十年的学术生涯。

洞房花烛夜

古人谓人生四大喜,第一大喜即"洞房花烛夜"。江平的"洞房花烛夜"发生在他到北京政法学院的第二年。

1957 年 7 月,江平在莫斯科大学的女友陈绥学成归国,可能出于对他们的照顾,陈绥也被分配到北京政法学院刑事诉讼法教研室。

陈绥是 1952 年去留学苏联的。她们这批留苏生出国前,已经在当年 2 月初开办的留苏预备学校完成近半年的俄语培训。使这批学生在苏联,不再像江平他们那样先学一年俄语,而是直接接受为期五年的本科教育。

江平和陈绥相恋后,在苏联度过两年多幸福时光。由于允许恋爱、禁止结婚的政策,江平和陈绥约定:等陈绥回国即完婚。

陈绥在北京政法学院报到后,两人便举办婚礼。江平当时在北京政法学院民法教研室的同事李逸尘具体操办这次婚礼。"他们的婚礼很简单，请了一些朋友和同事，我记得有陈汉章。大家来之后，一起说说吉利话，吃了几块糖。他们喝了两口水，权作交杯酒。大家说，你们亲亲吧，他俩接个吻，这样就算结婚了。”

对于这次婚礼，江平回忆说，“我们是在三号楼里结的婚。一些朋友来祝贺，场面很热闹很温馨。大家都觉得两个苏联回来的留学生结婚，多少有点新奇，这样的情况至少在北京政法学院不多见。”

在那人生的大喜日子里，他们对未来一定充满憧憬吧？殊不知，命运的魔掌在那个时候，已悄悄伸向这对新人……

对民法学教育的批评与反思

1957 年 5 月后，中共中央发起的整风运动如火如荼。在北京政法学院，除党委领导班子之外，几乎所有的人都在懵懵懂懂的状态下投入这场运动，真诚地向党委提出自己的意见和建议。在这种背景下，江平于 7 月 5 日的《教学简报》第 27 期上，发表《对民法教学大纲的几点意见》一文。

这篇文章的背景是 1956 年通过的《中华人民共和国民法教学大纲》。江平认为，这份以苏联民法教学大纲为基础的中国版教学大纲，有着如下五大缺陷：只规定所有权而无其他物权、在工农产品采购领域的法律问题过于分散和混乱、信贷法律关系名实不符、居间合同缺失、债权篇中不当得利和无因管理缺失。江平在他的文章中，对这些缺陷所导致的理论和实践方面的问题予以全面展示。

这就是时年 27 岁的江平留苏归国后在北京政法学院留下的生活与工作的轨迹。那时候，他头上还顶着苏联“海龟”的光环，生活在艳羡与钦佩的眼神中；那时候，他年轻气盛、胸无沟壑，对于中国民法学界全盘苏化的做法不能不说，也不得不说。然而，宽松的言论环境最后被证明不过是暂时的曙光。好景不长，江平和数十万知识分子的命运，开始被政治运动的阴霾所笼罩……

五、飞来横祸

1957 年的“反右”运动，在中国当代史上无论如何都将写下“浓墨重彩”的一笔。广大知识分子是这场运动首当其冲的对象，各种遭际更是苦不堪言。至少 55 万人的命运，由此从人间跌入地狱！

江平即是这 55 万受害者之一。从数学的角度来说，1∶550,000，换算成小数的话，这个数字可以忽略不计；但对江平来说，这数字却意味着他的全部健康和人生梦想。

其实，无论从哪一点看，江平都不是“反右”运动首要的整肃对象。他当时只有 27 岁，早年参加地下党外围组织，政治上追求进步，成为中国第一批共青团员，并因此受到重视而派送苏联留学。政治忠诚、思想进步、年富力强、品学兼优……江平显然是共产党最可靠的追随者，无疑是共产党后备力量的上上之选。但命运之神的捉弄，使江平无端遭难 22 年。

北京政法学院的整风运动

据《北京政法学院大事记（1952～1962）》载，1957 年 1 月开始，北京政法学院全院教职工即开始学习《再论无产阶级专政的历史经验》。1 月 13 日，中国人民解放军政治部甘泗淇上将给北京政法学院师生做《关于〈再论无产阶级专政的历史经验〉的报告》。两天后，院党委副书记鲁直向全院师生做《学习〈再论无产阶级专政的历史经验〉的报告》。3 月 8 日，院党委召开全院大会，传达毛泽东主席在最高国务会议上《关于正确处理人民内部矛盾问题》的报告。5 月 7 日，院党委再次召集全院大会，传达毛泽东主席在全国宣传会议上的讲话。由此，北京政法学院的整风运动正式拉开帷幕。

5 月 9 日下午，北京政法学院党委邀请老教授和民主党派人士举行第一次座谈会，钱端升、徐敦璋、杜汝楫等来自四大学的老教授们出席座谈会并发言。由此开始，短短一个月之内，先后有十多次座谈会

1959年国庆节，北京政法学院学生游行方队在训练中。当时，这样的政治活动与江平等“黑五类”无关。

不畏浮云遮望眼。

大跃进及其后几年，劳动成为北京政法学院师生生活常态。图为北京政法学院师生准备出发去劳动。

在北京政法学院进行。座谈会上，老教授们响应党中央开门整风的号召，积极结合院务，提出自己的真知灼见。以刘镜西为代表的北京政法学院党委，至少在公开场合，对这些意见虚心表示接受。

这些座谈会的一方是以院党委书记刘镜西为代表的北京政法学院党委，另一方是以院长钱端升为代表的老教授和民主党派人士。前者被称为“革大派”，后者被称为“北大派”，这场运动实际上称为两派的决战。只不过前者在中央支持下大获全胜，后者片甲不留。

5 月 18 日，北京政法学院整风领导小组正式成立，刘镜西、李进宝、刘昂、徐敬之、鲁直、修恒生、刘少农、郭迪等北京政法学院主要领导担任小组成员。这天还专门召开全院师生员工大会，党委书记刘镜西号召所有师生员工帮助党整风。

长期在苏联的学习，使江平对于中国的政治斗争形势缺乏基本了解。对于整风运动，他并不觉得与他有多大的关系。他理应只是这场运动的看客，毕竟他只是一个 27 岁的年轻讲师。

江平的鸣放

要不是时任院党委书记极力鼓励江平等青年教师对党委“鸣放”，江平恐怕永远不会介入这场政治运动。

当时，中苏关系尚好，大家对苏联非常感兴趣，尤其是赫鲁晓夫反对斯大林个人迷信的“秘密报告”。江平应邀参加某次座谈会时，有人提出让江平谈谈这方面的情况。

李逸尘回忆说：“江平说他才从苏联回来，对学院里情况不了解，没资格提意见。当时民法教研室主任张杰说，你刚从苏联回来，最有资格提意见，你把苏联的党和我们的党比较一下，看中国共产党有哪些不足？这你最有发言权了。”

年轻气盛的江平，不知道如何在政治运动中自我保护，也丝毫不隐瞒自己的观点：

> 斯大林杀害和镇压大批反对派人士的事实揭露后，欧洲国家的共产党受到很大震动，一个时期内在群众中影响也降低不少，不少国家的共产党员纷纷退党。

西欧国家共产党中,最有影响力的是意大利共产党。意大利共产党总书记陶里亚蒂知名度也非常高。他在斯大林事件发生后曾说过,斯大林问题的根源,不是个人品质问题,而是制度的问题。当时赫鲁晓夫和陶里亚蒂的分歧,就在于赫鲁晓夫认为这是个人的缺陷造成的,而陶里亚蒂则认为这是制度的缺陷造成的。

当然,我同意陶里亚蒂的观点。我在苏联学习时,从自己的五年经历也感到,这么大的问题,仅用个人品质是无法解释的。我所经历的苏联制度层面的缺陷,正是现在我们党要整风时,需要警惕并克服的。

后来,整风运动转向为"反右"派斗争。在揭露江平的"反党"言论中,上述言论成为江平攻击社会主义制度的"罪状"之一。

5 月下旬,北京政法学院党委认为青年知识分子鸣放得不够,提出"青年知识分子还要再开一二次"。在这种情况下,江平等青年教师忍不住站出来鸣放。

30 日下午,江平等近二十位青年教师在二号楼宿舍集会,讨论联合写大字报事宜。

在这次会上,钱骅提出成立整风促进委员会的建议,甚至提出后来未被大字报吸纳的成立"不管组"。而对于别人提出的成立自下而上的选举,钱骅亦表示同意。江平提出成立四个小组帮助党整风,亦为与会者所广泛接受。北京政法学院党委在事后审查钱骅时,指出钱骅"写了十二条意见,不要党的领导,陶(陶和谦)与江平是主角"。青年教师们对帮助党整风踌躇满志,对自己的观点毫无保留。

青年教师们统一的意见主要有五点:第一,学校整风不力,应当在党委领导下成立"整风促进委员会",帮助党整风;第二,学校的问题揭得还不够,中层干部都不出来揭发,要求中层干部带头帮党整风;第三,群众反映了一些问题,但真相究竟如何,没有下落,应当就一些重大问题成立专门的调查小组,弄清真相,公布于众;第四,一些老教师由于肃反扩大化背了黑锅,应当予以澄清、道歉;第五,现今的工会选举不民主,是自上而下的指定,应当实现工会自下而上的民主选举。

根据大家的意见,江平拟定大字报并第一个签名。大字报陆陆续续地征集到 20 个签名者,他们主要是民法教研室的教工。现在能够确定的签名者，至少有江平、钱骅、杨荣馨、张佩霖等人。

次日清晨，江平等人将大字报贴在三号楼门前。这是北京政法学院青年教师的第一张大字报，又有20人签名，非常引人注目，引来很多人看。江平忆及，刘镜西亦专程来看并提出过表扬。

对这份大字报，李逸尘虽然没有签名，但印象很深，“有一天晚上，江平和另一个同事组织一些教研室的同事开会，向党提意见。在提意见的过程中，还说，怎么没有李逸尘呢？因为我平常爱提意见。后来他们就把我也叫去。在政治上，我对共产党有所认识，所以，那次我什么意见没提。他们就说，原来你是个纸老虎，你平时最能提意见，现在又不敢提了。我说我没意见，明天还有课，得备课去。就这样，我没有参加这次大字报签名。”

大字报贴出后，江平还以团员代表身份，与党员代表林炳煌、群众代表姚兆辉一道，专门向院党委反映青年教师对帮助党整风的意见和建议。

按照李逸尘的说法，大家最初考虑的群众代表不是姚兆辉，而是他。但李逸尘对此不甚热心，遂以上课为由，推脱未去，所以，最终姚兆辉替补成为群众代表。

江平忆及，“我们三人向院党委反映青年教职工的意见之后，还受到院党委领导的表扬，说你们的精神很好，院党委会考虑你们反映的这些问题。”

事后，江平还被揭发出来其他一些零星的“右派”言行。在《北京政法学院右派分子言行汇编》油印本中，有一篇“右派分子陶和谦的反动言论”。江平与陶和谦同在民法教研室，难免有一些交往，于是，陶的一些涉及江平的言论，既成划陶和谦为右派的罪证，也成了划江平为“右派”的证据。这份材料中跟江平有关的陶和谦的右派言论有：

“陶曾对江平说：‘大学毕业当助教是12级，升一级就要2~3年，升到讲师至少也得8~9年，待升为副教授、教授则年月更长。’”

“陶欣赏原北京大学的民主墙，认为不论何种意见都可贴在墙上。他对鸣放初期的大字报、自由讲台很感兴趣，并向江平、郑淞生说：‘这样搞下去也不会出问题’。”

“陶组织19名教员联名写的大字报，提出‘工会绝对民主选举’。”

“陶对大字报也很感兴趣。5 月 30 日江平等十几个教员酝酿写大字报,陶即主动的参加,将自己的意见融合在群众意见中,以 20 名教员名义写出。当时有人提出派人去党委会请愿时,这主张深得陶的支持,群众推举陶代表党员请愿时,他拒绝了,原因是他不愿暴露面目。”

“6 月中旬的一次会上,张佩霖批判了江平、陶和谦、岳德安等的一些错误观点,会后陶认为,‘领导有意地布置些积极分子来对付他们’。”

划为右派

在引蛇出洞的“阳谋”下,江平被划为右派是迟早的事情。

江平回忆说,“七月份的某一天,早晨起来,看到校园内贴出了一张大字报,开始揭发我的右派面目和罪行。这张大字报上面,最集中批判的当然就是那张 20 人签名的大字报。不久前还被交口称赞的大字报,如今却成为‘反党’的大字报,翻云覆雨两重天!”

李逸尘的女儿李桂芳,当时十一二岁,刚于这一年暑假来北京上小学。在她的记忆中:

北京政法学院专门在三号楼前面,用席子搭成一排排的大字报棚。有一天下午,我放学回来,走到大字报棚那,突然看见“右派分子江平”几个字。大字报上写着他是哪儿人、他父亲怎么着,言下之意就是他出身不好,所以才会有右派言论。

我当时特别害怕。江叔叔不是很好的人吗?怎么会是“右派”啊?我不敢看下去,完整的内容我不知道,就知道从那开始,他被打成“右派”。

后来我听爸爸念叨:“你江叔叔这右派是冤枉的,他怎么会是右派?他去莫斯科不是共产党让他去的吗?感谢还感谢不过来。他不可能是右派,也没有那么多心眼。”江叔叔被划成右派后,民法教研室开会批判,我爸说,“谁发言我也不发言。”后来我爸也就跟着挨批评,说他同情右派。我父亲一直没有发言,觉得他太委屈了。

江平究竟是因为什么而被划成“右派”？按照江平当时在民法教研室同事巫昌祯的说法，江平属于理论型“右派”，甚至这种“右派”都不是北京政法学院所能决定，而是由更高一级组织确定。巫昌祯说：

年轻人一般好表现，江平就是这一类的。他为人正直，很敏感，看问题很尖锐，别人看不到的他能看到，也敢说，这两个特点就容易出问题，往往忽略全面地评价事情。

他被划成“右派”跟别人不一样。在上面看来，他属于理论上的右派。我大概记得他说，人掌权后是很容犯错误的，掌权以前搞革命时兢兢业业，掌权以后就很容易被迷惑，历史的发展规律就是这样，弄不好就会出问题。他从理论上研究历史发展的规律。

总之，他被上面看成一个理论型右派的样本。后来，划他为“右派”，也不是学校定的，而是市委最后批下来的。上面认为江平这类大学里的右派很典型，喜欢议论，有他自己的一套主张和理论，从理论上反对马克思主义。

江平和吴焕宁被划成右派，我们都不太相信，也不能理解。都挺好的人，怎么会成右派？就是学术观点的原因。所以有些同志很想不通。有些事情，我们有共同的看法，但不像他们那样说得比较尖锐。我们知识分子里，有些同志比较谨慎，有些比较胆大。江平属于后一类，想什么就说什么。说出来以后，上面认为他理论上有一套系统，比如作为统治阶级以后道路怎么走、应该注意什么问题，他有点“指挥”的性质。上面认为他作为“右派”，以学术探讨的面目出现，还不容易被发现。

批　　判

“反右”运动开始后，前往院党委请愿的三个人中，姚兆辉因为是华侨，他哥哥在国外又很有名，所以，把他内定为“右派”，没有公开批判；林炳煌从北京政法学院下放到北京政法学院附属中学，没有被打成“右派”；只有江平最终被打成“右派”。

李逸尘忆及，“江平很委屈，还去问张杰：‘我说不提意见，你让我提，现在整我怎么办？’张杰说，‘我是让你向党提意见，可是我叫你向党进攻了吗?'江平听这么一说,眼泪就下来了。"

对于江平的批判,主要在北京政法学院民法教研室内进行。在教研室批判江平的会议上,李逸尘始终没有发言,最终被扣上"同情右派"的帽子。时隔五十多年,李逸尘依然清楚地记得当时批判江平的言论:"我记得有个人说,你不要以为去过苏联就自以为有学问,穿着羊皮算什么呀?"

在口述自传中,江平对当时批判他的同事,只提及段世芝的名字。但按照李逸尘的说法,段世芝批判江平并不算太厉害,只是喜欢在背后不停地说坏话。巫昌祯表示:

当时批判"右派分子"是大势所趋,违心也得说。上面指定你发言,你就得发言。发言也得按着调子说,不可能提反面意见。整个调子都是上面定下来的。

批判江平时,我也有发言。上面定了,就得按着那个思路说。反正不管怎样,让你发言你就得发言。发言也不是自由发言,而是指定发言。不发言,就是同情右派,不和"右派"划清界限,是不是与右派有同感……反正不好办。所以让我发言,我只好发言,按着党委的调子说。

我们发言,还不像其他人的那么出格。那时候还是不得已而说,说就按照党委决定的调子说,带着个人成见的、打抱不平的基本没有,也没发现。当时大家都还没经验,不像"文化大革命"的时候,有人利用政治运动整别人,那时候还没有。

由于江平并非北京政法学院"反右"运动主要对象,因此,与钱端升等大右派成筐成篓的批判材料相比,"反右"运动中批判江平的文字材料极为少见。1957年10月19日的《政法院讯(副刊)》第2版发表了一篇署名"詹鸣"的学生的批判文章《愤怒》:

上学期民法教研室一位老师告诉我们说,我们学院来了一位刚从莫斯科大学法律系毕业的留苏学生——江平,并且我国第一批留苏学习法律的只有三个,江平就是其中之一,全国有四所高等政法学院,就只有我院有一位(其他两位在北大法律系与司法部)。我们听了,高兴之至,并引以为骄傲。与此同时,同学们对他也寄予了莫大的希望,希望他能帮助我院提高教学质量，希望他在政法科学上及在我们国家的民事立法方面能有所贡献。

但是，事与愿违。也万万没有想到，一个刚从苏联学习回来，且是学法律的大学生，在乌云密布五月上空的时候，不但不起来捍卫党、捍卫社会主义，反而干起反党反社会主义的勾当来了，成了反党反社会主义的反动派。

当我看到右派分子江平的反党反社会主义的材料，知道他成了我们的敌人时，感到万分愤怒。试问江平，你还有点良心、有点人性吗？党和人民花了4万斤小米把你送到苏联去学习，党和人民多么的器重你，可是你学习回来后，却忘恩负义，猖獗地向党向人民进攻。

面对批判，江平很快“缴械投降”。在压力面前，每个人都会有自己的应对策略和机制。江平在运动的风浪面前，表现得比较务实。无论内心如何考虑，至少表面上他以一种低头认罪而不是坚持到底的策略，来缓解自己身上的政治压力。这种策略的好坏，可以见仁见智。如果他认罪，好处是避开政治压力，脱离苦厄，好汉不吃眼前亏，但坏处是在大多数情况下必须违背自己的信念甚至良心。而如果他坚持自己的观念而不认罪的话，他得到的是不违背自己的信念，对得起历史的检阅，也会得到后世的正面评价，但当时却要承担皮肉与精神的巨大压力。但无论如何，江平在那么一个风声鹤唳的年代，能够独善其身，健康地活下来，也实有其可圈可点之处。较之坚持，认罪或许是一种更有策略的自我保护方式。

当然，在历史的大是大非面前，江平还是坚守了自己的底线。江平在其晚年高扬“只向真理低头”的旗帜，或许也是对自身人生经历反思之后所获得教训之一。

言归正传。尽管如此轻松地过关，但被划为右派对江平内心造成的打击，却不可小觑。江平70大寿时忆及1957年“反右”运动，依然痛彻肺腑：“70年，总有最刻骨铭心的时刻。至今回想起来，我最刻骨铭心的时刻就是被划为右派的那一时刻，从‘人民的阵营’被划入‘敌人的阵营’的那一时刻。有时梦中还在杂乱地回放着那惊心动魄的情景，醒来仍心有余悸。”

处　理

批判结束后是处理。在北京政法学院来说,对于江平的处理算是很晚的了。

1957 年 12 月 27 日,北京政法学院领导小组讨论处理“右派分子”钱骅的问题。院长李进宝在提及江平时认为,钱骅、江平、康德瑄等都属于同一类型的“右派”:在个别言论上反动,但可能出于好的动机;根本立场上反对党,但不一定是有计划地反对,而只是在具体事件中拿出自己的一套观点。

一两天后,北京政法学院对江平的处理也提上议事日程。当时,李进宝、鲁直、徐敬之、郭迪等开会,讨论民法教研室、民诉教研室、图书馆等部门的“右派”处理问题。与江平一起被处理的有李忠敏、陶和谦、于振鹏、史鸿生等人。在当天的讨论中,江平被排在第三位。江平之前,被处理的是李忠敏和陶和谦;江平之后,被处理的是于振鹏和史鸿生。

对于江平,“大家一致认为问题严重”。江平的问题主要有:第一,在“反右”运动中攻击人事、工资制度、干部政策,宣扬资本主义民主,反对党的领导;第二,在苏联期间,曾积极参加攻击支部书记;第三,来北京政法学院工作后,同意南斯拉夫工人委员会卡德尔的发言和铁托批评斯大林的意见。

就认罪态度来说,大家普遍认为江平认罪“态度较好”。这与江平先前的说法互成印证。

而对江平的处理意见,分歧较大,大部分人同意按照要“开除”的第二类右派处理;但也有少部分人认为,江平的情节并不严重,应该按照只需要“降级降薪”的第六类处理。

这两类后果有着天壤之别。这种处理程度的差别,一定程度上折射出当时领导层对江平复杂的看法。这在北京政法学院“反右”运动中是非常少见的。

1958 年 1 月 28 日,北京政法学院召开院领导小组会议。鲁直在谈及大家对右派的看法时指出,“一派主张右派都是有目的的。另一派认为右派的目的是不一样的。再一派主张有一部分右派的反党反社会主义是不自觉的,以江平为例。”

而张杰在发言时,亦以江平为例,说明右派是否有目的的问题:“再如江平,则是唯才论,他的行动也没有意识到是推翻现政权,他有一套主张,但其行动是反党的。如在整风时,江平认为党不出来领导整风,很着急,所以他的动机是好的;但其效果是不好的,所以他的动机也不是好的。这牵涉革命的立场问题,江平的动机是为了帮助党整风,其实他的一套主张都是资本主义的。所以,对江平则不能以动机和效果来解决,而应以立场来解决。”

对于张杰的意见,鲁直并不完全同意。鲁直表示,“右派的反党活动是自觉的,但是不是完全自觉的呢?自觉的程度如何呢……如江平则是拿出他自己的一套来,要党按照他自己的那一套去办,你能说他不自觉吗?他是意识到他那一套你们共产党是不会同意的。但如从他个人的野心来看,可能没有意识到所有的右派都是互相呼应。但他们可以互相利用这样那样形势,所以说由个人野心发展到右派是意识到推翻社会主义的活动,是自觉地。他们反对某一个组织,可能当时没有意识到反对党中央,这是因为他还没有接触到那个问题,如接触到那个问题,他同样地会反。他所反的是党的组织、政策路线,我们就不让他反。”

1958 年初,北京政法学院领导小组研究教职工中右派的处理问题。

最终,将江平列为第五类,给予降级降薪一级处分。

右派分子登记表

江平被划成“右派”分子之后,头顶上“苏联留学生”的光环没有了,迎接他的只有诬蔑和中伤。按照当时的做法,某人被划为“右派”后,组织部门都会将相关情况,填入“右派分子登记表”。由于江平当时共青团员的政治面貌,他的“右派分子登记表”则由“中国共产主义青年团北京政法学院委员会”来填写。

1958 年 3 月 13 日,北京政法学院团委在江平的“右派分子登记

表”中填写了如下信息:

江平的出身,被填成“资产阶级”。

“解放前后家庭经济情况,家庭主要成员,政治态度如何?”一栏指出,江平“解放前父亲当过北京某银行营业局副局长,是汉奸。哥哥现在台湾。”

“曾否受过处分或被斗?”一栏中,写着江平“在苏联喀山大学法律系学习时,为了向莫斯科大学转学,曾煽动一部分同学和领导闹对立,因此在团内受过严厉的批评。”

“平日政治上的表现如何?”一栏,认为江平“经常散布修正主义观点,如在学习八大文件时说,我国民主尚不完备,资本主义制度还有活力,有可学的地方,瑞典的选举用电钮的方式,是可以采用的。攻击《人民日报》说,《人民日报》报喜多报忧少,一旦缺点揭发出来,就要出乱子。当人们羡慕社会主义苏联时,他说:你们不要把苏联神秘化了,苏联也不怎样。”

在与“反右”运动密切相关的“整风运动以来有那些言论?行动?参加过那些组织社团?反右派以来有哪些表现?变化?”一栏中,填表人提供江平在整风运动中的如下表现:

整风期间的表现:(1)反对共产党的领导:5月31日发起组织20个教员署名的反党大字报,主张成立四个审查小组,审查我院肃反、评薪等工作,并主张小组成员自下而上选举,原来在这方面工作的人一律不得被选。主张工会改选应选整风中的“积极分子”。(2)攻击我院52~53年的教学方针和党对青年知识分子的思想改造政策,说党不了解青年的特点,革大那一套不正规化,光思想改造学不到知识,是根本的错误。并说不要磨掉青年的棱角。(3)否定党的干部政策,他说:“评工资的标准根本不应考虑德,人事部门领导似乎认为党员就只有德,团员是次德,群众是无德,按此来评工资是荒谬的。”

反右以来的表现:对他斗争时尚能低头认罪,交代自己的问题,他对自己的罪行仍认识得很不够。斗争后有愿意悔改的表现,对交给他的工作完成得比较多,但对自己罪行的认识仍不够。

最后,北京政法学院团委作出了对江平的处理决定。在“团委会认为此人属于右派分子当中的哪类?处理意见?”一栏中,江平被划为

“一般右派”，并给予“降职降薪、开除团籍”的处分。

离　婚

被划为右派，对年仅 28 岁的江平确是很大的打击。这种遭遇等于说，将追随革命近十年的江平，一下子从革命阵营划入敌对阵营。从此，他将不再会被称为“同志”，他将成为革命的对象，他必须努力地自我改造以便早日回到人民的阵营……这对于刚刚从苏联留学归来的江平，不啻是一场噩梦，至少在当时看来，他的政治生命已经宣告终结。

但比这更大的打击接踵而至：新婚妻子陈绥在组织的压力下，向江平提出离婚的要求。

陈绥是著名国际法学家陈体强的侄女。她父亲曾担任国民党高级官员，由于该原因，1949 年后追查出身问题，组织认为她出身不好，在政治上曾给过她不少压力。

新婚未久，厄运降临到了这对新婚燕尔的年轻夫妇头上。

时任北京政法学院刑事诉讼法教研室负责人的张子培，来自华北革大，老干部。作为顶头上司，张子培给陈绥提出两个选项：要么与右派分子江平继续生活，不划清界限，但入党转正问题免提；要么与江平离婚，划清界限，组织方面会考虑使她成为正式党员。

陈绥沉思良久，最终选择后者。在离婚之前，江平的三姐江伟琦也曾前去劝阻陈绥，“我说，我弟弟会改造好的。但因为陈绥是预备党员，她要不离婚就不好转正，我劝也劝不住。”

关于江平和陈绥的离婚，坊间有各种各样的传闻，如两人离婚后，还一起去吃“最后的晚餐”，随后两个人又抱头痛哭。

如果说意气风发学成归来即被打成右派分子，划入敌人的阵营，这是当时江平经受的第一重打击，那么新婚燕尔的妻子陈绥提出离婚，则是江平肩上所承受的另一重打击。

江平的苦闷

数十年后，回忆起这段让人心碎的往事，江平依然感喟不已：“这对我来说,是一件非常痛苦的事情,我们不是因为感情原因离婚,而因为政治原因才迫不得已离婚的。现在想起来那段时间,还是心有伤痛:结婚刚刚一个礼拜,就被划为右派分子;划为右派分子不久,又匆匆忙忙离婚,世间的悲惨最多也就这样了吧!"

更让江平难以接受的是,陈绥与他离婚没多久,又与他人组建新的家庭。江平说:"这个对我来说又是一个打击。我仍然被过去的恩爱无情折磨,她却表现得如此无情无义。"

我们无法获悉陈绥当时内心的想法。1957 年 12 月 13 日,北京政法学院的《政法院讯》第 2 版刊登了一篇报道中,提及陈绥和她跟江平的离婚,从中我们或许可以一窥端倪:

陈绥说,昨晚看了"桃李劫",深深体会到个人前途和国家前途的关系,过去觉得大学毕业就不能当农民,那只是错误的轻视体力劳动的资产阶级观点。从革命人生观看,都是一样,哪儿需要,哪儿就有前途。最大的问题是吃苦问题,自己从小没吃过什么苦,但是我相信,习惯是可以改变的。所以想来想去,根本问题有无决心和革命不革命的问题。此外母亲可能搞不通,但走不走在我,我绝不会受他影响。至于和爱人分开也没什么,过去人家革命,多年和家庭分开不是有的是吗?这正是很好的考验。

李桂芳告诉笔者一个细节:1958 年 3 月 8 日,三八国际妇女节,北京政法学院的广播里发布消息,说陈绥已经与右派分子江平划清界限,光荣地加入了中国共产党。

离婚后的江平,苦闷万分。但好强的他,又从来不愿意在别人面前流露出来。再说在当时的情况下,"右派分子"普遍被视为"过街老鼠",被划为右派后夫妻反目、亲朋绝交的悲剧比比皆是,估计也没几个人愿意搭理江平。江平在口述自传自序中写道:"我一生中真正能称得上是故友、至交的人几乎没有,这可能与我的人生信条'君子之交淡如水'有关吧!也许是因为自己年轻时被划了'右派',故友和至交逐渐离去,人情淡漠,我也不敢奢求于故友和至交了!"此感叹良非虚言。

在当时山穷水尽的绝境中,住得不远的三姐江伟珣成为江平唯一的倾诉对象。江平跟姐姐倾诉内心的苦闷,也常和姐姐一道前往和平里看望母亲。江伟珣介绍说:“那时候我妈住在和平里,我们都骑车去,我从北医走,他从政法学院走。我去,我妈妈欢迎,我有孩子;他去,我妈妈口头上不欢迎,说你成家了顾不上来就好了。他每次去,我妈都牵挂他,又离婚,又没再成家,一门心思让他再娶一个。”

2005年江平出版《信是明年春自来:江平诗词选》,我们才发现,即便在十多年后,其中好几首诗词都依稀可以看到这段失败的婚姻的影子——

1969年春,江平写下《如梦令·无题》:

如梦如雾似非,半依半恨还悲。
风流曾无限,朦胧眼底成灰。
成灰,成灰,伤心往事莫追。

1969年冬,在《浣溪沙·战备疏散至延庆又遇故人》中,江平写下:

又是人面映桃红,徐娘犹是旧音容,十年烟云太匆匆。
此情已自成追忆,何须惆怅怨东风,半老此身各不同。

1973年9月15日,写下《鹧鸪天·无题》:

已是死水寄此生,何事昨夜又双逢。
春柳拂地疏狂态,秋瞳剪水旧时情。
音难辨,影分明,从来三万六千梦,唯有此梦忆得清。

二十年后,江平在《忆秦娥·无题》二首中,仍然对这段婚变难以释怀:

心儿醉,桂花枝头桃花媚。桃花媚,秋波何坚,灵台何脆。
雀儿山上尽皆美,少年梦中浑是味。浑是味,而今忆起,情思难退。
心儿碎,覆巢之下尽成罪。尽成罪,欲笑无因,欲哭无泪。
沧海已逝空剩水,巫山不见彩云坠。彩云坠,破镜难补,破心难熨。

诗乃穷而后工。江平内心的痛楚,声声溅泪,字字泣血,莫过如此!

20世纪80年代初,北京政法学院复办,陈绥调社科院法学所工作。就学术角度来说,陈绥并未留下太多作品,通过“中国知网”,检索不到任何有关陈绥的学术信息。而通过网络搜索引擎能检索到的,只有陈绥有关苏联法学的一些译文:

［苏］伊萨耶夫:《20年代苏联法学体系中的经济法》,陈绥译,陈汉章校,载《法学译丛》1985年第5期,原载苏联《苏维埃国家和法》1982年第2期。

［苏］B.C.马尔捷米扬诺夫:《法律院校中的民法和经济法的讲授问题》,载《法学译丛》1984年第5期。

20世纪80年代中后期,陈绥病重。据说,陈绥病重之后,曾委托她父母亲给江平打电话,说想见一面。江平说,都离婚这么多年,我已再婚,再见面又有什么好说的?因此,拒绝这一略带歉意的邀请。

陈绥逝世后,治丧者曾将遗体告别仪式的消息告诉江平。据江伟珣讲,"消息传到我弟弟那,伟琏就说了一句,人不在,情已断。他就没去。那天他正好也要去青岛出差,没时间。"

鲜为人知的故事

当然,从陈绥的角度,恐怕又不能简单地给她贴上负心人的标签。网名为"草茉莉"的黄道秀教授曾在其博客中发表过一篇题为《子规啼血,情何以堪》的博文,其中提及这样一件往事:

我眼前有一阕手书的《忆秦娥·无题》,是我与路见最好的朋友琏兄的诗词作品之一。我不忍卒读,因为我知道每个字后面的故事。

时光泻,朦胧犹记异国夜。

异国夜,情挂双眸,心露双靥。

风雷惊起莺雀散,面目顿改恩爱绝。

恩爱绝,此人已陌,此情永谢。

词的后面有题记:"1971年夏于安徽宿县"。

琏兄和丝尔,一对碧人儿,郎才女貌,在异国相识相知相恋,回国后结为连理。不料,"反右"的风雷惊散鸳鸯,高压之下,洒泪而离散。这是人所共知的历史故事,但个中的细节和炼狱般的苦痛,惟有当事人自己知道,即使是最亲密的朋友,也没有人愿意去触动他们心灵的创伤。人散了,各自又有了新的家庭,但还在同一个单位工作。近20年流泻的时光,也没有让含情的双眸和满脸的爱意从脑海里淡去,正所谓“此身行作稽山土,犹吊遗踪一泫然”。

在“五七”干校发生的,正是词的后半阕。

那是我们到“五七”干校月余,大约在“三八妇女节”之后一两天吧。晚饭以后,我正准备回西工地,却看见琏兄坐在村口场院边的草垛旁,脸色铁青。看见我走过,他眼里竟闪现一丝儿的泪光。我震惊极了:他曾自勉“愿将惭怍五尺躯,送与世炉万般锤”,自信“男儿流血不流泪”的啊。我邀请他推着那辆永远不能离身的自行车,和我一起朝五七战士刚刚修整好的水渠大堤上走去。五七战士们都爱在那里散步,坐在那里聊天。

春风和煦,天上的满月,给大堤上三三两两散步的人们身上镀上一层银色的光。

我们坐在那条L形水渠转弯的地方。

“Оля,我无法形容我的感受!她怎么可以呢?”沉默良久,他才说出事情的原委;他的前妻丝尔今天从北京来,他非常大度地以平静口气与她打招呼,简单地告诉她连队生活的什么安排,竟“毫无道理地”得到极其蛮横极不礼貌的回答。究竟她说了什么,琏兄没说,我也不问,至今我都不知道。我想,除了他们自己,世上没有任何人知道究竟发生了什么。对琏兄的刺激这么深,可见是非常过分了。他向我讲述他们在雀儿山上的缠绵爱情,人虽离散,却是依旧魂牵梦萦。他说:“她难道不能把我当做一个普通的同志吗?我并不曾伤害过她呀!”我找不出能够安慰他的语言,我只有作为一个倾述的对象,去倾听一个朋友的悲情呐喊,他说,他身体的残废也没能让他这样的失望;我只有作为一个观众,残酷地去看一个如山的大丈夫展示他最软弱的内心。他说,右派帽子也没让他这样的无助。人心真的冷漠到“面目顿改恩爱绝”?他认定“此人已陌”,从此“此情永谢”。

多情总被无情恼!

朋友,你本不该在心里保留那么多的记忆,让自己时时去品尝生活的苦酒,要知道,这种伤口是越舔越要流血的。你不是说过“血泪是非应长记,桃粉往事莫须追”的吗?

我和路见都爱普希金的《玫瑰》,我们常用两种语言诵读它。这时我用俄文轻轻念道:

Где наша роза, 我们的玫瑰在哪里,
Друзья мои? 我的朋友们?
Увяла роза, 玫瑰凋谢了,
Дитя зари. 这曙光之子。
Не говори: 不要说:
Так вянет младость! 青春如此蹉跎。
Не говори: 不要说:
Вот жазни радость! 如此人生欢乐!
Цветку скажи: 快告诉我的花儿:
Прости, жалею! 我多么为他惋惜。
И на лилию 请指给我们:
Нам укажи. 那里正开放着百合。

情感的宣泄舒缓了心理的压力,琏兄说:"谢谢,Оля,我好了。"他摆了摆头,把目光对着那一轮冷月。月光下,琏兄的面庞渐渐变得明朗,他的双眼像无底深渊,里面装满对人生重重的绝望。

第二天,琏兄又变回到那个乐观豁达、永不言败的伟男子。

好多年间,我一直对这件事耿耿于怀。一方面,我为琏兄庆幸。我想,这未尝不是一种解脱?既然"此情永谢",自然少了痛苦。没有了爱,痛从何来?二人都有了新的家庭和儿女,惟愿他们一生平安幸福。另一方面,我内心深处不能原谅又不能理解,一向温和恬静的丝尔大姐会这样无礼和绝情,仅凭她从小受的家庭教育也不至于此。

星移斗转,中国进入新时代。10年后,北京市法学会开会,午休时我与丝尔大姐正好被安排在同一个房间休息,这时她已经不在我们学校工作了。我们躺在床上,絮絮地说着话儿。"五七"干校的那件事不禁涌上心头,我忍不住对她说:"大姐,我问你一件事,你可以不回答,但请你别生气。你为什么在'五七'干校对琏兄态度那么厉害?那可不像你的为人。"

丝尔大姐长叹一声,幽幽地说:"我别无选择。你是个聪明人,你应该明白:只有绝情,过去才能死,未来才能生。我愿在他心中背负无情无义的罪名,这是我今生唯一能为他做的事了。"

大姐平静地闭上眼睛,面如死灰,但没有泪,而我却为她、为他们

哭泣。

丝尔大姐多情如斯，她的良苦用心，是我这个旁观的俗人所没有想到的，甚至睿智的琏兄也许是因为当局者迷而误会了她。

多情反被多情恼！

十五年后，丝尔大姐走了。我到八宝山送她最后一程。她平静地躺在鲜花丛中，再也不会睁开眼睛。我又想起法学会的午休。那天，琏兄在青岛讲学，没能参加追悼会。

午休对话这件事我从来没有也永远不会告诉琏兄。他不知道我有博客，他也看不到这些文字。

据说，好人都会在天堂里重逢。如果真是这样，总有一天他们自己会诉说的。

那时，琏兄会重新填一阕《忆秦娥》吗？

这里，“琏兄”即江平，因为他原名江伟琏；“丝尔”即陈绥，绥与“丝尔”谐音。

下　放

1957年11月到12月间，北京政法学院的右派处理、机构精简、下放劳动等逐渐提上议事日程。12月份的时候，下放方案逐渐出台，右派分子都要下去劳动，每个教研室也需要精简下放至少四分之一的力量。当时，北京政法学院全部下放教工共计35人，而其中右派分子25人，江平即其中之一。

李桂芳讲述了她这段时间与江平交往的故事：

江叔叔戴着小眼镜，挺可亲的。那时候中苏关系很好，我正上初一，上面要中苏两国小朋友写信联谊。苏联来了很多信，分到各个学校，谁要是想交朋友，谁就去领来并回信。我知道江叔叔学的俄语，就去找他翻译。他说没时间翻译，我就说，你先用汉语念一遍，我听听。他拿着那信，就直接念出来了。

我为什么不去找我们老师翻译呢？老师翻得特别慢，老查字典，我跟同学说，我认识的叔叔可棒了，拿着信就可以念出来，吃饭的工夫一封信就翻译完了。俄文翻译成中文解决后,我们的回信是用中文写的,要翻译成俄文。我就又拿了一大摞给江叔叔,他也给翻译好了,然后我们就寄走。

可是翻译几次后,我就找不着江叔叔了,他被送去强制劳动了,挺苦的。从那以后,我就很少看见他。他偶尔回来,我就问他:"江叔叔你去哪了,也没人给我们翻译信了。"他也不说,我怕伤江叔叔自尊心,也不敢深问。

后来我父亲也去西山劳动两星期。他回来就跟我说:"我看见你江叔叔了。"我说:"他干嘛呢?"我父亲说:"他就背灰啊,从山底下往上背,吃饭连筷子都没有,我还找根小木棍,给他做了一双筷子。"

北京政法学院的反右派状况

江平的遭遇,绝非个案;江平的境况,也不是最惨。

2002年出版的《中国政法大学校史》载,"在整个反右斗争中,包括钱端升等在内的177人被划为右派。"1957年10月由北京政法学院四个政治理论组编辑油印的《北京政法学院右派分子言行汇编》中,被当做右派而被揭露其言行的就有不少人。在这份油印材料中,有名有姓的师生右派就有:钱端升、杜汝楫、杨鹤皋、康德琯、林道濂、陶和谦、梁世通、罗典荣、周仁、楼邦彦、于振鹏、白玉荣、钱骅、汪天一、包卓靖、董光亚、李涵林、侯振华、张西水、姚明、杨学章、匡紹毅、王革、林共鸣、章文岳、张京华、张敬臣、黄文琳、陆绍祁、张景明、赵日月、陈述庆、黄盛叶、陈守铭、付成章、尹孝松、王明欣、田维刚、陈邦钊、陈广樑、章天惠、吴贵知、王文庆、王克敬、席成德、田本陆、张文镇、苗铁城、赵叔茂。

读者诸君!仅仅在1957年10月,被揭发的右派已经有上述49位,而这还不到北京政法学院右派总数的三分之一。还有更多如江平者,此时尚未被定为右派,因此榜上无名。若非他在日后作出成就而为人所瞩目,恐怕也像绝大多数北京政法学院的师生右派一样,都成为法学史上的失踪者,九死一生却连名字都没有留下,成为一个个不为人知的冤魂。

在1958年9月北京政法学院"右派分子处理情况统计表"中,当时北京政法学院确定的右派分子是175人。按照政治面貌划分的话，其中党员23人，团员92人，民主党派6人，普通群众54人。而北京政法学院的这175名右派中，教授有2人，而且全部是民主党派成员；讲师9人，其中党员3人，团员2人，民主党派成员1人，群众3人；助教中，划为右派的有19人，其中党员6人，团员7人，群众6人；职工右派分子17人，其中党员1人，团员1人，民主党派3人，群众12人；在学生中，共有128名右派分子，其中党员13人，团员82人，群众33人。而在制作这份表格时，177名右派中已经处理了150名，还有24名已结束批判留待处理，2名已划为右派尚未批判。

走笔至此，我忍不住为这些老师们、这些学长们的遭际而感慨：他们坎坷的人生经历，在15万字的《中国政法大学校史》中，被浓缩成了一句话，甚至成了一个阿拉伯数字。不知他们看到这段校史会做何感想！当年他们怀着革命的热诚，抱着虔心求学政法知识、守卫新生的人民政权的志向来到北京政法学院，但仅仅因为言论，甚至仅仅因为他们的日记、书信、散文、诗歌以及密友间的私密话等，就被揭发、告密或者自己无意识流露，最后被抛弃！是岁月太无情？是人太健忘？还是羞于向后人提及这段幽暗史？

1977年6月，即将走出困厄的江平，曾写下一首《反右20年感怀》：

莫道系铃已解铃，风吹时闻旧时腥。
长握笔管悲难禁，强闭喉舌心欲鸣。
鬼域犹得诉罗殿，圣朝无处哭昭陵。
为何三纪用兵者，却怕书生纸上兵？

六、逆境

被打成右派之后，江平的命运发生一百八十度的大转折。在此之前，他头上顶着“苏联留学生”的光环。而在这之后，命运则陷入低谷。经历这些的时候，江平正是二十七八岁的年纪。正当踌躇满志，放手搏击，谁料想人生的天空骤然阴霾密布？

然而，这一切足以击毁很多人的遭际，并没有将江平击垮。他依然积极地参加劳动、接受改造，内心深处对未来充满自信。在这种情况下，命运之神似乎想探清楚江平生命力的底线，再一次向他伸出了魔爪……

死里逃生的车祸

1960年秋的一场意外车祸，让江平失去一条腿。

江平已经在口述自传中详述车祸发生的经过：1960年9月12日上午，在他所在的劳动队领导王寿山的安排下，他和另一个参加劳动的右派分子刘圣恩前往工场附近的铁路工地“借”点钢丝绳。刘圣恩拿了一些后，江平认为有点少，于是让刘圣恩先往回走，他自己再拿点。而当江平全神贯注沿着铁路往回走的时候，对身后铁路桥上熄火滑行下来的火车毫无察觉。他还没来得及做出反应，便被火车头卷翻在地。火车司机扳动紧急制动闸，但即便这样，江平依然在火车头底下，被惯性拖行二十多米。当时，江平已经陷入昏迷，一条腿当时就被压断，身上也是遍体鳞伤。车祸发生后，刘圣恩马上陪江平坐火车去门头沟医院抢救。

江平特殊的政治身份，使这起原本意外的车祸，蒙上另一层色彩：这是不是右派分子江平抗拒改造畏罪自杀？要知道，当时右派分子抗拒改造、畏罪自杀实在很频繁。

江平入院后，以北京政法学院人事处为代表的校方，亦以探望的名义来了解相关情况。在开始，校方确实在怀疑江平究竟是否是畏罪自杀,毕竟这在当时来说太普遍了。但最终,校方还算客观地作出结论。1960 年 9 月 16 日,也就是这次车祸发生四天后,北京政法学院拟就《关于右派分子江平被火车碾伤的情况报告》,详细说明"官方"调查的车祸全过程:

> 1960 年 9 月 12 日上午,由王寿山同志带领右派分子江平、金光正、刘圣恩等人到西山黄土坡劳动。当时因工作需要,需要让江平、刘圣恩二人到铁道西边工地上借钢丝绳。江、刘到工地上未见到人,就各拿一根钢丝绳匆忙往回走。刚走上铁道时,江平嫌钢丝绳不够长,就把短钢绳交给刘圣恩继续往回走,江一人返回工地又取一根长钢绳。待刘走到离钢轨约八九公尺处回头看时,发现火车头已接近江平(事先刘未听到响声)。很快江平就被火车头撞倒在两轨之间,火车从上面走过,大约滑行了二十公尺左右火车才停下。立即将江平从火车下面拉出来,抬到车厢里,当时由刘圣恩跟随上车,将江平及时送往门头沟医院治疗。现只有左腿膝下肢被切除,其他部分均是擦伤,没有什么问题。

最终,北京政法学院作出"江平被火车撞伤前,改造表现比较好(一类),所以发生事故我们认为,因为铁道坡大弯陡,火车从上面往下滑行,既不易发现,声音又小,借钢绳之事因未和工地打招呼,拿到钢丝绳就急于往回返,前进方向和火车前进方向成七八十度的锐角形,不易发现火车,但主要是由于本人的麻痹大意所致"的结论。

这一纸结论,事关江平的政治清白,对他至关重要。它撇清了江平因企图自杀而卧轨的嫌疑,这使既有的"改造表现比较好"的评价得以维持,也使身处人生最低谷的江平,不至于再背上抗拒改造、畏罪"自杀"未遂的黑锅。

手术后治疗的过程漫长而痛苦。痛苦与无助之中,江平发出了命运的叹息。在命运之神考验他的那一刻,他坚强地挺了过来。他给自己写下一句话,"困难只对怯懦者存在",鼓励自己坚强。甚至在医院里,他还乐观地鼓励身患绝症的病友坚强地活下去。

时隔近五十年后,季卫东在《法不阿贵,方为公器》一文中,谈及江平遭受的这一段苦厄,笔端依然洋溢着有不敢追问但又不能不追问的欲望:

但有一种冲动袭来,促使我忍不住还是要问江先生,在1960年,在孤独地躺在医院病床上的时候,都有哪些意念才下眉头、又上心头?一腿绑着石膏定位板、两眼盯着石膏天花板的您,曾在心境深处塑造的那座石膏偶像是否也已经被那隆隆而过的列车轮子碾成了碎片?转身看到医院墙上张贴的“既来之,则安之”、“救死扶伤,实行革命的人道主义”的标语,您是否会条件反射地联想到“反右”斗争中反复呼喊的口号“惩前毖后、治病救人”?会不会像喝了一口由崇高与滑稽调制而成的黑色幽默“鸡尾酒”?会不会觉得像一个醉步踏进了太虚幻境、无意间浏览了关于红楼梦里不同命运的警幻判词并领悟了有关谶语预言?有没有体味到“木秀于林、风必摧之”这句古训的苦涩深意?是不是下定了决心从此在皇城根下、军都山麓恪守“莫谈国事”的告诫?或者,您真的只是后悔回国的时间比别人稍早了一点?

第二年春,李桂芳第一次见到伤愈的江平。在她15岁那年看到的一幕,多年以后依然历历在目:

那是春天的时候,那时他住在现在出版社的一层。我不知道他啥时候回来,中午吃饭时就在礼堂那等他。我看见他从出版社那地方出来,背着个破碗,架着双拐,一瘸一瘸过来了。看到他那样,我就哭了,心里特不是滋味。我记得他还对我说,你以后要遇到灾难的时候,你就想想我,看我是怎么活过来的,自己就有力量了。

伤愈出院后,江平再也无法承受重体力劳动。作为照顾,江平被安排在食堂卖饭票。

摘帽右派

1959年9月中旬,为迎接中华人民共和国成立十周年国庆,中共中央和国务院联合对右派分子的摘帽问题发出指示。对于在阴霾中度日如年的江平,这毫无疑问是一个好消息。当然,政策的执行需要时间,命运的女神真正垂青江平,已经是1960年底的事情。

1960年10月28日,中共北京政法学院党委作出“关于摘掉右派分子江平右派帽子的决定”:

江平,男,现年29岁,家庭出身上等资产阶级。浙江宁波人。1945年至1948年在北京崇德中学上高中。1948年至1949年3月在燕京大学新闻系读一年级。48年10月参加"民主青年同盟"。49年3月入团。1949年至1951年8月在青年团北京市委员会工作。1951年至1956年在苏联莫斯科大学法律系学习。1956年毕业回国来我院任教。1957年整风鸣放期间被划为右派,开除团籍,受降职降级降薪处分。

甲、改造表现:

一、低头认罪,接受改造。江被划为右派后,两三年来,不断检查与批判过去的反党反社会主义言行,认识到反党反社会主义罪行和严重性,找出了反党反社会主义的根源,他说:"我所以堕落成为一个右派绝不是偶然的,有深刻的阶级根源、历史根源,像我这样一个剥削阶级家庭出身的资产阶级知识分子,不背叛家庭,不改造思想,不认真批判掉资产阶级的观点,就必然要成为资产阶级右派。"同时也批判了他的思想和倒霉的情绪,他说:"从心里承认了自己的错误,感到划为右派并不冤。""我的反党言行和材料都是确确实实的,没有半点从心里感到与事实不符的地方。"江不仅对过去的反党言行进行了深刻、系统的批判,而且还能结合现在的思想状况一起进行分析批判。如认为"大跃进搞得太紧张了","人们的自由太少","纪律太严格"等等思想。仍然是自己的资产阶级自由民主思想的反应和流露,应该很好批判和检查。江和其他右派分子的接触过程中,对其他右派分子的错误言行,能开展批判斗争。如在"改造园地"写稿批判郑淞生有抵触情绪,另外积极写稿同侯冠儒的反动思想展开斗争,揭发批判侯冠儒拒绝改造和不愿意接受监督的表现,批判侯冠儒劳动中不使劲慢慢腾腾时说,你这样怎能改造思想。

平时,江不仅检举揭发别的右派分子的错误言行,而且能主动暴露思想,大胆暴露思想,交改造日记,争取组织的监督与教育。

二、对党的方针政策的认识:

大跃进以来,为大跃进的巨大成就所鼓舞,增强了自我改造的决心和信心。对破坏公社利益的言行,江能积极地进行斗争。现在"改造园地"中写稿批判右派分子余叔通故意摔死驴子,□□□(原文件系油印,字迹无法辨认,以方框替代。下文亦同样处理。——作者注)破坏公社利益的行为。对刘玉□在劳动中除苗不除草的行为及时检举,并能当即进行斗争。同时,对于自己在三面红旗问题上的错误认识,也能及时□□和检查。他说:"我为什么会□□□□□□□、夸大缺点呢?总的说来,这是一个立场的问题,思想感情的问题。由于□站在和党对立的立场,和党不是一条心,和党在感情上有距离和隔阂,因此对于党的□□就不会那么□□。"

三、学习、劳动中的表现:

平时,江对政治学习抓得比较紧,讨论会上积极发言,经常阅读人民日报和红旗杂志,并能结合思想认识进行检查。劳动中积极肯干,从不考虑个人得失,1958年秋收时,一天晚上起了大风,江的眼虽然很近视,过起路来不方便,但他却主动地冒着大风上草堆,保护秋收的果实,不慎摔伤,毫无怨言。1959年3月在校猪场劳动时,发现一只水桶掉进井里,江就主动地冒险下井去捞。最近在西山劳动时,因过铁路时不小心被火车轧掉了一只脚,江不仅没有埋怨情绪,而且表现很好,主动地检查了这次事故的原因是自己不小心,责备自己给党添了麻烦,表示早日养好伤,出院后再为党好好做工作。

乙、处理意见:

综合上述事实,江平在几年的改造中,对自己的反党罪行基本上有了正确的认识,在主观行动中也有悔改表现,故决定摘掉江平的右派帽子。

中共北京政法学院委员会

1960年10月28日

这份材料在江平的人生经历中非常重要。由此可以知道,江平在"反右"运动之后,不光自己低头认罪,而且用实际行动向党组织靠拢,参与对别人的揭发、检举、批判等工作,其中涉及郑淞生、侯冠儒、余叔通等人。对于这段往事,江平自己并不避讳。在口述自传中,江平以刘仁文教授的《法学家,你为什么不忏悔?》一文为媒介,坦率地谈到"法学家"的"忏悔"问题:"我之所以在这里大段地引用刘仁文教授的文章,无非想说明知识分子内在的软弱性、动摇性。反右政治运动能波及这么多人,就是充分利用了知识分子这个与生俱来的弱点,我也不例外!”

需要注意的是,院党委摘掉江平右派帽子的结论是在 1960 年 10 月 28 日,而江平受伤的意外发生在同年 9 月 16 日,两者仅相隔 40 天。这可能不仅仅是巧合。当时江平应该还在医院中,院党委的决定可能是因为江平作为右派本来就很勉强,可能是因为江平在改造中的表现确实不错,但也有很大可能,是考虑到江平因公负伤的情况而对他的抚慰。

教学榔头俄文钉

摘帽之后,江平于伤愈后归队,重回教学岗位。但作为“摘帽右派”,他被调离业务教研室,而来到外语教研室,成为一名俄语老师。乐安天命的江平对此颇为知足,作为一位教师,他只想回到讲台,利用自己的知识,在教与学的过程中构建心中的乌托邦。

作为俄语老师,江平以他的学识和口才,征服了学生。北京政法学院 1960 级学生王淑琴对俄语老师江平有深刻印象:

当年因为比较喜欢外语,我经常去找外语老师请教。六号楼是各教研室的办公地和老师们的宿舍,一般是一个房间住两个老师,同时也是他们的办公室。有一次我跟我们年级的俄语老师谈完事后,听到有一个男老师在叫“Оля”(这是另一位俄语女老师的名字),他们用俄语交谈了几句。我第一感觉: 他的俄语发音很好。我回头看见他戴着白色镜框眼镜、身材瘦长,感觉像南方人。一般说来南方人学俄语要发音纯正比较困难,因为他们不习惯翘舌音,但这位老师与众不同。以后在学校里经常能看到他,也听说了这位老师叫江平,是留苏的,莫斯科大学法律系毕业。还听说在“反右”运动中也受到冲击,连身体都受到伤害等。

北京政法学院 1961 级学生陈家祥,在《江平老师教了我两年俄语》中,更详细地忆及俄语老师江平教学的细节:

江老师给我的印象是平易近人,自信坚定,精神面貌好,仅比我大十岁的青年教师。上世纪 60 年代初,教育设备差,高校外语没有统一教材,两年的俄语教材,都是江老师选用马列主义经典文章,用"俄文打字机"打字的,新单词多,语法难度大,当时的"打字机"直接敲打成字,不能修改,而江老师未出过一个字母错误。一篇课文原文加新单词、注释、语法变化有十几张纸,一周一篇新课文,从选文章、打字、印刷、装订、编讲义、修改作业,都是他自己完成,一个班级三十份教材,他要付出多少劳动和心血啊!后来,我了解到江老师是留苏学生,在国外学习法律,并在莫科斯大学学生会工作过,品德高尚,学习成绩优异;也得到他的右派信息,但我从未听到过他对党和国家的埋怨和半句牢骚。当时学院对学生有极严格的规定,女生不准穿高跟鞋,不准烫发,男女生不能恋爱;社会上对唱外国民歌也有排斥,况且,中苏国家关系紧张,里通外国的帽子是随时可以给人戴上的,但他大胆教我们用俄语唱"莫斯科郊外的晚上"、"卡秋莎"、"红梅花儿开"等,时间虽流逝几十年,现在我还能用俄语哼唱这些歌曲。教室传出优美的歌声,"田野小河边,红梅花儿开,有一位少年真使我心爱"美好的歌词,冲破单调沉默的气氛,激励青年人热爱生活,提高学习外文的热情和兴趣,增强战胜困难的信心。我经常自问,这样一位优秀的好老师,怎么会是老右?课堂内,他抑扬顿挫的讲课语气,幽默诙谐的讲课风格;课堂外,他一只手扶着自行车把,另一只手拎着两个暖水壶,到开水房打水的镜头,他克服肢体障碍,顽强的精神征服了我和同学们。有时我也会为之惋惜,一位人文知识如此渊博的好老师,在校不能传授所学的专业知识,只能教俄语,是多么遗憾与浪费啊!我当过一段时间俄语课代表,同学的作业我收集后送给江老师,这让我有更多机会接触江老师,江老师丰厚的学识,宛如磁铁,深深吸引求知若渴的很多学生,我、王玉琴、顾双珠、刘振华等,一有时间就往他那跑,当时和"右派"亲近接触,是一个"危险"的举动,有是非不明之嫌,有些人敬而远之,而我们没有理会,一如既往地去江老师处。江老师除了教大家练习俄语外,还会拿出他在苏联留学的影集给我们看,让我们了解国外情况,江老师还时不时地会讲授国外法律理论,介绍《苏维埃法律》及国外民法知识,传播他个人见解:点点滴滴地从概念、渊源、法理,深入浅出,娴熟自如。从法典的时代背景讲到宗教,趣味性浓,知识面广,学生很爱听。江老师延伸式讲解,特别介绍《拿破仑民法典》,强调民法的重要性，这些观点与当时的公权力为主导的中国现实是抵触的，我国1954年宪法里只规定全民财产不可侵犯，公权力是绝对神圣的，私权利像瘟神一样，国内极少有人提私有财产，重刑轻民。为了传播人类先进法律思想，他强调一个国家若无民法典，无私权利，就如同人少一只胳膊，法制建设肯定是不完善的，他无所畏惧提出，一个法治国家，不仅要有宪法，刑法系统，还必须建立健全民法、行政法律体制。他坚持“只向真理低头”的信念，对我的人生产生了深刻影响。

北京政法学院1962级政教系学生刘兆兴，亦是江平在这时教过俄语的学生之一。在刘兆兴的记忆中——

江老师1963年教我们俄语，那时我们是二年级。当时外语分为英语和俄语，由老师不定期轮换着教，其中江老师教了我们好几周。我们俄语班人少，也就二十五六个人，我是班长。

印象中江老师讲课认真，他讲完之后，再让大伙说一个长句，然后他一个一个地纠正发音。他腿不是不好吗？但是那种情况下，他还是艰难地在教室里走动，一个人、一个人地纠正发言。每位同学哪个发音不对、哪个单词不对，哪怕有一点点不对，他都能听出来，都不厌其烦地纠正，就像教小学生一样一丝不苟，特别认真。

江老师还会给我们留一些作业。作业中，不管是单词写错还是语法有问题，他都会认真批改并指出来。无论是课前还是课后，学生有问题缠着江老师问，他都很耐心。

我们课堂上用的所有资料都是江老师自己编的。那个时候没有教科书，江老师就自己编教材讲义，什么党中央驳斥赫鲁晓夫啊，什么斯大林问题几评啊，还有反修中的一些材料，江老师都及时翻译出来，作为我们的俄语教材。你说他反革命吧？他给我们讲的都是革命的东西，一点违背政策的内容都没有，忠于党忠于政策，即使党在当时对不起他。他的表现就像一个很优秀、很敬业的教师，你丝毫看不出他是阶级敌人，丝毫看不出他心情不好，对党有抵触情绪。

此时，作为俄语老师的江平，乐观而幽默，但急于提高教学质量的他，对此却又有些无奈。他曾写过一首题为《戏赠余叔通》的打油诗：

教学榔头俄文钉，钉得学生脑门青。

脑门青后扔进锅,炒来炒去不得活。
炒不熟兮可奈何,余兮余兮奈若何。

江平在这首诗后小注云:“时与余叔通同教俄语,俄语难学,教学成绩不佳,心颇忧。余叔通介绍其经验:一曰钉子精神;二曰反复炒,自然炒熟,故作打油诗一首,戏赠之。”江平教俄语时的认真态度,从学生的回忆和这首诗中可见一斑。

江平的困惑

在江平自己的回忆中,在外文教研室教俄语的那段经历也如黄金般灿烂。但好景不长,江平与学生的“蜜月”,也在后来的“文革”中成为揭批对象。

被揭发出的几件事,颇让江平寒心:第一件事是对1961级学生朱遂斌的资助。按照江平的说法,朱遂斌来自农村,家境困难,但学习很用功,与江平来往颇多。有一次,朱遂斌找到江平说,没有回家的路费,想向学校申请助学金。江平认为这点钱不值得向学校开口,于是自掏腰包为朱遂斌买了回家的车票。此番善举,本无可厚非,但后来却被视为江平拉拢腐蚀学生的铁证。

另一件事更为荒唐。江平应学生之邀跳舞、借西服给学生演出穿,甚至跟学生一起听听音乐,也成为他拉拢腐蚀学生的罪状。

最让江平寒心的是北京政法学院党委书记刘镜西。刘镜西的儿子外语成绩很差,刘镜西点名让江平补课,并未在意其“摘帽右派”的身份,也不担心其拉拢腐蚀青年学生。但运动风头一来,“拉拢腐蚀青年学生”的罪名都扣在江平身上,给他儿子补习外语的事情再也不提。

如果仅仅这样忘恩负义也就罢了。更严重的是,当时院领导层似乎必须要置江平于绝路,甚至决定将他清除出北京政法学院。种种风云变幻,让江平痛彻肺腑,对“摘帽右派”在北京政法学院的地位有了更清醒的体认。此时,高层重提“千万不要忘记阶级斗争!”“阶级斗争要年年讲,月月讲,天天讲”,江平这样的斗争对象自然胆战心惊。1965年夏,江平曾写下《七律·低调》一首,精当地表达了他当时的心境:

阶级浪里葬前程，历史轮下拾残生。
新涛益高有余悸，旧伤半愈患隐痛。
一朝成墨难为赤，八载系病怕闻风。
谩云曲低弦声暗，欲弹高调竟不能。

四清运动

1964年前后，“四清”运动逐步开展。对北京政法学院师生来说，大家报名很踊跃。“摘帽右派”江平也很积极地报名，但由于种种原因，江平并未被吸纳进入第一批“四清”工作队。《中国政法大学校史》载：

1964年，根据党中央、国务院关于组织高等学校文科师生参加社会主义教育运动的指示，学院师生参加了农村“四清”运动。先后两期参加广西、四川温江、乐山地区的“四清”运动。为了加强对学院师生在广西、四川地区进行“四清”运动的领导，学院成立了由鲁直、郭迪组成的中南区“四清”临时指挥部。1964年，学员参加四清工作队的人数达到1062人，其中包括雷洁琼、曾炳钧等老教授。

送别北京政法学院师生出发时，羡慕不已的江平，忍不住写下一首《送同志去四川参加四清》：

歌舞佳节辞燕京，戎装束发峨嵋行。
此去桑园驱虎豹，不亚沙场动刀兵。
飞湍急流沐残垢，厉焰寒水焠赤心。
横戈跃马去不得，徒有临渊羡鱼情。

江平的“四清”于1965年姗姗来迟。1965年9月14日，北京政法学院组织师生530人，前往河北省香河县农村参加社会主义教育运动。这次江平顺利入选工作队。临出发前，江平曾写下《赴香河四清》七绝一首：

风发意气吹满楼，扫却小我枕上愁。
焉得此生长相乐，浊水一滴荒海流。

出发前曾招待全体成员看露天电影,江平在"幕启之前,卧地小憩",慨叹"无此闲暇之心久矣"。抬头看见繁星点点,诗兴涌来,忍不住写下《七绝·望空》一首:

仰视星海渺无极,常疑太空有生息。
天地之道人在握,何须百年揭此谜。

摘帽右派不再被排斥在运动之外,江平怎能不意气风发!

9月16日,江平等一行即抵达河北省香河县。但江平等抵达香河后,并没有马上被分配到农村去,而是进行长达两周多的整训,统一思想和认识。随后,江平等530人被分为五个分团,前往香河县下面的五个公社:安头屯公社、蒋辛屯公社、五百户公社、钱旺公社和渠口公社。其中,江平被分配到安头屯分团的小青庄务大队。跟江平分配在一组的有党员杨毓英、贺宝根,团员姬国奎、张继信、毕素华、田福祥、张兴河等7人。

与贫下中农"同吃、同住、同劳动"的生活,对江平来说,开始还觉得新鲜,生活上的艰苦也没有问题。但赤日炎炎下同劳动时,尤其是他的假肢,给他带来很多不便。江平曾写过一首《五律·劳动》,字字泣血地写下他的窘况:

暑气罩四野,烈日当头停。
挥汗豆丛里,拖足匍匐行。
双膝无全肤,一步有千斤。
体劳心受益,明日再请缨。

劳动之外,江平等还负有更重要的职责,那就是"四清",即清工分、清账目、清仓库、清财物,实质上就是发动贫下中农,查村干部在经济上是否有问题。江平等的工作成绩之一,便是揪出一个有问题的生产队会计。

江平等北京政法学院师生的香河"四清"历时近半年。固然艰辛,但江平依然觉得收获颇丰,尤其是对中国农村有了一定了解,方知"天外有天"。1966年新年期间,江平曾写有《五绝·香河迎新年》:

行舟万顷间,乃知天外天。
征途方伊始,暗自又一年。

江平在河北香河县参加四清运动期间与当地群众合影。

四清运动期间，与当地群众同吃同住同劳动。

四清运动中的江平。

江平在20世纪60年代的摄影作品。

江平在20世纪60年代的摄影作品。

1962年北京政法学院迎来建校十周年校庆。在此前后，江平成为外语教研室俄语教师。

江平的父母亲。逆境中，家人是江平最重要的精神支柱。

1966年5月,江平等一行结束“四清”,浩浩荡荡地回到北京政法学院。迎接他们的又是什么呢?

卖书避祸

“文革”开始后,风云突变,一切都急转直下,包括江平的命运。

“文革”初期,北京政法学院的“造反派”分为两个阵营:政法兵团与政法公社。政法公社以学生为主,部分较“左”的教职工参加,在力量方面处于优势地位。政法兵团是从政法公社分离出来的一支力量,以教职工为主,势单力薄。

对江平来说,两派的斗争在一定程度上是好事。作为“摘帽右派”,江平并没有资格参加“革命”,在“文革”中只能“靠边站”,或者充当陪斗的角色。

但从江平追求进步的角度来说,又迫不及待甚至巴望能够投身于“革命”的洪流。尽管现在看来,当时的“革命”全是负面的色彩,但在当时来说,“革命”是最好的意识形态,也是最好的护身符。

最终,江平参加了一个属于政法兵团的战斗队。这在北京政法学院的“文革”历史中,绝对是破天荒的,因为参加一个居于少数地位的战斗队,是要冒很大风险的。江平的主要任务是为他所在的战斗队写大字报。今天学界内外俱以得到江平的“墨宝”为荣,殊不知,江平在口述自传中依然幽默地自嘲:“我这毛笔字都是‘文化大革命’期间写大字报练出来的。”

正因为身份上的瑕疵,江平的“革命鸿运”难以持久。1968年前后,两派斗争很激烈的时候,对方首先便从政法兵团构成人员的成分上找突破口。很快,政法公社的人便以江平的成分问题,发动对政法兵团的政治攻势。攻势一来,“摘帽右派”江平便被政法兵团抛出来,接受对方的隔离、审查和批斗。最后,江平便被清理出革命的队伍。这是江平在“文革”期间唯一一次蹲“牛棚”的经历。

此后,像江平这样的“政治贱民”已经很难再进入“革命”阵营,而江平本人对所谓的“大革命”,亦已心灰意冷,除了帮助他所在的战斗队写写大字报之外,便半主动、半被动地在“诗书丛里觅快活”了。

随着中苏的交恶,像江平这样有苏联学习背景的人,随时可能会被红卫兵斥为苏修特务,然后抄家、揪斗。江平在苏联时,节衣缩食省钱买了四大箱俄文书,回国时都费尽周折带了回来。但此时,这些书放在家里,却随时可能会成为里通外国的"铁证"。窗外的政治形势越来越紧张,江平惴惴不安,最终忍痛将这些书以两分钱一斤的价格,卖给废品收购站。

1965 年初,江平写下一首《五绝·追往有感》:

西天朝圣祖,读经寒窗苦。
谁知归来箧,卷卷皆粪土。

诗后小注云:"苏联留学五年,省吃俭用带回五箱书籍。均当做废纸卖掉,心甚痛焉。"书籍变为废纸,知识成了粪土,江平个人亦在运动中惨遭戮心戮力戮身。这次第,怎一个痛字了得?!

所幸江平在卖书避祸时,还是冒着风险留下了两本资料性很强的俄文著作:一本是有关资产阶级民商法,一本是有关罗马法。这两本书后来都派上了大用场。20 世纪 80 年代初,江平在北京政法学院开设罗马法、西方国家民商法,所参考的主要资料,就是手头仅存的这两本俄文专著。

再　婚

1967 年,已经鳏居十年的江平,终于走出离婚的阴影。在北京政法学院同事姚兆辉的介绍下,江平与同样是"摘帽右派"的东城区房管所干部崔琦相识相知,最终走进婚姻的殿堂,相濡以沫地一路走来。

在崔琦的回忆中,当时的结婚仪式丝毫没有走进新时代的意味。两人头上都有"摘帽右派"的帽子;在"唯出身论"的年代,两人都出身于资产阶级家庭;两人都有父母亲要赡养,每个人的家庭负担都不轻……在这么一种境况下结婚,着实有点冒险。这也是为什么江平和崔琦早在 1963 年相识,但在拖沓四年后,才下决心一起结婚过日子。崔琦说:"当时一直拿不定主意要不要结婚。这风声什么时候会好呢?这运动什么时候结束呢?可别两个人刚结婚,又被革命的潮流给打死了。”

决定跟江平结婚，崔琦也面临着来自各方面的非议，“现在人可能说我当时眼光不错，选择了江平。可是当时，大家却不这么说，人们常问我：出身好的人有的是，你为什么选择他呢？而且，你自己的历史、自己的出身也不怎么好。人家没明说，潜台词就是，你们是一丘之貉、臭味相投。”

但无论如何，1967 年 9 月，两人终于下定决心。“动荡了好几年，是该下定决心结婚了。否则的话，说不定‘文化大革命’中被打死，这辈子也就白来了。”崔琦有点自嘲。

1967 年 9 月 28 日，江平与崔琦举办了简单的婚礼。那一年，江平 37 岁，崔琦 33 岁。

两个“摘帽右派”选择“文革”初期结婚，的确需要一点“革命”的精神气概。尤其是在婚礼上，江平还破天荒地打上领带。以当时“革命”的眼光来看，这无疑是“大逆不道”的。

颇有时代特色的讽刺在于，两个“摘帽右派”可以选择结婚，却选择不了结婚的日期。崔琦说：“当时决定结婚，找什么日子呢？你甭想 10 月 1 日，那是祖国的生日；而且，人家也说了，你也不能大张旗鼓，就让我们 9 月 28 日结婚。结婚时，也不能随便请人，这派请对了，那派请得不对了，这也麻烦。所以，我们就以家人为主，请很少的亲戚来家里坐坐，就算完婚。”

决定结婚前，江平跟崔琦说了句书生气十足的话，至今让崔琦记忆犹新：“反正我和你结婚，每月就这 69 块钱，69 块钱之外的事情，我也没有办法；你让我去借，这事我做不到。”

当时江平每月的工资是 69 元，崔琦每月工资 62 元，加起来只有 131 元，这就是全家每月的生活费。这 131 元中，每月还要拿出 20 元，给两家的父母各自 10 元。崔琦手中可供开支的预算只有 111 元。

1969 年 6 月，江平和崔琦的第一个孩子江波来到人间。由于批斗别人时，崔琦经常被勒令陪斗，精神高度紧张，再加上生活压力大，医疗条件差，导致崔琦在生江波之前，连续四次流产。回忆起这段往事，崔琦依然充满忧伤：

那时候生孩子，心情不好，流产了四个，江波是第五个。我是“摘帽右派”,一会斗这个,把你拉去陪;一会斗那个,把你拉去陪。你甭想安安静静待着。一般妇女本来就有习惯性流产,你一流流一串,关键是心情不怎么好。

这第五个,还是大夫发了慈悲,不要造反派的介绍信,就冒着危险把我留下保胎。当时,没有造反派的介绍信,一般的大夫都不敢收我。可在当时,等造反派的介绍信开出来就晚了,如果我不去保胎,那我今生今世就没机会再做母亲了,那时候我已经36岁了。

转眼间,江平和崔琦的长子江波已届不惑。四十年前替崔琦保胎的大夫,依然健在,已经八十多岁高龄。“这四十年来,每年逢年过节,我都去看那老大夫,我至今依然万分感谢他的恩情。要不是他,可能我们一个孩子也落不着。”

近四十岁才初为人父的江平,当然十分欣喜,即兴写下《七律·纪念波儿出世》:

谁遣此儿下尘河,未落人间已颠坷。
抱婴床前沉百感,握笔案头发九歌。
犀无梳处方知老,欢未成时几经折。
江海行舟多险阻,愿汝长能耐风波。

三年后的1972年,江平和崔琦的第二个孩子江帆来到人世间。但由于政治运动频仍,崔琦精神压力大,昵称为“小妹”的江帆不幸患有先天性智障。念及往事,崔琦依然痛苦不已:

1972年生完第二个孩子,江平又去了延庆。生下来七斤半,挺好一大姑娘,可先天性是这样。到一岁八个月的时候,孩子还不会下地走。每天我早晨出去的时候,孩子还没醒;我晚上回来,孩子都已经睡了。我就是在这样的环境里,抚养这个孩子,孩子要是机灵,我说那真是出现奇迹了。按说我们的智力也不差啊,但生活压力、运动压力都很大,生出的孩子能够是精品吗?谭震林的第二次黑风又翻过来,哎哟我的妈呀,你说生下来孩子怎么会好?本来一儿一女挺好,看到女儿又这样,又没钱就给她治病,虽说那时候治病不像现在这样贵,但也得到处求医求人啊。

无论如何,年过四十的江平夫妇,膝下有一儿一女。尽管还需要跟家人分离,生活中还面临着诸多困难,但江平和崔琦的小家庭,已经慢慢走出困境,江平灰暗的人生也有了不少亮色。

对于两人携手走过的风雨历程,江平心存感激:"改革开放三十年来,我之所以没有'后顾之忧',全靠崔琦和崔家人的大力帮助。所以我的事业如果说有所成就的话,一个重要原因,就是有个贤内助。"

在安徽

1971年,经历"文革"几年折腾之后,按照中央指示,北京政法学院与许多国家机关、事业单位一样,前往安徽宿县五铺公社办"五七"干校。

在安徽"五七"干校,远离"革命"的漩涡北京,江平等人尽管每天都有劳动和政治学习任务,但毕竟轻松很多,精神上也不用再那么紧张。

在五铺公社,所有的生活事务都由江平和他的同事们分担。江平承担的工作,就是担任公社食堂的会计。这段时间,江平的心态应该说还不错。1972年他在安徽写下《七绝·接妻书有感》:

夕阳火红慰沉沦,胜似彩霞变幻身。
同是天涯沦落客,何必巫山才是云。

不难看出,江平的笔端淡淡的愁绪与乐观次第铺陈,江平的心头亦是无奈与乐观并存。

穷途末路

然而,好景不长,江平的命运再次发生突变。1972年4月,随着"砸烂公检法"的最新最高指示,北京政法学院"五七"干校就地解散,所有教职工都就地分配,北京政法学院从此暂时消失。

那么,江平去哪儿呢?到了实际找工作的时候,他再次发现头上"摘帽右派"的紧箍咒又犯了。江平被分配到安徽宿县师范学校。可前往报到的时候,却遭到对方的白眼。像江平这样的"摘帽右派",依然不属于革命阵营,分配时自然成为各方都不愿意要的累赘。

北京政法学院1960级校友王淑琴毕业后分配在安徽。离奇又巧合的是,在江平穷途末路的当口,有一天居然巧遇当年的学生。且看看王淑琴的回忆:

我毕业后被分配到安徽省的一个小县城,后来调到地区的“公、检、法军管组”。有一天在地委大院门口意外地碰到政法学院的两位老师,才得知学校在此地的五铺农场办“五七”干校,就要结束了,老师们也基本要被就地安排。也就是说,北京政法学院要彻底结束了!“文化大革命”不是加强无产阶级专政的运动吗?而培养专政机关接班人的学校却要被取消?令人费解。

过了几天在街上不时看到衣着寒伧的老师们,甚至包括雷洁琼教务长夫妇。而我在当地工作的消息传到“五七”干校后,认识我的老师都来找我,有的是来坐坐看看、有的是路过借宿、有的是来托办事情……我尽力给予力所能及的帮助。

有一天江平老师和宁致远老师在我政治学习的时候来了,我与他们俩都是自毕业后多年未见。感觉他们不是老了,而是有些灰头土脸,加上又是一身旧衣裳,完全没有了大学老师的风采,心里很不是滋味。老师们客气地表示想寄放一下行李,我在办公楼找了间杂物间暂时放了放,也就匆匆别过,这是1972年。

江平在那一刻,一定是心如刀割。回首往事,当年意气风发地参加革命,千里挑一地公派苏联学法律,学习成绩优异提前回国,却再也没过上安分日子,甚至沦落到如此“叫天天不应、入地地无门”的境地,连找个工作都成为一种奢求。

不幸中的万幸,是江平前往安徽时,户口还留在北京。既然安徽投身无门,还是回京从长计议吧,毕竟妻子还在北京,家还在北京。1972年,江平回到阔别一年多的北京。

七、在延庆

绝处逢生

千辛万苦回到北京，江平依然面临着何去何从的问题。

然而，在当时"全国山河一片红"的大背景下，江平"摘帽右派"的身份，犹如套在头上的紧箍咒，如影随形，挥之不去。江平在内心盘算自己的熟人，想到好赖北京第二外国语学院还有熟人，而且自己也还在外语讲台上待过几年，何不去投奔？江平满怀希望地前往通县定福庄。

"你这'摘帽右派'的身份不好说。"

又是"摘帽右派"魔咒！此时此刻，江平仰天长叹，心如刀割。在其诗词选中，有一首写于1972年夏天的《生查子·为回北京踏门求职有感》：

人生一百年，腹中书为贵。
扣门与随尘，此生何曾会。
啼笑失穷途，心力更憔悴。
非是过来人，谁解其中味。

短短40字，江平的仓皇与无奈跃然纸上。作为一个满腹经纶的知识分子，却因政治帽子而处处受阻。心中的无奈与悲愤无处诉说，这恐怕是江平此生面临的最大痛苦了。

但天无绝人之路。就在江平几乎彻底绝望的时刻，他人生历程中的一个关键人物宁致远出现了。宁致远原系北京政法学院汉文教研室教师，早年来自华北革大，但思想开明，与江平共同语言颇多。北京政法学院解散后，宁致远也面临着重新找工作的问题。

宁致远既非"摘帽右派"，自然先江平一步找到新的工作岗位。当时，北京政法学院政教系毕业生肖文海担任延庆县教育局人事科科长，而宁致远前几年教过他，与之比较熟悉，于是通过他在延庆县教育系统找到工作。

走投无路的江平,在此时偶遇宁致远。宁致远亦向肖文海推荐江平,最终使江平也被延庆县教育局接纳。

当时的交通状况远远落后于今日,延庆远离市区达80公里,而且是去中学教书。正常情况下,这不可能是江平的上上之选。但在当时,严酷的现实容不得江平挑三拣四。在当时能够被延庆县教育局接受,这是处于人生深渊中的江平,必须要抓住的一根救命稻草。

2005年,笔者在《中国政法大学校报》做编辑时,曾在是年12月30日第108期(总第514期)第4版刊发过宁致远教授的文章《我和江平一起在延庆受到锻炼》。在该文中,宁致远教授详细忆及他介绍江平去延庆谋职的经过:

1971年在"四人帮""砸烂公检法"的极"左"错误举措指导下,原北京政法学院也被宣布撤销,教师干部在安徽劳动改造("五七"干校)一年以后就地分配,但许多人拖家带口,一时难以在安徽工作,于是部分教师开始在北京自谋职业。江平和我就属于这一类教师。当时在北京市找不到接收单位,据说"四人帮"已向北京市的有关单位打了招呼:凡属北京政法学院的干部教师,一律不予接收。这样我们就只好向远郊县发展联系,幸好北京市的郊区县有我校不少毕业学生在那里工作。因为北京政法学院原来还设有政教系,是为北京市代培政治教师的,所以在郊区县的教育部门也有不少我校的学生。当时我们是"八仙过海各显其能",分头在郊区找关系找熟人,寻找各自的生路。当时我校的樊崇义、方严、杨伯攸等同志都在郊区县找到了工作。刚好我校在林彪一号命令下达后,全校被疏散在延庆,在延庆我遇到过一些我教过的学生在那里工作,另外觉得延庆就是远郊区,"四人帮"的一些禁令也会因天高皇帝远,鞭长莫及。所以我就主动去延庆联系。正好县教育局的一位主管人事工作的同志,就是我校65届的毕业生,我虽然没有教过他,但一见面就还有些熟悉,他问了情况,包括是否被划过右派,过去教什么课。我都一一作了回答。他还问我有没有外语教师想来远郊县的。我脱口就说出了江平,说他是莫斯科大学的高材生,以前又是北京市31中保送燕京大学的学生,俄语英语都是一流的,他虽然被划过右派,但他的右派言论并不严重,是最先"摘帽"

的一批。那位同学说，我跟江平都可以考虑接收的。因为当时延庆中学中最缺的就是水平较高的外语教师，我是教语文的。他说教语文的也缺，但不会像外语老师缺得那样严重。我回到市区之后，就去找江平，我说我已在延庆县为你登了记，很可能要调你去延庆，他当时还没有出路，自然也十分高兴，并对我表示感谢。我说都是命运多舛，患难与共，不必言谢。结果不到一个月，延庆就给江平发了调令，他愉快地就到延庆教外语了，而我却是隔了两个多月才调成的。

江平当时到底是一种什么样的心情呢？从其诗词中可以觅得蛛丝马迹。一首写于 1973 年 2 月的《七绝 · 思家自安徽归投延庆工作》：

谨慎言语不主身，最无拘束是梦魂。
情思一任去远近，夜半几度到家门。

“五七”学校教英语

当时，由于中苏已经交恶，俄语已经不再是中学必须开设的课程，大部分外语教学都转向英语。而对于当时的延庆教育系统来说，最缺乏的就是教英语的师资。在江平来之前，延庆县也曾选派部分教师到北京市里学习，但这些教师学习之后，惮于延庆各方面的条件，大都一去不返。所以，延庆县教育局决定自己开设“五七”学校，专门培训中小学英语教师。江平被延庆县教育局接收后，便被分配去“五七”学校教英语。

延庆县“五七”学校设在康庄。据这个班上的学生、后来江平在延庆中学的同事许建武回忆，“五七”学校的英语师资班上，有 6 个当地中学的应届毕业生，也有四五个像他那样新分配过去的大学生，一共有十多个人。

在培训班上，江平的任务就是全面负责这批学生的课程安排。江平自己比较满意的一点，是特别重视对学员的口语能力的培养。

对于江平的这套教学法，许建武说：“开始也有别人上课，我们没有什么感觉。后来一听江老师上课，我们就服了，那根本不是一个层次的。”“江老师讲课和我听别人讲课不一样,他没有虚的。我们这批人老的老,小的小,但是他有办法讲得让大家都爱听。”“学员年龄和英语差距大,那时候外语不受重视,但他对应各人要求因材施教,大家都兴致勃勃,既开阔了眼界,又结合学校的要求,解决了实际问题。我们的英文打字也是向他学的,他手把手教人,看到学生有进步,他自己先高兴。”

这个英语培训学校存在仅一年多。一年之后,江平被延庆县教育局调到延庆二中,从而结束其在“五七”学校的使命。江平第一次也是唯一一次担任英语教师的经历就此结束。

但需要指出的是,江平在康庄的“五七”学校教英语时,生活境况并不是很好。在他的诗词选中,曾于1973年6月留下一阕《虞美人·此间饭菜不堪下咽　遂步后主韵,活剥打油一首》:

葫芦芹菜何时了,库存知多少。小窗中午又洋葱,不堪一股辣味绕舌中。

前天包子今犹在,价钱却未改。问君为何吃饭愁,月月钱票不知何处流。

延庆中学教政治

尽管名为延庆二中,但这所学校更多被称为“延庆中学”。而且由于历史的原因,延庆二中实际上一直是延庆县境内的最高学府。江平被调入的时间,应该是1974年前后。

江平在延庆中学报到后,被划归政治教研组,让他教政治课,而且还担任政治教研组组长。这让江平有点“受宠若惊”。江平在口述自传中感慨:“这个在当时来说,我真的有点受宠若惊了,让我教政治课,而且还是政治教研组组长,在当时“摘帽右派”身份的情况下,应该说延庆方面还是对我有足够的信任。”

江平的“受宠若惊”可以理解,政治课毕竟与意识形态紧密相关,像江平这样的“摘帽右派”,事实上都是被意识形态视为“阶级敌人”的,别说教政治,接触政治教学都有难度。

在延庆,江平却受到完全不同的待遇:丝毫不计较“摘帽右派”的身份问题,不仅让他教政治课,而且还担任政治教研组组长。延庆中学已经把江平这个“摘帽右派”,看成是自己人了。这让被贬抑了十多年的江平,怎么能够不受宠若惊呢?!

当时的政治课,必须结合“文化大革命”的进展和形势。江平的三姐江伟珣忆及:“文革”期间,她有个卫生系统的同学下放在延庆县。这同学告诉她:“真有意思,延庆县宣传部的人课讲不好,还是一个叫江平的老师讲得好,请他给全县讲批判资产阶级法权。”

生活不易

业务上的重用、人际关系的淳朴……这一切都让江平心情舒畅。然而,尽管心情愉悦,但当时江平在生活上压力还是不小。江波、江帆先后出生后,崔琦只好离职,在家专门带孩子。此外,双方的父母亦需要不时补贴。这样的话,全家每月的生活费只能仰仗江平 69 元的月工资。江平真正是“上有老、下有小”,全家生活的重担全压在江平的肩头。

在很长一段时间内,只有月末开工资时,江平才千辛万苦回城里一趟。在延庆中学和江平同住一屋的许建武,对江平的艰辛看在眼里,十分同情:“他这样做,就是为了省下钱来拿家里去。那时候他过得相当艰苦,他的工资全给家里了,他爱人孩子哪受什么委屈?受委屈的都是他。即便在平时,都是我喝茶、他喝白开水,平时吃饭也都吃最便宜的,非常简单。”

艰难的生活环境养成江平节俭的生活习惯、极强的动手能力和生活技能。许建武回忆说:

他恋旧,东西只要能用,轻易不丢。用水要到锅炉房去打,也要花钱。他就教我们一个洗衣服的办法,每次用少量水,多换几次,也能洗干净。我有件中式棉衣,想拆又担心做不上,他就教我怎样翻领上袖,一看就知道他做得很熟练。

我还向他学会了炖猪头肉,从燎毛到洗、炖、剥骨,味道好极了。剩下的猪油,他也珍惜,说放在青菜里一点,味道不一样。

但念及这段艰难的生活,江平依然感慨不已。在当时,北京城里到延庆的距离是 160 里,单程公交车费 1.6 元,来回则需要 3.2 元。这意味着江平回家的次数越少,节省的车费就越多。正因为如此,江平在很长时间以来,只有开工资时才返城一趟。

在江平诗词集中,有一阕《水调歌头·骑车自延庆回北京》:

天险不足惧,跋涉有何难。任凭风雪欺我,偏要轻车还。横上军都百丈,直下关沟九曲,乐自在其间。低吟还未定,已过居庸关。

衣也透,腿也软,腰也酸。老骥出枥,虽有壮志难似前。不靠天上风助,却要世间人牵,令我心悄悄。劝君应服老,莫学莽少年。

在其口述自传中,江平引用了这阕词,且做了这样的注解:"当时对于我一个安装假肢的人来说,年纪也已四十多岁,骑车走 160 里并不是一件很轻松的事情。这也说明我的性格。在我的性格中,确实有一种喜欢冒险的气息,'劝君应服老,莫学莽少年'是我自己对自己的劝诫。"

这一切,又是怎么回事呢?是不是江平为了省钱,经常从延庆与北京市内骑车来回?据江波回忆,这只是一次特例,主要原因是江平受外甥之托,在延庆买到自行车,却无法将其托运回市里,索性骑回去。

"这是你爷爷吧"

1975 年前后,江波已经 6 岁,接近该上小学的年纪。而远在北京市内的爱人崔琦,一边上班,一边照顾女儿,分身乏术。无奈之下,江平只好把江波带到延庆,跟他一起生活。

对于江波来说,来到延庆的好处之一,便是可以提前一年上小学。这样一来,江平既要给学生上课,又要接送江波并照顾他的生活起居、辅导功课,亦是忙碌万分。

在延庆,江平父子的住宿条件并不是很好,整个宿舍只有 6 平方米左右,江平和许建武同住一屋。接来江波后,狭小的宿舍,显得更加局促。

据江平在延庆中学的同事吴端民回忆，江波上学前，江平白天给学生上课，就把江波放在教室门口自己玩。等江波上学后，每天早上，江平就让江波坐在自行车横梁上，骑车把江波送到延庆小学，下午放学时再接回来。

晚上，江平则悉心地辅导江波。许建武现在还能清晰想起来江平教江波背世界各国的地图和首都的情形。这个小游戏，在江波的脑海中也留下很深刻的印象："那时候宿舍里贴了一张特别大的世界地图，我俩当时特别爱玩的一个游戏，就是我爸指任何一个国家，要我说出它的首都，或者他指着任何一个首都，让我说出它属于哪个国家。"

对于江波强烈的求知欲，江平可以说有求必应。"我爸特别会传授知识。小时候我不管有什么问题问他，问完以后，我爸到最后几乎都能给我一个很接近事实的答案。小孩子一般求知欲都比较强，我尤其强，什么问题都爱问我爸。他特别有耐心，有什么问题他都会认真回答，从来不瞎编，从来不说'这个你小孩子不懂'，我爸本来知识面就很广，他总是尽可能回答我。而且有时候问题问得好，还能得到奖励。"

除了做游戏，江平还给江波讲了很多故事，如《史记》和《西游记》。江波忆及，"我睡觉前，一定要我爸讲故事。我爸就给我讲《西游记》，一天讲一回，最后讲完整部《西游记》。后来等我认字多了，就让我自己看。我小时候特别爱看书，我爸每周都带我去新华书店，给我买些书。"

江波说，江平广博的知识面，很大程度上来自于当时自费订阅的《参考消息》。"那时候钱很紧张，但我爸一直坚持订《参考消息》，他要看国内国际新闻。对这个，我妈比较反感，因为当时订《人民日报》，看完后都可以交到废品收购站，但《参考消息》不行，因为《参考消息》是'内部资料'，我爸订了那么多，看完也不好处理。"

对于这段艰苦但幸福的天伦之乐，江平回忆起来亦充满温情："一边给学生上课，一边还得接送孩子，忙得不可开交。不过，身边也因此多了些温暖和安慰。晚上父子同挤在一张小床上，增加了父子之间的情感。每月只能回家一次，平时星期日还要给儿子改善下伙食，最好的办法，是通过一个当地老师'走后门'，买一个猪头。收拾猪头很费事儿,但做出的猪头肉却很香,成本又不高,还能吃许多天。这也是苦中寻乐的办法。”

这位当地老师,就是吴端民。吴端民回忆道:“江平有时候回北京,就来找我,说我在当地熟人比较多,让我帮忙问问看有没有回城的车捎他一段。我经常给他找拉白菜、拉土豆、拉煤的车。”“有时候江波馋了,江平想给弄点肉吃,我就带他到延庆食品厂买猪头。老江的烹调技术很高,很会做饭,他就自己收拾。”

对于江平教育孩子的艺术,许建武很佩服:

在辅导孩子学习上,江老师花费大量时间,循循善诱,每天晚上都如此。除必要的释疑解惑外,他特别注重引导孩子发挥主观能动性,给他一个思路后,启发孩子自己想、自己算。

在生活上,江平很会以身作则,不管什么粗茶淡饭,都吃得干干净净。经常是糙米饭、炒白菜,总听饭碗和勺子咔咔有声,吃得很快。他会要求孩子一次吃完,不能剩米粒,长年累月都如此。很多孩子难以做到,但江波做到了。

江老师很注重锻炼孩子的生活自理能力,洗脸、刷牙、洗手帕、洗袜子都是。江老师很忙,其他处室或老师请他帮忙,总是有求必应,热心肠,经常被抓差搞讲座。正因为如此,他使江波从小就养成自理生活的习惯。有一次他有事,把孩子托付给我。我发现,小波特别懂礼貌,我帮他打饭、倒水,总说谢谢叔叔。小波自己做功课,洗脸、刷牙、睡觉,非常自觉。

江老师也很有爱心。有一次江老师带回来一只小猫,当他给小猫洗澡时,我注意到江波的眼神,显得跟他爸爸更亲了。猫自己出去玩,回来的时候就挠门,江波就喊,猫回来了。一开门,猫就向孩子奔过去。江老师那么忙,开发这些童趣,培养孩子的爱心,从来不怕麻烦。

在江波的回忆中,江平的生活能力很强。“我爸个人生活能力特强,自己织毛衣、缝被子。我很小的时候,给我缝被子,就是那种百褶被,拿小块的废布料拼凑的。他那些从苏联带回来的衣服,好多都穿了好多年,还有那些解放前破‘四旧’的衣服,不能穿的都剪了。”

从江波点点滴滴的回忆中,我们能感受到的,更是父子相依为命的共同记忆,更是江平在江波童年里留给他的无边的快乐——每个周六日,江平都会带江波去延庆县城转一转,去百货商店买点日用品,去新华书店买几本小人书。一路上碰到当地人抛下的婴儿尸体,江平还会故意逗江波玩,吓唬他说要冲上去。江平省吃俭用,给江波买了一双皮鞋,使江波成为小学班上唯一穿皮鞋的同学。闲暇的时候,江平甚至也会带江波去抓蝈蝈。江波的班上要写大楷,江平拿出自己珍藏多年的铜墨盒给他用,这在农村同学的石头砚台中显得很洋气,也成为江波写好毛笔字的动力之一;可惜这只铜墨盒后来不慎丢失,江平甚至前往废品收购站寻找。延庆中学组织教职工去野外拉练,江平也会带上江波一同前往。

在江波的记忆中,江平年近四十才得子,使江波常成为别人取笑的对象:"那时候我爸已经四十多岁。我在操场上玩,人家老指着我说,'这是你爷爷吧……'"

在 延 庆

在延庆中学执教期间,江平以他渊博的学识、卓越的口才、乐于助人的品格征服了同事与学生,给大家留下深刻的印象。

许建武告诉笔者:"我在宿舍里经常向他请教一些问题。我是教英文的,比较爱钻研,当时一边教书,一边搞翻译,经常有一些问题向他请教。他是留苏的,俄语很好,但英语的造诣也非常深。"许建武甚至说,当时在延庆中学甚至流传有"两个学问家"的说法:一位叫习康元的老师是中式的学问家,而江平被大家看成是洋派的学问家。

在课余,江平亦经常被邀请去做讲座。许建武回忆说:"到后来,江波来之后,老一个人在屋里写作业,他自己演讲去了。我问江波,你爸呢?江波说,又'显摆'去了。把他老搁屋里,他不高兴了。"这一点吴端民亦印象深刻,"他在延庆中学,除教课外,经常辅导老师们学习马列主义。学习的时候,老江拿一本书,其他什么也没有,讲起来滔滔不绝,谁都爱听。他给我们辅导过《共产党宣言》和《国家与革命》,深入浅出,非常生动。"

江平的好口才,甚至在运动会上都派上了用场。有一次延庆中学开运动会,让江平解说,当时许建武在宿舍里听广播,"一阵介绍运动会今昔,一阵介绍正在进行的项目,一阵子又讲到红色娘子军,跳跃联系自然、巧妙”。后来好几个人问他,“这解说的人是谁啊?”

江平在延庆中学的同事郑大勇亦向笔者提及:在1976年前后北京市教育系统的国际象棋比赛中,代表延庆中学出战的江平,甚至还在远郊区的单赛中获得全市第三名的好成绩。

“爸爸你敢打我?!”

1976年7月28日发生的唐山大地震,对江平来说是一场劫难。但他在这次大地震中的表现,也让同事们更感佩江平的人格。

许建武忆及,“大地震发生的时候,大家都在睡觉。宿舍外面有人大声喊,‘地震了,地震了’。这时候,我赶紧下床,打算扶江老师出去。他大声喊,你赶紧弄江波。我就把江波先抱出去。回头一看,老江没出来,他从炕上跌倒在地上。大家冲进去,把老江背出来。在生死关头,他把生的机会给了江波,那时候房子随时会塌下来,早一步就是生,晚一步就是死。幸好那房子后来没塌。但无论如何,在生死考验面前,他是真爱儿子的。”

这一幕,江波感受更直接:“那天晚上睡得特香,也没有觉得异常。突然觉得我爸在用全身力气打我。当时把我打懵了,因为我爸一向对我非常和蔼。当时,我并没有觉得地震,只是诧异他怎么打我呢?还冲他喊,‘爸爸你敢打我?!’然后撒腿就往外跑。我爸当时打我,就为了把我打起来,让我跑出去。我爸睡觉前,一定要把假肢拿下来。但是那个时候,来不及套上假肢,他就打我,把我打出去之后,他再往外爬。形势已经很紧张了,他就大声喊,‘小波你快跑’,声嘶力竭,给我印象特深。跑出来后,不知怎么的,我又往屋里冲,我爸很着急,跟我喊‘小波你快出去’。”

江平在大家的帮助下从屋里出来的时候,腿被磨破一大块。当时没觉得多严重,但后来感染了,不得已只好住院治疗。据江波回忆,“那时医院床位紧张,我爸的病房就在一个大帐篷里,十几个人住在里面。我爸住院后,就把我交给学校的一个老师。我自己白天就跟小伙伴玩,中午就去看我爸。那时候我太小,特别贪玩,也不懂事。我爸让我给他倒尿盆,因为他下不了床,我还挺不高兴地去倒。我爸说,你看你,连这点事都不愿给我干。后来他还写过一首诗,最后一句还提到我说,'爱子不到病床前',那时候我太小,只知道去抓鱼、抓蚂蚱。"江波提及的诗,即那首《七律 · 地震时卧病延庆》:

滂沱大雨酷暑天,帐内气温四季全;
大地摇撼孰能测,病躯翻转难成眠。
灾时方觉人命浅,患中才知余生艰;
人生应许只如此,爱子不到病榻前。

这不是江平唯一关于唐山大地震的诗词。江平的诗词集中,还收入《水调歌头 · 唐山大地震》:

太平几时有,无情最是天。夜半山崩地陷,飞祸临幽燕。可怜苍生十万,辛苦财产百亿,飞灰顷刻间。无边血和泪,亲人残不全。

抚古今,追往事,思万千。谈虚说妄,鬼神却比庶民先。疾苦心心相通,灾祸时时与共,谁似总理贤。强压忧国泪,拭目看来年。

诗书丛里觅快活

2005年初,江平出版诗词选《信是明年春自来》。从江平诗词选中收录的作品来看,江平在延庆时期,尤其是在1976年前后,将很多时间花在阅读文史作品上。

这年秋天,他读完《白香山集》,写下《七律 · 读白香山集后题》:

文似明镜笔似花,敏诗二千是生涯。
追古思今读长恨,感时伤怀诵琵琶。
萧条半生有余怨,血气一腔未全杀。
殷勤乐天故教我,气和心平趁年华。

同一时间,江平还读完《史记》,曾写下《七绝 · 读李斯逐谏客书》:

器无异国能强兵,西戎敢与中原争。
月儿若是秦国好,从来只听击缶声。

许建武告诉笔者,江平在辅导江波时,“不是做游戏,便是讲故事。江老师给他讲《史记》,一段一段地讲,也不照着书,但他讲得很生动”。

江平的书单中,还应该加入《红楼梦》。而且,从他的诗词来看,江平至少读过五遍。江平有关《红楼梦》的两首诗,分别是1976年冬的《六绝·读红楼梦后题六言绝句》:

一片晶莹无痕,也在人间消魂。
莫道荒山石小,曾是活佛一尊。

另一首也作于1976年冬,题为《七律·再读红楼梦》:

五阅红楼字字吞,掩卷沉思谢曹君。
谩道尽是前朝事,唏嘘感我过来人。
不许牛鼻任牵锁,莫以蝇眼看升沉。
蓬门若无食粥日,那得句句动人深。

从后一首诗我们不难看出,江平“五阅红楼”,可见这本书对他的吸引力。之所以如此吸引他,很大原因则是“谩道尽是前朝事,唏嘘感我过来人”。无疑,江平从《红楼梦》的大世界里,读出个人的沉浮与枯荣。

诗言志

收录在《信是明年春自来》中的江平诗词作品有近百首。江平诗词写作的高峰是在“文革”前后,而又以江平在延庆近七年时间中最为多产。

江平的诗词有很明显的特征,他的诗词极少吟风颂月,所及之处无不是悲愤难名的情绪挥发。在当时极端压抑的环境中,“最内心世界的东西”也只能通过诗词的方式,得到倾诉和舒缓。

这种以“言志”为标志的诗词创作,与以文学艺术为追求的诗词创作大相径庭,但更能激荡人心。张星水律师在诵读江平的诗词后的感受,可以镜鉴:

反复诵读江平老师的诗歌,每每有一种大气磅礴的沧桑感受,沁人心脾,往往令读者啧啧叫绝!其诗歌体裁丰富广泛,涵盖了七律、七绝、五律、五绝,词牌名广有“水调歌头、西江月、江城子、菩萨蛮、虞美人、清平乐、蝶恋花、忆秦娥、沁园春、浣溪纱”等，甚至还包含一些白话打油诗，作品散发出寓意深远的历史韵味和文化气息，使人真切地感受到江平教授命途多舛和他所处的那个风雨飘摇的特殊岁月，应当属于现代诗坛的思想奇葩，也是共和国沧桑历史的真实见证。综观江平的诗词，往往是文字洗练、寓意深刻、语言凝重、生动诙谐、文采飞扬、喻古讽今、嬉笑怒骂、悲壮苍凉……无疑成为后世人研究江平思想演绎历程的鲜活标本。经年之后，每每拜读品味江平诗作，依旧是颇为感慨，不胜嘘唏。

张星水律师甚至专门撰文，对江平的好几首诗词都做了非常精湛的评价。比如对于江平的《江城子·自延庆归遇风》：

四周青山浴清辉，烟雾垂，孤云随。徐徐微风，轻骑跨乌骓。恰似当年千里路，桃花客，上天闱。

军都山前云渐黑，起沉雷，高标危。命运何舛，恰逢此时归。十六年前伤心事，泪和梦，是耶非。

张星水认为，“这也是江平在回顾充满磨难的人生坎坷之路时，感慨万千，往事蹉跎，更那堪回首凄凉？从这首诗中不难看出，江平是一个饱受政治运动打击和迫害而又悲天悯人的善良文人。诗人在颠沛流离的旅途劳顿之中再次触景生情，追忆往事，人生苦短，命运无常，黯然神伤，不胜感慨唏嘘，与陈子昂的千古名篇《登幽州台歌》中‘前不见古人，后不见来者。念天地之悠悠，独怆然而涕下’的悲壮苍凉意境可相比较。”

再如江平的《天地一沙鸥》：

天地何悠悠，沧海一沙鸥。
身虽为凡鸟，心殊不同流。
被尔双羽翼，不为稻粱谋。
昂首望苍冥，愿向太空游。
太空烟食少，不似人间稠。
折翼更折血，忍饥复忍羞。
壮哉青鸟志，直胜巨龙虬。

张星水认为，“这是江平富有浪漫主义的豪迈诗作，充满了气势磅礴的天地宇宙之奇妙幻想,诗人于恍然之中化作大鸟梦游仙境,有一点庄子的《逍遥游》中鲲鹏展翅的神韵。读罢此诗,发现江平老师真乃淡泊名利、愤世嫉俗的性情中人,在污浊的世俗泥潭之中越显得鹤立鸡群而超凡脱俗,颇具魏晋南北朝竹林七贤的仙风道骨;也有些类似陶渊明、谢灵运远离红尘的放浪行骸;甚至与屈原、李白、苏轼豪放诗歌所体现出来的飘然欲仙、浪迹天涯的超现实主义的浪漫想象相比拟也似乎未尝略输文采和稍逊风骚。"

之所以形成这种明显的风格,则是因为江平的诗词观。在《信是明年春自来》自序中,江平简单但明确地表达其对诗词功能的基本看法,"诗肯定是感情抒发和宣泄的最好形式","一汪痛苦的情怀冀图在诗词中得到解脱"。"我总认为,既然诗词是宣泄感情的,那就不要让平仄太限制它吧!总体像个诗词就可以了。"

在"文革"后期创作的《七律·骚兴》中,江平也通过诗歌的方式,表达了自己对诗歌创作的基本态度:

诗魔魇我不得闲,竟日苦苦觅新篇。
搜尽枯肠总有句,思破睡乡难成眠。
风花雪月吟无味,陈词滥语嚼不甜。
不做贾岛酸诗客,要学杜老语惊天。

整体来看,江平并不认为诗词的形式比内容更重要。他的基本态度是,只要能够表达或者宣泄情感,诗词的格律和平仄等形式要件,可以适当让位于实质内容。总之,江平试图表达一种不以诗歌自身的艺术成就为目的、不为诗词而诗词的创作态度。

江平在诗词选自序中,还提及这样一句话:"诗词最能表现一个人的七情六欲、喜怒哀乐。在诗中可以抒发自己的政治见解,可以抨击时弊,可以怀古讽今,可以嬉笑怒骂。"实际上,江平诗词选中所收录的近百首诗词,也可以分为以四个"可以"为代表的基本类型。

笔者并非专业的诗词研究者,江平亦非专业的诗人,我们大可不必完全用纯文学的理论和方法来剖析这些诗词。在这里,只就江平抒发政治见解类的诗词,简单地展开分析论述,俾使读者对江平的政治态度有感性的了解。

江平在延庆执教期间,时值"文革"中后期,其政治立场很鲜明:一是对“四人帮”、江青以笔为剑的鞭挞；二是对周恩来、华国锋、陈毅乃至邓小平等热情的赞颂和怀念。

江平的这种情绪，在他的“文革”中后期的诗词中能依稀看出端倪。1976年9月9日，毛泽东逝世。江平写下《七绝·痛感》：

昨日群氓百万死，今朝英雄一身亡；
卑贱尊贵原如此，无怪后事两样忙。

后来，江平在《七律·感时再发感慨》中写道：

青衿赤子吞声哭，掩泪涕鼻动苍梧。
不言志士皆流血，但云天下应姓朱。
死生纵是英雄有，错误除却神仙无。
盖棺犹自难论定，还记当年约瑟夫!?

在一定程度上，江平亦把内心对毛泽东错误某种程度的不满与质疑，转化成对周恩来一腔真诚的缅怀。周恩来去世后，江平即有诗歌《七律·周总理去世》：

君是亘古一伟男，伴君伴虎四十年。
功高常戒身压主，权重尤忌心贪婪。
总为苍生忧思重，何曾片时枕梦甜。
昆仑山下红旗乱，黄土垅中能安眠?

这一年十月，中央粉碎“四人帮”，以“举国欢庆”的方式迎来新的时代。在当时来说，江平对于“四人帮”的深恶痛绝、对“四人帮”倒台的欢欣鼓舞，无不洋溢于诗词中。一阕《水调歌头·揪出四人帮》传神地宣泄出江平当时的心情：

万卷中华史，茫茫岁四千。我欲挥笔大书，一九七六年。地灾频仍未已，领袖溘然长辞，四害舞蹁跹。白骨做美女，播乱在人间。

华主席，党中央，举烽烟。自有金睛火眼，洞察能辨奸。奋起千钧神棒，横扫四条蛇蝎，山河也开颜。痛饮黄龙酒，拭目待新篇。

另一阕《水调歌头·再咏粉碎四人帮并缅怀周总理》亦是如此：

爆竹漫天响，驱散鬼和灾。吐出胸中恶气，大呼真快哉。多少忠魂英烈，手捧琼浆玉液，高歌舞徘徊。骨灰千里撒，人心万朵开。

龙马姿,苍松魄,海阔怀。忠心耿耿,顶天立地真英才。日间总理天下,夜半问寒苍生,直至鬓发白。巍巍英雄柱,永刻周恩来。

次年,周恩来逝世一周年,江平再次挥毫泼墨,写下《灵台之歌·周总理周年祭》:

去年此时寒冬日,阴云暗淡大地冻。
三江五岳吞声哭,九州四海共悲痛。
欲将热泪写悼文,无奈声音鼠狼控。
刀斧闪闪劈头来,一歌一曲不许用。
欲将哀思告英灵,无奈妖魔把权弄。
大棒滚滚压天来,光辉业绩不得颂。
闻说灵车过长街,一百万人齐出动。
点点泪痕洒作水,来把忠魂天上送。
雪似素花寄哀情,风如悲乐奏深恸。
天惨地愁不开颜,悲思愤恨千斤重。
拦车阻灵不让过,欲览遗容天下共。
顷刻栋梁化成灰,撒向江河与窑洞。
一粒骨灰一滴雨,滋润中华八亿众。
今年此刻天地变,一声惊雷破阴霾。
揪出蛇蝎与白骨,扫尽妖雾和尘埃。
骨灰一粒雨一滴,滴粒化作鲜花开。
颂歌一曲文一章,一曲一章寄余哀。
天山南岭把头点,黄河长江和浪拍。
宇宙自有真理在,人间又颂周恩来。
恰似泰山顶上树,七十八岁志未衰。
恰似太湖碧水波,光明磊落海阔怀。
寒风凛冽任吹打,劲拔挺立枝不歪。
狂涛汹涌任冲洗,擎天柱地栋梁才。
朴素平凡如泉水,万里奔腾显伟才。
可笑蚂蚁不自量,呼天喧地装苍槐。
八亿人民八亿心,心心能分黑与白。
忠魂侧耳为我听,请看人间舞徘徊。

千秋功罪有分晓，不叫英名青史埋。

再如以《陈毅诗词选》为载体，在《读〈陈毅诗词选〉抒兴成歌》中对陈毅的尽情赞颂：

将军诗词久闻名，今日方许得读拜。
诗能见骨文见人，其文其人俱可爱。
将军诗兴豪且浓，头颅将悬词滂湃。
泉台咫尺掷生死，江东千里决胜败。
将军诗意清且明，字字跳动如心脉。
高山空谷传真音，一泓清水无掩盖。
将军诗体古且今，浓涂淡抹尽成态。
信手拈来似放翁，别开生面成一派。
将军诗格坚且直，胸似奇壑有垒块。
平生不做阿谀词，旗鼓鲜明气豪迈。
昆仑已是雪化时，得见青松立天外。
劲笔生花写高洁，高洁长在人难再。
读罢诗集一怅然，令人长忆陈元帅。

江平表达政治态度的文学作品中，最为超脱也最为有趣的，既不是诗也不是词，而是一首《自度曲·老娘自述》：

老娘生来响当当，脸儿光光，眼儿汪汪，发儿长长。五岁儿学得了巧梳妆，六岁儿懂得了穿时装，七岁儿进得了洋学堂。认识了张三郎，嫁给了黄四郎，忙不迭的挤进了歌舞场。实指望，老板儿闻得上肌肤香，银幕上飞出个金凤凰。怎奈是路儿茫茫，心儿惶惶，泪儿行行。何时价才能遂我心肠，把我名扬，当我女皇。因此上，悄不声退了脂粉改姓江。急不待换了面孔进了党。慌不安硬着头皮延安闯。三十年来好悲凉，气煞老娘。不许俺说话开腔，不见俺发儿秃光。好容易盼来了救星降，老公来帮老婆忙。抬出了俺老娘，拉上了王姚张，凑成了四人帮。俺手里开的是那帽子厂，举的是那杀威伏，灌的是那迷魂汤。

顺俺心的，让他部长代表青云上。逆俺心的，叫他一落千丈人遭殃。俺老娘一心要把吕后当，要什么刘邦，去你的萧相，滚他的张良。稳当当地住进那慈禧房，美滋滋地睡上那林彪床，香喷喷地进入那甜梦乡。无奈好梦不香,好景不长。一霎时降下了天兵将,骤然间舞起了千钧棒。闹醒了俺的一枕黄粱,惊破了俺的一曲霓裳,撕下了俺的一身伪装,挖出了俺的一副心肠。哎呀呀!原来是魑魅魍魉,外加一身臭皮囊!

客观地说,江平对于时代人物的评价,并未能超出当时的意识形态。这种对待历史人物的方式,在历史的场合中可以商榷之处甚多。但无论如何,江平以诗词这种载体,曲笔说史,表达"内心深处最隐秘的东西",已然难能可贵。其实,从这些直白的诗句来看,要说有多隐秘,也还算不上。只不过当时来说,这些诗歌只能作为江平个人赏玩之物,很难公开发表、传播。从字里行间,我们不难读出江平当时敢恨敢爱、爱憎分明的态度,爱之者奉若"亘古伟男"、"栋梁"、"真英才",恨之者斥为"蛇蝎"、"白骨"、"妖雾",江平朴素但明确的政治立场,在这些诗句中表达得淋漓尽致。

在江波的记忆中,"刚刚粉碎'四人帮'的时候,我爸心情特别好,那个时候,教我背的一首诗是'白日依山尽,黄河入海流;欲穷千里目,更上一层楼'。我爸就说,你来站在凳子上,你站得高一点,就能看得远一点,就是说我们的生活以后会越来越好,他觉得自己有盼头了。后来过了一段时间,华国锋提出'两个凡是',政策有点变化,我依稀觉得他的情绪是有变化的。"

与此相对应的是,江平亦在 1977 年 12 月在延庆中学写过一首《七律·礼堂听批两个凡是》:

掌声渐息语声停,余音何处嘤嘤鸣。
暗铃系心心常悸,泪眼观花花不明。
冰雪三尺终解冻,书生万众已去铃。
人间若许另择业,仍作辛勤一园丁。

既然系在心间的"暗铃"已经解开,"三尺"之"冰雪"已"解冻",经历了 22 年逆境的江平被"解放"之日指日可待。那么,对于未来究竟何去何从,江平不能不有所思考。一句"人间若许另择业,仍作辛勤一园丁",字里行间,我们已经能够感觉到江平对未来的希望与对自己的定位。2009 年 12 月 28 日,江平 80 大寿,他的学生们在操办寿辰时,即选中这两句,作为一幅江平照片的题图文字,准确而传神。

回　城

1978 年 8 月 7 日,江平搭乘一辆拉煤的顺路车,风尘仆仆从郊区延庆回到市区,就此告别他生活、工作近七年的延庆中学。

吴端民之所以能清楚地记得这一天,是因为头天,也就是 8 月 6 日晚上,他还在家里搞了个送别江平的晚宴,郑大勇、许建武以及其他同事以及吴端民的家人,一道为江平饯行。

次日要出发,延庆中学没有车,只有一个拖拉机,显然无法承担此重任。吴端民回忆说,“老江说没车,我就赶紧去找许建武,然后又去找一个叫许耀伟的学生,让他开一辆解放牌大货车,把江老师的东西拉到北三环。当时他夫人还说,‘这哪像老师回家,这像劳改犯回来了’。”

无论如何,江平要跟延庆说再见了。

八、被“解放”的江平

转　机

中国历史进入1978年,似乎一切都变了。阴霾正在散去,艳阳即将高照。就江平的个人命运来说,也接二连三地出现转机,上苍频频向经历二十二年逆境的江平伸出橄榄枝。他先是如愿以偿地离开延庆,成为北京外国语学校的英语老师。而此后,又收到社科院法学所的邀请。

在延庆待着,毕竟不是长远之计。江平一方面很认真地干好延庆中学的工作,但另一方面,也在瞄准城里的其他工作岗位。后来,江平在朋友的帮助下,经过认真的复习,最终在1978年3月前后考入北京外国语学校。由于延庆教育局不愿意放人,江平的调动申请周折许久方才有了下文,8月才回到城里。

回城之后,江平的忙碌,给近十岁的江波留下深刻印象:“回城里后,我爸就玩命地挣外快。那时候北京城里懂英语的可能不多,很缺英语老师,我爸英语还不错,又会讲,请我爸的人还很多。于是他就晚上四处兼课,天天骑车在北京城里转悠。有一次我在家还翻出我爸的一个笔记本,上面写着‘谢谢江老师教我们学英语’。下面是每个同学的签名,那个时候都兴送塑料皮的笔记本留念。”“我爸为了生活挺拼命的,他还去做翻译,帮别人翻译文章,然后拿稿费。有一次,我爸得了一大笔稿费,都是十块十块的。那时我还小,看到这么多钱,都傻眼了,心想怎么这么多钱啊?我心里挺高兴,偷偷拿了一张,想到楼下跟小朋友显摆一下,结果半路被我爸给抄回来了,‘小孩子拿那么多钱干什么,给我拿回来’。”

与法学所失之交臂

在北京政法学院复办的消息传开之前,江平还在延庆中学的时候，社科院法学研究所王家福就曾打电话给他，邀请江平加盟法学所。

王家福回忆道：

1978年前后，社科院恢复工作，我担任民法室和经济法室的主任，我就想把江平调过来。我爱人曾在北京政法学院工作，江平被打成右派那阵，她亲眼看见他怎么挨整、怎么被贴大字报、怎么和前妻离婚，非常同情江平。此后，我也从其他途径听说江平，大家对他评价很高，说他很能干。

我当时跟他不是很熟悉，但很尊敬他，法学所也需要这样的人。我跟所里人说，我要把江平调来。我们搞政工的问我：“他能行吗？”我说：“我用我自己担保。”就这样，我开始找人。

当时不知道他在延庆，也没有他的联系方式。我们就想先找到他爱人。经过四处打听，找了很长时间，才在东城房管所找到崔琦。找到后，才知道江平在延庆中学。后来我就去延庆中学找他，一共去了三次。找到他之后，说明来意，他当然愿意来。但延庆教育机关说：“不行，江平是我们延庆的人，教英文，很多学生要他教，要调他到别的地方去，得北京市教育局批准，不然走不了。”所以我回城里后，又去找北京市教育局，经过熟人才得到批准。所以我又跑到延庆去，正式办调动手续。反正到1978年时，我跑延庆跑了三趟。

对于远离专业二十多年的江平来说，能够去社科院法学所，继续从事自己学了五年的法律专业教学工作，这自然是求之不得的美事。他甚至都做好前往社科院法学所报到的准备。

然而，命运的玄关已经扭转，还有更大的美事儿在等着他：1978年8月5日，最高人民法院、最高人民检察院、公安部、教育部联合发布《关于国务院批准恢复北京、西北政法学院的通知》。

北京政法学院复办的消息传来，校方也派人来找江平，动员江平回去。

江平开始犹豫：回还是不回？

说不回吧，可北京政法学院毕竟是他学成归来后入职的单位，而且他内心里，的确爱教学更胜过搞研究，他喜欢和学生待在一起。在当时来说，社科院法学所显然给他提供不了这么好的平台。

可是要回去的话，又怎么个回法呢？当年批斗过他的那些人，也都陆陆续续回到北京政法学院。身上的伤痕还未愈合,心灵的伤口还在滴血。如果回去,大家在同一个单位低头不见抬头见,“文革”的遗风弥漫在巴掌大的北京政法学院,这一切,又该如何去面对?

思忖再三后,江平婉拒王家福的好意,义无反顾地重回北京政法学院。江平做出此抉择的理由,主要还是因为在北京政法学院,他可以与学生在一起。当然,还有一种未经证实的说法:江平暗下决心,他从哪里倒下去,就要从哪里站起来。

江平婉拒法学所,王家福既能理解,又感觉到惋惜。他聘请江平加盟社科院的梦想,在二十多年后,得到部分满足。2004 年 4 月 27 日,社科院法学所隆重举行仪式,聘请江平为中国社会科学院法学研究所荣誉研究员。在这个聘任仪式上,王家福专门以“报效祖国的坚贞的心”、“探索真理的勇敢的心”、“充满爱的仁爱的心”致辞,向江平表达他的敬意。

改　正

江平回到北京政法学院的确切时间已无从考证,大体推测是在 1978 年 8 月至 12 月之间。

1978 年 12 月 15 日,北京政法学院负责清查历史遗留问题的“摘帽办”找江平谈话,具体了解“反右”时的情况,为他的平反做准备。

五天后的 12 月 20 日,是江平生命中非常重要的一天。巧合的是,这几天,开启改革开放新时代的中共中央十一届三中全会,亦在北京紧锣密鼓地召开。但对江平来说,这一天之所以很重要,不是因为十一届三中全会的召开,而是因为这天下午,北京政法学院院落实政策领导小组成员开会,专门讨论给江平平反的问题。

这次会议的参加者有刘镜西、李进宝、李春林、岳茂华、吴昭明、杨伯攸、戴铮、王绪之、赵先等。

李春林负责介绍江平的情况。李春林指出:“江平的问题比较明确,曾经作为划不划的标兵,涉及 20 人大字报的问题。”接下来,李春林念了 1957 年“反右”时对江平作的结论、20 人大字报问题,并表明了他的态度:“我们认为,20 人大字报不能叫反党大字报:第一,在党委的领导下;第二,要求党委解决一些问题;第三,号召党员、干部带头鸣放;第四,要中层干部揭发问题,也是使整风运动深入的一步。”李春林说:“但是也有它的片面性。对青年知识分子的问题,有片面性,但不能说全错。”

接下来发言的是岳茂华,他说:“20 人大字报从内容上看不出恶意的攻击。几条意见也看不出明显的政治错误。还是为了提意见,有提得不对的也是允许的,不能说是反党大字报。从第二点看,也不是要推翻我们的教育方针,也不能说是根本错误的,有的可以研究。从第三点看,也不能是根本错误的,评工资就是按劳分配,而且是他的自我检查。”

吴昭明接过岳茂华的话说:“他是强调在党委的领导下帮助党整风,不是反党大字报,这是前提。我们倾向他的问题是属于改正的问题。”

杨伯攸指出:“不能说他是反党的大字报。资产阶级民主思想是有一些的,是属于纠正的问题。”

戴铮表态说:“我同意他们几个人的看法,就不用分析了。找不到从根本上反党反社会主义的东西。1952 ~ 1953 年革大的教育方针是针对当时的情况的,毛主席有批示。办政法学院还用那一套是不对的,大家提的意见也是对的。”

王绪之也认为:“反党反社会主义够不上,改正还是恰当些。”

赵先提出:“说他是反党反社会主义是过了一些,不一定弄得上。从这人说资产阶级民主自由的东西是有一些,对青年的一些提法到底怎么样,虽然是最近发表了那么一封信,对革大方针的一些看法也是有不对的。这样的分析是实事求是的。有些东西是不妥当、不合适的,但是不能说是从根本上反党反社会主义。”

至此,“摘帽办”关于江平的讨论结束。在当时的时代背景下,全体成员一致作出改正江平右派结论的决定。一周之后,江平的“右派”改正结论正式下发:

关于江平同志右派问题的改正结论

江平,男,47 岁,浙江省宁波人,家庭出身职员,本人成份学生,1948 年 10 月参加“民主青年同盟”,1949 年 3 月转入新民主主义青年团,解放前在燕京大学新闻系读书,1949 年至 1951 年在青年团北京市委工作,1951年至1956年留学苏联莫斯科大学法律系,毕业回国后于我院任助教。

1958年6月,江被划为右派分子,撤销助教职务,由高教10级降为11级,开除团籍。

根据中共中央1978年55号文件精神,对江的右派问题进行了复查,按照实事求是、"有错必纠"的原则,江平同志系被错划为右派分子,应予改正,恢复政治名誉,恢复助教职务和原工资待遇,撤销开除团籍处分的决定。

北京政法学院

1978年12月27日

这纸改正结论,堪称短小精悍。全文加上标点符号,只有284个字。而这纸改正结论下发之前的22年,近8030个日夜,江平在西山,在安徽,在延庆,拖着残废的身躯,掩藏起内心的伤痕,倔强而不失聪明地"夹起尾巴做人"的日子,又是那么的漫长。平均算来,用8030除以284,这份改正结论中的每一个标点、每一个字,都代表着长达一个月的苦噩。

现在已无法知道,江平拿到这纸改正结论之时,到底是什么反应?内心到底是怎么样想……22年啊,"右派"两个字,摧毁了江平所有的青春、梦想、健康和幸福。如今,厄运终于到头……

12月31日,北京政法学院组织再次江平找谈话,江平表示,"感谢组织,向前看,努力工作。"在当时,江平也承认,"当时一些观点有错误。'反右'是正确的,……是历史现象。"在这次谈话时,江平即口头提出了入党要求。

从江平1978年12月31日组织与其谈话时口头提出入党申请,到其根据入党的程序,于1982年9月22日被批准转正,正式成为一名中国共产党党员,经历近两年时间。

1979年4月,北京政法学院摘帽人员复查工作正式结束。江平的"北京市摘帽人员复查改正登记表"中,有些信息值得注意——

在"定为右派的主要事实"一栏中,提及了江平的三点右派事实:第一,反对共产党的领导,发起组织20名教员的反党大字报,主张成立审查我院肃反、评级、评薪等四个小组,其成员一律自下而上选出;

第二,攻击我院教学方针和对青年的思想改造。江说,“对于青年的教育,主要应该是灌输知识,而不是思想改造。”第三,否定党的干部政策。江说,“我认为应该根据‘才’来评工资”,“德才兼备应当是干部挑选和提拔的标准,而不应当是干部评工资的标准。”

在“复查改正结论”一栏中,亦提及一些信息:第一,所谓反党大字报中,明确提出是“在党委领导下成立四个小组”,故不应该定为反对党的领导;第二,江对青年思想改造和学习知识的关系,提出了自己的看法,不能称做攻击教学方针和对青年的思想改造政策;第三,江对评级评薪和提拔干部的标准,发表了自己的看法,并未否定党的干部政策。

基于此三点,故得出结论:“江系被错划为右派分子,应予改正,恢复政治名誉,恢复助教职务和工资待遇,撤销开除团籍处分的决定。”

永别了,那些身残家破的日子;永别了,那些“暗暗垂泪到天明”的夜晚;永别了,那一片在头顶笼罩22年的阴霾;永别了,那一段埋葬了青春与梦想的年代……

“我以为这辈子不可能得到改正”

1979年4月18日下午,院党委曹海波、戴铮等领导,约集赵建德、宁汉林、陶和谦、余叔通、金光正、钱骅、罗典荣、刘宝德、郭锡龙、刘裕中、回石亮、杨鹤皋、白玉荣以及江平等人,召开北京政法学院落实政策座谈会。

戴铮表示,按照55号文件精神,北京政法学院的右派错划问题除一人未定外,其他人员已全部解决。“同志们这么多年被错划为右派,受了委屈,株连家属、亲朋,组织上对此表示关怀,利用这个机会开开座谈会。”戴铮说,“看看到现在还有什么问题,需要组织上帮助解决的,如有的同志工资级别太低,我们对此和市委打招呼。”戴铮提出,将来还准备开平反大会,对被错划为右派的予以平反,“有的同志讲,这么多年来被划为右派,头抬不起来,我们要做工作,同志们要大胆开展工作……积极开展工作,要为学校复办、为了现代化贡献自己的一份力量”。“今天的会主要是听听同志们的想法,请大家谈谈心。”

余叔通第一个发言。江平紧随其后。江平当时到底是什么样的心情呢?我们可以从其发言中一窥究竟。江平说:

头次听到传说57年问题要改正,我认为是不可能,以为这辈子是不可能得到改正。

我在苏留学回来,自划右派后,亲友也不敢通讯。这次不少同志来祝贺,问为何过去不通讯,我说无脸见人。

自己现在定得争取解决组织问题的希望,有。上学要交学费,这也是经验,代价是大,忍受痛苦,从学校、国家,要总结经验教训,政法学院搞得是很厉害的,教学破坏厉害,高校搞得多,政法又是突出的。今后要向前看。

工作上看法,我对人讲,57年叫戴帽右派,61年摘帽右派,现在叫错划右派,还离不了右派。国家现在定这些人,二十多年也够受了,宽大宽大,解决了吧。

我觉得受屈不改心,然后知君子。从57年后,造成了不敢说真话、说真话危险。我57年敢于说了真话,现在我们学校缺乏彭老总的精神。我意思是我们要对于57年敢于说话的敢于肯定,这不是为个人,我听有人说,谁叫你不看情况说话。因为某些领导只听顺言,不听逆言,这不好。有的同志心有余悸。如林道濂,几次问我回不回,我叫回来,答,等等,还有某人在、某人在等等。如果领导工作做到家,是会回来的。我要不是在延庆,我是不会回来的,因为触景生情。

……

这段发言中,由于笔迹及省略问题,不大能逐字逐句读清楚。但能够识读的这些,已经清楚地表达出江平当时的所思所想。印象很深的是江平说"我要不是在延庆,我是不会回来的,因为触景生情"。对于埋葬了自己青春和健康、幸福的北京政法学院,江平心中的心结还真不是一时三刻就能够解得开的。

但江平达观的精神风貌,给这次座谈会的与会者留下深刻印象。罗典荣在发言中就说,"江平同志腿坏了,老婆也走了,但他的精神很好",表达钦佩之情。

400元的落实政策补助

右派结论改正之后，江平面临着的另一个问题，则是腿伤的问题。

在政治上未平反时，腿伤尽管是被认定为工伤事故，但所有的医疗费用依然要由江平本人承担，这对需要撑持一家开支的江平来说，绝对是一个天文数字。毁掉青春与梦想也就罢了，但因为腿伤而需要支付的费用，北京政法学院理当埋单。

基于这种想法，很少为个人利益开口的江平，在除掉右派帽子四个月后的1979年4月20日，给北京政法学院落实政策办公室写了一封申诉信：

院落实政策办公室并转院领导小组：

我1957年被错划为右派问题得到了解决之后，还有一些遗留问题，需要向组织加以说明解决：

(一)我的腿是在1960年在我校西山劳动基地劳动时，不慎被火车轧断。当时情况是这样的：每天劳动很紧张，晚上每天要到九道堰上看守庄稼地，白天干活，睡眠很少。有一天领导(王寿山同志)叫我和刘圣恩同志去到火车线旁的工地去取钢丝缆绳，一边把压场的磙子从梯田上往下运。我们二人取完钢丝绳后往回走时，感到拿的数量不够，我又匆匆往回跑，在拿完钢丝绳转身时，匆忙不慎被火车碰倒，左腿被压断。在住院期间，学校领导杨瑞亭等同志来探望，并对我当时劳动负伤情况和劳动表现、住院期间表现作了了解。由于当时我还没有摘帽子，又是属于自己不慎，一直不敢向组织上提出我的腿是因公负伤残废而要求享受一切劳保待遇的要求，也没有提出要求发给残废证。只是在我院将解散之际，怕到新单位后没有证明材料，才要求我院给我开了一个“因公负伤致残并享受一切劳保待遇”之证明。此证明现仍在我手中。当时有同志建议我领取正式残废证，我因为考虑到我虽然失去体力劳动的能力，但我从事的是脑力劳动，并未失去脑力劳动的能力，所以也未提出。现在我的问题得到改正后，希望领导研究以什么方法给我因公致残的问题给予一定形式的证明，以免以后时过境迁人员变动时得不到证明。

(二)我的腿被轧断后回到学校,学校领导没有人来过问该怎样休养、复原并装假腿等问题,是我主动要求能做些工作,所以当时我是架着双拐到伙食科协助工作的。看到学校当时那种不闻不问的态度,我觉得组织上是不会关心我的断肢问题,于是我就在当年花了一百多元(大约是一百一十元左右)在北京假肢厂作了第一支皮假腿(当时价钱比现在贵得多,现在约七十多元),假肢是磨损性的东西,这期间的各种修理费用,以及辅助用品,都是我自费担负的。在工厂因公负伤的同志可以每一、二年做一付新的,连同一切修理、辅助用品都由公家报销。我的第一支假腿因肌肉萎缩,磨损过度,几经修理已不能使用,于是在1967年前后(我结婚前)又以自费作了第二支金属假腿,价钱和第一次的差不多,其后的一切维修费用也是我自己承担的。去安徽前我怕假肢零件坏,还特意购了一些零件随身带着。我从结婚有孩子之后经济情况越来越紧张,我爱人原来工资50元,后来全休半年以上,只拿40元,两个孩子。在这种情况下,于我校解散前1972年我才正式向组织写报告,请求领导给我开因公负伤的证明并给我作一支假腿,并得到允准。这期间不计修理和其他磨损,单假肢一项费用就花去二百元多一点。我希望领导能考虑给予我一定的补偿。

(三)现在我的这支假腿是到延庆后公费报销作的,但其他劳保待遇仍不能和工厂相同。我所使用的残废袜、泡沫塑料垫(都是很易磨损的)都是由自己购买,而这在工厂都能报销。我希望今后能准许我按一定期间购买报销一定数量的上述用品。

以上请求望领导研究答复。

此致

敬礼

江平

4月20日

为了促使问题尽快解决,江平的爱人崔琦亦为此再三找北京政法学院校领导,要求对江平安装的假肢费用给予补偿。崔琦告诉笔者,“我们在政法这么多年,没给政法添过任何麻烦,你说我们能没困难吗?江平这个人,从来都是什么亏都自己吃,从来不提困难,不提要求。我就跟刘镜西谈这个问题，说这个问题你应该去探讨，不能再让他觉得是畏罪自杀。后来那么多年，一直是自己攒钱安装假肢。我找了很多人，才改过来。”

经过反复的磋商，江平于1979年10月中旬领到了400元的补助费，其中补助是150元，工伤接肢费用250元。也就是说，北京政法学院给他的落实政策补助费只有150元。

无论如何，江平全部领到400元，这在当时受补助对象中，应该算不低的补助。当时江平月工资是78元，这400元补偿相当于半年的工资。

从江平自身经历来说，较之那些在历次政治运动中家破人亡的教职工来说，江平的遭遇还不算最惨。但从对个人造成的影响来说，江平因工伤事故而失去一条腿，这给个人健康造成的影响又是终身的。这恐怕也是北京政法学院校方最终提高给江平的补助金额的重要原因。

时年50岁的江平，重新站在了人生的起跑线上。

调 工 资

1979年3月12日，北京政法学院调整工资事宜提上议事日程。

前文已述及，江平刚来北京政法学院工作时，由于工作表现好，加上又是苏联归国的留学生，刚来北京政法学院工作就定为高教10级，月工资78元。但在“反右”运动后，江平遭到工资降低一级的处罚，变成高教11级，月工资69元。但后来江平在延庆中学工作时，曾提过一级工资，因此，他在回到北京政法学院时是10级78元。

那么这次调整工资和级别，江平的情况怎么处理呢？总体来说，北京政法学院领导层有两种意见：一种是在恢复原有高教10级的基础上，提升一级到高教9级；另一种是在恢复高教10级的同时，再提升两级，到高教8级。争议持续了很长时间，由于涉及利益，即便是在江平所在的民法教研室，支持两种意见的人都各占半数，相持不下。

1979年10月15日，北京政法学院将《关于右派改正低工资调整问题的报告》，向当时北京政法学院的主管机构最高人民法院上报。这批确定提升工资级别的名单中，有徐晓华、陶和谦、李剑涛、严端、郭锡龙、康德瑄、回石亮和江平。北京政法学院打算给这批人员普遍提一级工资。

以参加工作时间来算，江平排在1947年参加工作的徐晓华之后，不算太突出。而要以未提升之前的工资级别来说，江平则是最高的了，所有人当中，只有他一个人是高教10级。

高教10级是个什么收入水平呢？当时，高教6级的月工资是148元、高教9级的月工资是89.5元，高教11级的月工资是69元，高教12级是62元。而像江平这样高教10级的月工资，当时是78元。那么这次工资调整之后，江平将变成高教9级，每个月多拿11.5元钱。

尽管工资级别调整到高教9级，但江平的工资问题依然未完全解决。这里面的问题在于，江平以高教10级的身份，在延庆中学时就已经提升一级。那么，加上这次落实政策而提升的一级，江平的工资级别应该提高两级才对。否则的话，等于在延庆提高的一级就不算数了。

1981年7月3日，江平向北京政法学院党委办公室提出了一份情况说明：

关于我落实政策后工资情况的说明

党委办公室：

现将我原来的工资情况和落实政策后的工资情况说明如下：

我是1949年3月正式参加革命工作的。参加革命工作前是大学生，参加工作后是北京市团市委干部。当时是供给制。1951年我被派出国学习。1956年回国，定为高教10级，工资78元。

1958年我被错划为右派，受到行政降一级的处分。工资由78元降为高教11级69元。

1977年那次调资，我在延庆县延庆中学工作，任教研组组长。那次调级面比较宽，根据我在那里的工作表现和解放以来一直未调过工资这一事实，给我提升一级，当时一级最高为7元，故我的工资是76元。

1979年我的右派问题得到改正后，又恢复我的工资为78元。这样就把1977年我调资升一级的情况事实上给否定掉了。结果是我参加革命工作30年来，以工资制定工资后20年一直未有升级。而我在这一段期间内的工作态度和工作能力，领导和同志们都是知道的。就我同时参加工作的同志，差不多都要比我当时工资高二级。

改正后我感谢党的落实政策,没有提出这个问题。当时学院根据文件,曾向市委提出过这个问题。我爱人在改正后,原来提升的一级也考虑进去。据我所知,北京市均是如此处理的,而我们学院则不是这样。当时我觉得很奇怪,为什么北京市能解决,我们属中央的单位却不能解决,但我始终未提要求。

现将情况告诉领导,请你们在研究此事时作为参考。

此致!

敬礼

“民法教研室”负责人、党员、讲师江平

1981 年 7 月 3 日

为此问题,1981 年 8 月 12 日,北京政法学院领导小组组长曹海波专门向中共北京市委教育工作部提出《关于继续落实个别同志有关政策的请示报告》,向上级请示该问题究竟该如何解决。经过旷日持久的行政审批,江平的工资问题总算得到圆满解决。

走出阴影

在渐渐走出政治上阴影的同时,江平的生活也越来越忙碌。在江波的记忆中:

那时候我们住在宣武区,我爸每天都骑车去北京政法学院。晚上下班回来,我爸就看两个电视节目,一个是新闻联播,一个是足球。剩下的时间,他就把自己关在小屋里头,一直在不停地写东西。他那个书桌底下压着一行字:老牛已知夕阳短,不用扬鞭自奋蹄。这是他的座右铭。他每天不停地写,几乎每天晚上都要写到一两点。我的印象,永远是我睡着之后我爸才去睡,第二天我醒来的时候,我们又一起醒来。

有一次,我爸自己说,他写着写着就写迷糊了,就开始写自己的简历。第二天醒来一看,怎么写成自己简历了,赶快把那个涂了重写。辛苦到那个程度。那时候他也不太会打字,就手写,稿纸特别大,一大堆稿纸,天天都在那写。

按照江波的说法,那段时间江平翻译了不少文章,但学术文章很少。我们现在所能看到的收录在《江平文集》中的文章,都是1984年之后才陆续发表的。自1979年到1983年期间,江平在学问方面并没有什么文字留下。

据崔琦回忆,为了补贴家用,江平当时还在北太平庄有色冶金那兼职代英语课。"白天他在政法学院上班,下班回家来吃晚饭,晚上还得在有色冶金给人代课。一个月30元钱,一天一块钱。"崔琦说,"现在那些有色冶金的高级知识分子,没有不感谢他的,每年还来拜年呢。"

崔琦为了给江平买辆自行车,忍痛把家里的煤气罐都卖掉,改用煤球炉子做饭。那时候,煤气罐是他们家最值钱的家当。崔琦卖掉煤气罐的壮举,最终使他们家里再也没有煤气用。许章润曾在题为《春去秋来的故事》中,提及1989年至1992年间的一段江平与煤气罐的故事:

秋末,江老师突然驾临平屋,告谓"到哪里弄罐气呢?"那个年头,我们青年教师,除了极少数北京原住民,或者,有办法的,大部分都没有煤气罐,也不知道根据什么程序、符合什么条件才能有一个煤气罐和煤气本。是呀,计划经济的短缺年代,煤气罐和煤气本可是事关一家老小糊口的大物件。但我没想到,江老师居然也没有这个物件,为了自己的八十老母,只好想辙。我有一种临危受命的感觉,左思右想,找到住在四号楼的马晶淼老师,说明原委,承他准允,将他家煤气罐上的锡牌取下,装在要换的气罐上,带上他家的煤气本,深吸一口气,骑车来到座落在北方交大附近的一个煤气站。工作人员火眼金睛,察觉到来人神色不对,即刻揭露了移花接木的伎俩。几位工友,有男有女,一边嗑瓜子,一边围拢过来。其中一位女士,看着地下,好像自言自语,"还大学老师呢,连个本儿都没有,还作假,真不知害羞!"旁边的一位市民,也是来换气的,后来告诉我在"街道"工作,有些看不下去,出面商量,用他的煤气票为我换了一罐气。我千恩万谢,骑车运罐回校……

评为副教授

自1979年11月开始，北京政法学院评定职称的工作就有条不紊地展开。因为很多年没有评过职称，名额和指标有限，而经过二十多年政治风波的知识分子们，都亟待通过职称评审的方式证明自己。

按照当时的评审程序，各教研室推荐的应提为教授、副教授的人选共有58人。这58人，先后分八批，在全院性的业务汇报大会上做报告。大家在对这58人的学术、教学、科研和外文水平全面了解的基础上，逐个进行评议。然后由各教研室根据各自情况，采取协商、讨论、投票等方式，确定了拟上报的教授、副教授名单。院一级的“专家小组”对他们的代表性论文、著作做了鉴定，提出评审意见。最后，经院学术委员会评审通过和北京政法学院领导小组研究后上报。

1980年6月25日，北京政法学院确定了第一批拟确定或提升为教授、副教授的人选。1980年7月，北京市高教局批准最终的评审结果，江平等22人被评为副教授。

被评为副教授的这年，江平已满50岁。

江平被评为副教授之后，各方面的待遇亦大幅度提高。从北京政法学院整体情况来说，对于副教授的住房，原来只有27平方米，而后通过调整，亦已达到40平方米。

担任民法教研室负责人

回到北京政法学院之后，江平先是归队到民法教研室做普通老师。经过一段时间之后，江平即被提拔担任民法教研室的负责人，负责教研室的业务工作。

江平进入院领导层的考查范围，应该是1980年甚至更早。1980年下半年，教务处人员空缺，9月1日的党委会上讨论拟充实人选时，当时教务处负责人崔衍勋即提及陶和谦、江平、郭双明等人。对于江平，崔衍勋认为，“年轻能干、有学术前途，但了解不够”；曹海波亦认为“江平才干好些”。

现在,我们无法确知这一决策过程是如何形成的。作为中国第一批留苏学生,江平在此时终于得到了领导层的赏识与重用。也是从这个教研室负责人开始,江平一步步走上北京政法学院以及中国政法大学的领导岗位,成就他的人生传奇与伟业。

冉冉上升的新秀

江平担任民法教研室负责人后,在学校各项活动中出现得越来越多。江平领导下的民法教研室,在北京政法学院复办初期的教材编纂漩涡中洁身自好,未查出问题。这使江平在北京政法学院领导层心目中的形象骤然提升。

1980 年 5 月 7 日,北京政法学院院党委总结落实政策的处以上干部名单,列举程筱鹤、欧阳本先、宁汉林、余叔通、钱骅、江平等 17 人的名单。其中江平排在第十位,为"留苏学生,现为教研室负责人,'学术委员会'委员,已评为副教授。拟任命为学术委员会副主任"。

1981 年 5 月 22 日,北京政法学院召开首届科学讨论会筹备会议。在这次会上,时任院长兼院党委书记曹海波宣读首届科学讨论会论文评议委员会委员名单,江平被任命为委员。

1982 年 3 月 29 日召开的北京政法学院院长办公会,决定向司法部推荐的北京政法学院学位评定委员会 19 位成员名单,江平名列其中。同一天召开的党委会亦审查通过此名单。在这份名单中,江平因为两个原因而显得很突出:其一,他是这份名单中年纪最小的人,尽管他已经 52 岁。这份名单中,年龄最大的是出生于 1904 年的曾炳钧教授,时任法制史教研室负责人;年龄最小的是出生于 1930 年的江平副教授,时任民法教研室负责人。其二,江平是唯一一位来自民法教研室的学者。最终,司法部批准的名单有曹海波、朱奇武、曾炳钧、程筱鹤、杜汝楫、张子培、欧阳本先、曹子丹、苗巍、汪瑄、江平等 11 人。

很明显,江平已然成为北京政法学院一颗上升的新星!

九、治校八年

担任副院长

1982年12月25日，司法部部长刘复之签发(82)司发党字第75号文，决定任命江平为北京政法学院副院长、党委委员。

此前，从1982年9月4日开始，司法部派驻工作组，长期驻扎在北京政法学院，就院领导班子问题展开调查。至江平等被正式任命为院领导，历时四月。

与江平一道被任命的，还有北京政法学院党委副书记欧阳本先，北京政法学院第一副院长、党委委员张杰和北京政法学院副院长、党委委员田辉。

按照江平的说法，他之所以受到提拔，主要有这么几方面的原因：其一，江平担任民法教研室负责人期间，业务工作有声有色，工作勤勉，颇受各方肯定；其二，自编教材被处罚的事件中，民法教研室未出任何问题；其三，江平具有留学苏联背景，而回国后又未曾发挥出特长；其四，江平在"文革"中属于边缘人物，派性不强，能够得到各方接受。

正式的宣布大会于1983年1月4日召开。自此，原北京政法学院曹海波班子集体"下课"。除民心向背外，年龄也是重要原因。从年龄来说，曹海波班子平均年龄太大，1982年时平均年龄67岁。

江平这届班子，大幅度地实现年轻化，平均年龄降到57岁。其时，江平53岁。事实上，无论是当时还是今天，这年龄也不算太年轻，但这在当时的北京政法学院，依然算是前所未有的创举。

中共十二大上胡耀邦担任总书记后，反复强调干部年轻化问题。在司法行政系统，干部队伍的年轻化也是大势所趋。在北京政法学院领导班子调整之前，司法部领导班子亦大幅度调整。

北京政法学院校内对新领导班子的上台反映不错。一份"简报"中说，"各单位在讨论中，大家一致认为新领导班子是正派人、明白人、内行人、可信赖得过的好班子,对办好政法学院信心百倍”。“三、四年级学生对新领导班子能够办好政法学院更加信心百倍,他们说:‘如果年前宣布,我们将和过新年一起放鞭炮庆贺。’”这种评价固然不无客套的成分,但“正派”、“明白”、“内行”、“可信赖”等关键词,依旧体现出校内师生对新班子的基本评价。

由此,江平开始其长达八年的治校生涯。

新　起　点

1983 年 1 月 7 日,江平出席新领导班子的第一次党委会,正式履新。此时,距离寒假开始只剩下一周时间。

江平和他的同事们,面临着百废待兴的形势。这次会议需要议决的事项很多,大到评职称、分房子,小到办公地点问题,都需要商议。由于当时北京政法学院艰苦的办学条件,院领导班子都没有统一、单独的办公室。

这次会议上,江平提出几项动议,如召开留校研究生座谈会、召开资料员会议、民法教研室负责人由选举产生等。江平甚至还建议吸纳作风正派、有教学经验、能联系群众的人成立教研调研组,不归教务处而由院行政或院党委领导。

江平的动议,大多数得到了他的同事们的认同。尽管江平并不是这届班子的行政一把手,但由于江平分管的教学、科研本来就事项复杂,这次党委会全部议决的八件事项中,交由江平落实或与江平有关的八居其四。

对于江平来说,这是他第一次走上领导岗位,如何做领导,尤其是如何做一个深得民心的领导,对他来说是个挑战。

1 月 14 日,星期五。这一天,江平没有出席第二次党委会,而是专门抽出一天时间,主持两个座谈会:上午是新留校的研究生座谈会,下午是资料员会议。这两个座谈会都属于江平分管的领域,可以看做他探求民意的起点。

毋庸讳言,行政工作千头万绪,事无巨细。既有日常冗务,又有突发事件;既有应付上级的政治任务,又有师生员工的分房、职称评审、

1983年5月，酝酿甚久的中国政法大学举办成立典礼。

1983年5月，中国政法大学成立后举办的第一届田径运动会。

1985 年中国政法大学首次法制系统科学讨论会，钱学森应邀出席。主席台右三为江平。

1987 年 10 月，中国政法大学昌平新校举行第一次开学典礼。

江平在20世纪80年代参加普法活动。

伙食等柴米油盐却又利益攸关的大事；既需要尽心尽力搞好自己的教学科研，又需要应付虽然不明显但的确存在的校园政治；既要将有限的时间投入到文山会海中，又要切切实实地超越官话、套话和官腔，解决北京政法学院上上下下的实际问题……如何当好北京政法学院主管教学的副院长，的确很考验江平的业务行政才能与政治智慧。

进一步说，如何在司法部等主管单位的领导下，既维持北京政法学院的正常运转，又能大力推进教学改革，在改革中推动北京政法学院乃至中国政法大学的发展，这是摆在江平和他的同事们面前一个很难处理的问题。

从副院长到副校长

江平等上台的时候，中国政法大学的筹办便已在紧锣密鼓中进行。成立中国政法大学，在很多北京政法学院的师生看来，并不是一个好消息。至少在当时，一方面，他们认为中国政法大学的成立，将使北京政法学院被吞并或者被撤掉，北京政法学院将不复存在，自然损及一些人的利益，心理上也难以接受；另一方面，按照最初的规划，中国政法大学远在郊区大兴，后来又调整到昌平，在当时的交通情况下，学院路校区尚不算很繁华，郊区更是凋敝，即便北京政法学院被中国政法大学吸纳，这对于很多师生来说，都不是一个很好的去处。

江平等在这种背景下上台，要做的工作很多也很难。他们既要消除前任班子留下的矛盾，又不能对前任指责过多；他们既要积极参与中国政法大学的建设，又要确保北京政法学院正常运转；他们既要代表北京政法学院的利益跟司法部、中国政法大学争取权益，又要积极融入到中国政法大学建设中；他们既要安抚教职工的情绪，又要确保在中国政法大学成立后还有一定的发言权；他们既要处理好司法部、中国政法大学、北京政法学院三者之间微妙而紧张的关系，又要在三者微妙而紧张的关系中寻求一种平衡。

1983 年 5 月 7 日，中国政法大学正式宣告成立。中国政法大学举行成立仪式时，江平在国外访问，并未出席这次仪式。尽管江平的行政职务并未随着中国政法大学的成立而调整，但无论如何，中国政法大学从此走进了一个全新的时代。

中国政法大学成立后,按照一校三院的架构,北京政法学院整体并入中国政法大学,改称为“本科生院”。江平的头衔,亦从“北京政法学院副院长”变为“中国政法大学本科生院副院长”。

1984 年 8 月 30 日召开的党委扩大会上,陈卓宣布司法部党组的任命:任命江平为中国政法大学副校长、校党委委员,免去其本科生院副院长职务。

应该说,从 1983 年 5 月中国政法大学成立,到 1984 年 8 月 30 日担任副校长,这一年多时间里,江平作为本科生院的副院长,其位置多少有点尴尬。毕竟原来北京政法学院时代,江平所担任的副院长、党委委员,属于校领导级别;而在中国政法大学成立之后,原来的北京政法学院降格为二级学院。

而且,中国政法大学成立之后,关于本科生院裁撤的各种消息就不绝于耳。对于江平来说,不管他本人对于裁撤本科生院是什么态度,但他作为本科生院的副院长,主管的又是重中之重的教学、科研,他既要贯彻校方的指示,又要安抚本科生院师生的情绪。显然,这也是一种需要平衡的艺术。

头绪多、任务重,江平越来越忙碌。江波告诉笔者:“担任校领导后,我爸没有一天不忙的。那时候我妹还上小学,我每天早上起得比较早,要上学。我上中学那时候,我爸跟我起得差不多,然后自己做早饭,做好早饭带着我妹,把她送到文慧园一个小学里,然后自己再回去上班。每天晚上回来,基本上我妈把菜都准备好了,我爸回来炒,炒完大家吃,吃完他再写东西。”

推动改革

本科生院撤销后,法大的办学模式需要进一步调整。应该说,此后的分系、设专业,在法大校史上是一次里程碑式的大变革。

对于要不要分系,各方面的争议比较大。反对的理由主要有如下几点:第一,对于刚成立不久的中国政法大学来说,各方面条件不成熟;第二,在法律专业下分为不同的系没有道理,将来社会科学要向综合方向发展，设系、分专业与此背道而驰；第三，市级部门反映，政法学院的学生实践能力强，但理论水平有限，知识面窄，法律系的学生应强调博，而分系则会使此问题更严重；第四，设系会使校内管理和教研室力量的分配问题更突出。相对这些反对意见，江平的立场是倾向于支持分系、设专业。

1984 年 8 月，中国政法大学成立教改小组。经过旷日持久的广泛征求意见，最终初步提出设系、分专业、修改教学计划等等方向性的思路。8 月 31 日的校党委会上，江平介绍了陶髦拟定的教学改革讨论稿。当时，中国政法大学规划的办学目标，是 1987 年保证在昌平招生的前提下，学生数达到 2500 人；到 1990 年时，在校生总数能够达到 7000 人。而关于教学改革，则提出在中国政法大学下，设立“二院二部三系”，二院即研究生院和进修生院；二部即基础部与函授部，三系当时的方案还在讨论中。江平提出，计划建立 5 ~ 6 个专业，确保在 1984 年成立法律古籍研究所，政治学所如有条件亦要成立。

当时，司法部教育司作为五大政法院校的主管机构，对各政法院校改革的政策并不一致：在华东政法学院设立法律、国际法、犯罪心理学等 4 个专业，在西南政法学院设立劳改、法律、刑侦等 5 个专业；在西北政法学院设立法律、经济法、劳改、思想政治教育等 4 个专业；而中南政法学院，则设立法律、经济法两个专业。而在中国政法大学，司法部教育司的意见是设政治、法律、经济法三系，系下面设法律、经济法等专业。

经过多方面的协调与磋商，中国政法大学于 1985 年 1 月 12 日正式成立各系筹备小组，并确定各小组负责人人选。江平与陈光中、曹子丹、王启富、陈芬辉等担任法律系筹备小组负责人。1985 年 3 月，分系工作基本结束，简政放权则成为分系工作后面临的主要问题。

作为主管教学的副校长，江平深知在新形势下扩大各系权力的重要性。在与他的同事们讨论过程中，他屡屡提及要把财务权、人事权等关键性权力，都下放到系里。对于教职员工的奖惩，他也主张由系里自己决定。结合司法部的大政策，江平和他的同事们一道在 1985 年初拟定《放权到系八条措施》。“放权八条”的实质，即实行校、系两级管理，充分发挥系的积极性、主动性。

推动成立相关研究机构,也是江平在治校期间着力的工作之一。当时,西南政法学院正准备成立一个研究所。在此之前,所有的法学院校都是复制苏联模式,没有独立的研究所。江平和他的同事们,需要摸索出一条既符合中国政法大学情况,又能够为各方面所接受的方案。

江平指出,研究所机构成立势在必行。但究竟如何成立,他认为有三种模式:第一种是由重点学科成立单独的研究所,如刑事诉讼法、经济法等。这种模式的优点是与现有的教学力量紧密结合,缺点是只限于本学科内,容易引起各种矛盾,而且科研与教学不分。第二种是“大帽子”模式,如经济法研究所、政治学研究所或者法学研究所,至于具体研究什么,由其自己来决定,名称需要定得综合性一点。第三种是不按学科,而选择当前重点的社会问题,成立专门的研究所,如刑事法律问题,包括心理学、犯罪学、刑法等;再如经济法律研究所,可以参加民法、民诉、经济法、国际私法等;再则外国法律、法律史,等等。江平说,这几种模式各有其优缺点,他倾向于后两种模式,一方面灵活机动性强,权力能够下放;另一方面,可以就目前明确的问题加以研究。对于具体成立的机构,江平提出了如下的思路:应该成立比较法研究所和外国法研究所。

经过反复的论证与磨合,1986 年 7 月 17 日,中国政法大学党委专门召开研究所工作会议,宣告成立中国法制研究所(编制 20 人)、外国法研究所(编制 10 人)、中国法制史研究所(编制 8 人)。此前已经成立的研究所有法律古籍研究所、青少年犯罪研究所等。此外,筹备中的研究机构还有法社会学研究所以及经济法系、政治系的研究所。

这些研究机构中,与江平密切相关的是外国法研究所。1986 年 5 月 6 日,中国政法大学党委发文,任命江平兼任外国法研究所筹备组副组长。外国法研究所成立后,原来科研处主办的《法学信息》刊物转由外国法研究所主办,更名为《比较法研究》。如今,这份刊物已经成为中国政法大学代表性的学术期刊之一,在国内外有重大影响。2009 年底,中国政法大学比较法研究院在原来比较法研究所、中德法学院基础上成立,江平应邀担任名誉院长。

另外,在中国法制史研究所基础上成立的法律史学研究院,已经成为教育部法史研究基地,是中国政法大学科研力量中最核心的力量之一。

江平和他的同事们在二十多年前栽下的种子,今天已经成为学界参天大树。

加强师资队伍

教学成败,系乎于师资。作为主管教学的副校长,艰苦的办学条件使江平捉襟见肘,但他最感到缺乏的还是师资力量。1983 年中国政法大学成立时,中央曾特批 80 个进京指标。这一政策执行三年后,师资力量匮乏的问题稍有缓解,但并未根本解决。

为扩大师资队伍,江平等想了很多办法。举措之一就是从实际部门聘请兼职教师。自 1983 年以来,中国政法大学累计从司法及其他实务部门聘请了 61 位既有实践经验,又有较高专业理论水平的人员兼课。按照江平的设想,此举至少可以:第一,克服学校教学中脱离实际的倾向;第二,搞活课堂教学;第三,把实践中出现的新情况、新问题以及解决的设想及时提供给学校师生,沟通信息,活跃学术空气;第四,介绍立法精神、有关政策以及有关各方的争议焦点;第五,采取案例教学,促进教学改革。

1986 年 2 月 18 日的党委会上,江平提出加强师资队伍的四条举措:其一,做好 60 名研究生留校工作。当时,国际法、经济法专业的近二十位研究生并不想留校,江平等人还需做工作。其二,部署兼职教师队伍。其三,结合聘任工作,整顿教师队伍。其四,提高教学质量,建议党委委员等亲自下去听课,增加教师压力,督促提高教学质量。

经过江平等努力,当时确实有一大批优秀的研究生毕业留校。由于学校条件的匮乏,校方给这批"留学生"承诺的住宿条件迟迟未兑现,终于引发 1988 年 4 月底简易棚青年教师的维权事件。

王俊秀在他的文章里,提及一个与青年教师、与住房、与江平都有关的细节:

说起陈小平,和王润生一样是风靡法大的青年教师。王润生教的是伦理学,当时已赢得"青年思想家"的荣誉。陈小平师承于北大龚祥瑞教授。当时毕业后没有单位接收。是江平先生顶着压力毅然把他要到了政法。陈小平、刘苏里、吴仁华等政法青年教师当时住在法大操场边的南平房。这些人的到来,改变了政法的基因。一入校不久,陈小平等人就组织了与江平为代表的校方的对话,要求改变青年教师的住房待遇。两位老少英雄在谈判桌上相见,引来了无数人旁听。记得江平先生说,学校要先照顾老人和妇女时,陈小平说,这可违反宪法精神啊。宪法中的第一原则是人人平等。众人哄堂大笑,江平先生也笑了。

罢餐事件

1985 年 1 月 19 日发生的"罢餐事件",让江平记忆犹新。学生们实在忍受不了法大艰苦的学习环境,最终以食堂为突破口而爆发。

1 月 19 日是星期六。当时尚实行六日工作制,这一天依然是工作日。已近期末考试,没有上课、下课的铃声,没有课间的人声鼎沸,这原本应该是普通而宁谧的一天,大多数学生可能已经开始盘算即将开始的寒假。

这天早上,出现在中国政法大学学院路校区礼堂西北角的一张大字报,一下子打破校园的宁静。大字报公开表达对中国政法大学学生伙食的不满,并号召学生罢餐以使校方改善伙食。

这不是法大学子第一次号召罢餐。这之前的罢餐,江平也曾参与处理。1984 年 5 月,中国政法大学就曾出现过一次罢餐。当时在中国政法大学外国法制史专业读研究生的贺卫方,曾亲身参与了这次罢餐,并与江平发生过正面的"冲突"。贺卫方在《时代的法学教师》一文中忆及:

1984 年,法大庆祝成立一周年,我们这些研究生为表达对学校管理尤其是食堂伙食糟糕的不满,就在校庆时发动罢餐,我和几个同学甚至堵在食堂门口,说服大家加入到罢餐者行列。引来学校官员们的不满,于是我就在人群中与一位官员辩论,人越聚越多,我正口若悬河之际,突然被一只有力的手拽了出来,抬头一看,正是江老师。

"卫方,你能不能不要总是以反对派领袖自居?"他的语气虽然不满,但眼神里还是一片温馨。“事情都要一步一步解决。这样的方式又能起到多少作用呢?”

对于江平来说,1月19日的罢餐以前,他的工作重心始终是教学改革,尤其是分系改革。1月12日江平主持的校长办公会上,大家讨论的主要话题还是分系的工作安排和期末的有关工作。

1月19日上午,江平要参加中共中国政法大学党委办公会。这次党委会的议题,主要还是中国政法大学分系后各系主要干部的人事安排问题。开会的过程中,党委的成员们已经知道大字报的情况。但大家对此事的严重性及后果并没有太在意,这天的党委会上始终未过多讨论大字报问题。会议末尾,陈卓顺便提及此事,也只提出让主管后勤的副校长张廷斌做做工作。

时至中午,号召罢餐内容的大字报又多了几张。到晚上,礼堂、七号楼东门、一号楼东墙等地,一下子出现近二十张大字报、标语和漫画,内容也从伙食问题,扩展到中国政法大学后勤工作、教学改革以及学校领导体制等。

其中一份大字报,是这么写的:

大家看

当前,改革的春风已经吹遍全国各行各业,然而,我们中国政法大学却无动于衷,宛如死水一潭,各项工作拖拖拉拉,效率极低,管理混乱,浪费惊人。且不说本应在去年暑假完成的教学楼翻修工程,至今还在缓慢进行,仅以我们学校的伙食工作上就可以看出我们整个学校管理的混乱程度。

众所周知,伙食的菜涨价高问题是全校学生反映最强烈的问题,但是,长期以来,这个问题不仅没有解决,反而愈演愈烈,对学生的揩油更是变本加厉,饭菜不仅质量差,而且数量也常常不够。据了解,管理伙食的某些干部,每月奖金达上百元(以获利多少,定奖金多少),而同学们每月花三十元左右的伙食费,都吃不到称心饭菜,这难道不是变相剥削吗?我们学生是消费者,学生食堂应是为学生服务的设施,而不是变相以赚钱为目的的商业单位,对这种严重损害学生利益的行为,我们表示强烈的抗议!在前不久召开的关于高等学校伙食问题会议上,中央领导同志曾明确提出,学生食堂不应赚学生的钱,我们对学校领导不管不问学生生活的官僚主义作风表示深恶痛绝！沉默是懦弱的表现,一切有正义感的同学应该行动起来,为捍卫自己的利益而抗争！

重要的是行动,而不是漂亮的言辞。我们希望学校领导少夸夸其谈,多办些实事！我们呼吁,学校领导的眼光还是向下看一看,关心一下同学的切身利益吧！

我们希望学校领导就伙食问题尽快用行动答复！否则学生是不会永远沉默下去的！解决情况如何我们拭目以待!!!!

除了通过大字报、标语等方式温和地煽动罢餐,到了晚上,力主罢餐的学生们开始“武力”阻拦其他同学去食堂就餐,坚持去就餐的同学被骂做“败类”、“猪狗”。当天,整个法大只有二三名同学不顾阻拦去食堂就餐。

按照当时的逻辑,出现大字报后校方的第一反应自然是往上级机构汇报,听候指示。当时的中国政法大学是由司法部主管,连中国政法大学的校长也是由司法部部长邹瑜兼任。不巧的是,这个周末,除了一位副部长外,大部分司法部的领导都不在北京,邹瑜当时在上海开会。

没有上面的指示,但又不能放任事态的扩大,江平和他的同事们,也就只能尽自己的力量来平息事态。

1月19日晚上九点四十分,时任司法部教育司副司长的甘绩华来到中国政法大学,约集江平等党政领导和学生会主席,连夜在242会议室召开紧急会议。

会上,江平坦承:尽管大字报、罢餐这种方式很不妥,但中国政法大学的伙食确实是有问题的。前不久刚为此专门召开过座谈会,但起色不大,改革步子很小。大家谈及的话题主要有:伙食委员会的现状及运行情况、当时学生伙食主要存在的问题、对“一·一九罢餐事件”的对策。这次会议持续时间不长,与会者达成的共识是,解决问题的根本在于改进食堂。而作为缓解事态的第一步,学校应出面对学生们的吁求做出正式表态,向学生们解释清楚食堂饭菜价格居高不下的原因,并拿出解决问题的具体办法,赋予伙食委员会必要的权限,并向学生说明,学生的餐费与食堂工作人员的工资奖金无任何关系。除此之外，与会者亦提出，除设立“校领导接待日”外，就眼下的危局来说，校领导应该与各年级学生座谈，加强对话、沟通。除了加强与学生对话、沟通外，校方亦准备与其他方面沟通，解决高价油的问题，甚至打算与北京市畜牧局、劳改局联系，建立中国政法大学的副食基地。会议结束了，这注定是一个无眠的夜晚。

1月20日，罢餐仍在持续，到食堂就餐的学生数量不及平常的五分之一，大多数学生买了面包和方便面，甚至有意地将五颜六色的方便面袋子串成彩旗，纵横交错高悬于食堂四周及礼堂附近。

整整一上午，江平、张廷斌等校领导和甘绩华一道，马不停蹄地与各年级学生展开对话，耐心听取学生们的诉求，极力劝学生们复餐。

下午两点半，江平、甘绩华等人开会，讨论以“中国政法大学校部”名义发布的《布告》文本。三点多，文稿内容正式敲定，并在下午五点十五分对外发布，《布告》内容如下：

布　　告

近日，许多同学对学校伙食和其他方面提出了意见，出发点是好的，大多数意见也是正确的，我们正在分别研究，采取有效措施，认真解决。

当前，为保证期末复习、考试的顺利进行和同学们的身体健康，现就急需解决的几个重要问题采取如下具体措施：

一、通过学生推选，加强伙食委员会。该委员会有权监督伙食科的工作；有权参加食堂日常管理；有权查问食堂账目和经费开支；有权对炊管人员的奖金提出意见；有权对伙食科领导的人选提出建议。

二、寒假前，校、处领导每日到食堂轮流值班，协助食堂搞好伙食。炊管人员实行挂牌服务，接受同学监督，允许只买半份菜。延长卖饭时间。要使后来的同学能吃到热饭菜，要搞好暖气。浴室要按期开放；开水要正常供应。

三、成立有学生、炊管人员和校领导参加的伙食改进小组，由副校长张廷斌同志任组长。

四、尽快备齐各教室的桌椅、灯具和玻璃，希望同学配合教务、后勤搞好管理。

五、建立校领导人定期接待制度。寒假前每日（不含星期日）下午均有一位领导在7号楼246房间接待学生。

六、在食堂门口,设立意见箱,广泛听取师生员工对学校工作的意见。

七、每月召开一次学生代表会议,由学校主要领导参加,听取对改革和改进工作的意见。

我们欢迎同学们按正常渠道对改进学校各项工作提出意见。但是,学生采用大字报、罢餐或号召罢考的做法不符合宪法和中央精神,不利于安定团结,因此是错误的,尤其是政法大学学生所不应采取的。对于这种行为,应该加以劝阻。

中国政法大学校部

1985年1月20日

从这份《布告》的内容来看,基本上以19日晚上会议的共识为主要内容,在肯定学生们意见的同时,提出了校方改进伙食工作的"七条措施"。

但这份《布告》,与学生们的要求仍然有一段距离。《布告》后发出,并没有立即使"罢餐事件"降温。21日中午,法大校园内的大字报数量骤增到六十张左右。

年代久远,我们已经无法原原本本提供所有大字报的内容。但根据诸多受访者的回忆,这些大字报里有这些词句,提出诸如"学生的生活是非人的生活",煽动"饥寒交迫的人们"、"有骨气的行动起来","饭菜是猪狗食,吃饭的是猪狗","罢餐现已开始,就要坚持到底!"等等,要求成立"保护学生生命权健康权委员会"、"学生自治协会"、"罢餐行动委员会"等等。

除了号召罢餐,还有一些大字报已经将矛头指向了当时学校的领导体制。从1983年中国政法大学成立开始,中国政法大学校长一直由司法部部长兼任,第一任校长为刘复之,而第二任校长是时任司法部长的邹瑜,他于1984年12月上任,距离"罢餐事件"只有一个月。一些学生画漫画丑化校领导。这些漫画大都不署名,或者以"研究生全体"发出。

除了提出罢餐,还有部分大字报提出"罢考"。按照中国政法大学1984~1985年的校历,这学期的期末考试将在1月23日正式开始。如果罢餐转变成罢考,无疑这次学生运动的级别将更高。

面对来势汹汹的学生罢餐，江平和他的同事们，继续一刻不停地做工作，力图使事件平息下来。当时，司法部部党组的指示，是要求校方同时做两方面的工作，既做学生的工作，也做炊事人员的工作，尽力避免双方的对抗。

在一份给司法部的汇报中，江平坦陈，“这次事件的发生，反映了我校工作中确实存在很多问题，许多工作管理薄弱，改革工作进展缓慢，远远跟不上当前的需要，以致发生这一事件，给党和国家带来了不良的政治影响。对此，我们深感不安。”

21 日下午，司法部副部长郑希文来到中国政法大学，听取了校方的汇报，并召集一些同学座谈。该座谈会，原本预计在五六十人的规模，参加者也都是校方比较信任的学生，结果一些未被邀请的同学闻讯赶来，使参加该座谈会的学生超过上百人，其中不乏鼓动罢餐的中坚分子。在这次座谈会上，学生代表发言时指出，学生食堂问题只是罢餐的导火索，真正的问题是改革，尤其是学校领导体制。

双方能够坐下来谈，这预示着事情朝向和解的曙光。从事后的事实来看，这次座谈会还是比较有成果的。当天晚上，在中国政法大学校内布告栏新贴出了两张大字报：一张署名为三个学生组织，指出“由于校方表现了诚意”，决定复餐；而另一张则号召争取北大、人大等校学生的声援，使罢餐走向社会。

21 日晚间，中央书记处书记胡启立专门就中国政法大学的“一·一九”罢餐事件致电司法部副部长郑希文，并做出三条指示。郑希文向胡启立汇报了当天下午座谈的情况，并在通完电话后，将这三条指示立即向江平做了传达。这是自 1 月 19 日以来，来自最高层的表态。“罢餐事件”惊动了中央。

郑希文打来电话的时候，江平正在参加晚上 7 点 50 分开始召开的党委会。江平在这次会上强硬地表示，各个职能部门要提出改进意见，说了不做的，该撤职的就撤职，尤其是路灯、阅览室、垃圾等问题。接到郑希文的电话后，江平立即在党委会上传达了胡启立的三点指示：“一、对这件事不可低估，不是一个学校的问题……二、不能草草出了布告就完了，学校领导要敢于出来和学生见面，充分听学生的意见，有来有往，哪怕是不成熟的意见；三、现在很多学校是由对伙食不满引起的,看来由学校一手包办的伙食不好,可搞产业化,可让小商贩进来。现在物价上涨,对困难学生应采用些办法,如搞卫生、勤工俭学,有困难的学生还可补助,也可学生管食堂。要赤诚相见,也要有劝导,对大字报、罢餐我们不同意,但不要过早表态,先把情绪稳定下来。”

对于胡启立的这些指示,江平和他的同事们当时在会上就做了讨论。根据此指示精神,江平当时即提出,“食堂的社会化是个方向,不要一家办,学生也可办,商贩进来”,“学生中个别困难的,能给点补助”,等等。这些提议得到了与会者的赞成。这次党委会安排次日召开主要负责人会议,传达胡启立的指示。

1月22日早上,绝大部分学生开始去食堂正常就餐,“罢餐事件”尚未完全平息,但法大校园内的秩序,已经逐渐走向正常。这天,中国政法大学校园内只有一张新的大字报出现,与前两天大字报“井喷”的情形相比,事态已经平缓很多。

上午八点,中国政法大学校党委召开副科长以上干部会,传达胡启立指示的主要精神,并就如何吸取学生的正确意见,限期改进工作,特别是如何保证学生生活、复习考试等急需解决的问题,做了初步的安排,要求各部门于次日上午八点前拿出初步方案。

九点多,北京市委常委汪家璆、北京市副市长孙孚凌、教育部政教司司长蔡次明等领导来到中国政法大学,司法部副部长郑希文、教育司副司长甘绩华等亦前来。在听取校党委汇报后,孙孚凌代表北京市表态,要在副食供应方面给中国政法大学一定照顾,帮助法大解决实际困难。

至此,中国政法大学校方已经采取一系列措施:第一,每天安排领导干部在食堂和办公室值班,直接听取学生意见;第二,切实改善伙食,除在考试期间给每位学生三元钱伙食补助外,还准备拿出一部分经费作为菜金补助,延长开饭时间,提供夜宵;第三,将学生澡票由一角降到五分。

这天下午,忙碌的江平又召开了各教研室主任的会议,专门检查1月23日即将开始的期末考试准备情况,要求各教研室全力以赴,搞好期末考试。晚上,江平参加了校党委临时会议,会上江平提出要把

1984 年度结余的助学金 21800 多元全部以助学金的方式发给学生。

1 月 23 日，中国政法大学校园内，新食堂南墙又出现了一张题为"一·一九精神永存"的大字报，这张大字报，成为罢餐事件的绝响。这天上午，食堂的就餐秩序恢复。期末考试如期正常进行，有三个年级进行第一门课的期末考试，应参加考试的 1250 位学生中，只有 2 名学生因病请假。

1 月 23 日上午，江平和同事们召开中国政法大学各级负责人联席办公会议，听取各部门对学生要求落实情况的汇报。江平开门见山指出，任何人不能再做刺激学生的工作，要深入做好工作。江平和他的同事们经过讨论，最终敲定由总务处提出的如下措施：

一、伙食方面：在期末考试期间，学生的伙食补助从 3 元提高到 5 元；开饭时间内，食堂保证供应热菜热饭；适当调整菜价，除鸡肉、鱼肉之外，原则上每份菜不超过 4 角，同时提供 1 角 5 分以下的普通菜；延长食堂开饭时间；食堂可以根据学生的要求，卖半份菜、半个馒头。

二、学习条件方面：图书馆、阅览室延长开放时间，从原来的 6 个小时延长到 14 个小时，即早 8 点到晚 10 点；教学楼内损坏的门窗桌椅已经全部修好，以后承诺随坏随修；为保证期末考试复习，教学楼加固工程暂停；为研究生每人安一盏台灯。

三、取暖卫生方面：考试期间保证供暖；确保开水供应，晚上 9 点至 10 点增加一次开水供应；保证每周洗一次澡，澡票从 1 角降为 5 分。

四、其他方面：为保证学生能顺利回家过春节，校方帮助学生订购火车票；对于生活确有困难的学生，学校给予适当的经济补助；尽快修复学生宿舍楼电话。

下午两点到四点半，校方组织召开学生代表座谈会。除了学生会干部和各班干部外，这次座谈会的学生代表均由各班自行推选，校方不指定人选。江平等校领导和各处室负责人，与四十多名学生展开诚恳的交流，介绍校方推出的"十项措施"。

江平亲自拟定的"十项措施"，主要包括如下内容：立即使伙食有较明显的改进；抓好寒假前一些急迫的生活安排；加强教学楼管理；解决学生的生活困难；解决校园校舍的问题；改造图书馆阅览室工作；彻底解决报刊信件取发中的问题；改进学生健康和安全工作；妥善解决校服问题;安排好寒假学生生活。

当然,这"十项措施"全文千余字,每一项下都有详实的任务分解。比如第一项改进伙食,就包括如下详实的执行方案:

1. 改进伙食管理体制,提出办好伙食的三种方式,由同学们讨论哪种方式好。(1)引进个体户、饭馆;(2)支持学生自己办食堂,学校给予财政支持;(3)对学校的食堂成立管理机构,一是管理委员会,由学生、饮食管理人员和领导干部组成;二是成立伙食监督委员会,全由学生组成。

2. 学校领导要亲自抓伙食。(1)每天有校处领导在食堂值班,现场解决问题;(2)由主管后勤的副校长张廷斌同志牵头,成立伙食改进小组,收集同学的意见,调查伙食管理中心的问题,迅速改进工作。

3. 定期公布伙食账目。

4. 增加饭菜的花样和品种。每天中午保证有五种副食,要有1角5分钱以下的大菜,除鸡、鱼外,一般最高菜价不得高于4角,允许买半份菜、半个馒头。

5. 食品卫生,由卫生科负责检验。

6. 改善服务态度。(1)延长开饭时间,早上7:00-8:00;午饭:11:00-12:30;晚饭:5:00-6:00;夜宵:8:30-10:00。(2)保证学生能吃上热菜热饭,如再买到凉饭菜,学生有权要求重新加热。(3)实行挂牌售饭(在人名牌未制作前用工作服的号码代替),设立意见箱、意见簿,要把饮食管理人员的奖金和服务态度挂起钩来。

这份中国政法大学关于当前改进工作的"十项措施",作为中国政法大学(85)校发字1号文件,于1月25日正式发布。

1月24日晚间,江平、陈卓等召开党委会,传达邹瑜白天的讲话。在这次会上,主要讨论的还是"十项措施"的落实情况。

提到"十项措施"的落实问题,法大行政机构的拖沓冗赘,再次成为与会者头痛的问题。江平指出,根本的问题还是体制的问题,简政放权如何落实,尚是一个未知数。而且,对于平息的"罢餐事件"中的江平,尤其是江平在一些场合对后勤部门的批评,校内有各种各样的意见。这一切,都让江平颇觉得疲惫和委屈。

1月25日,司法部长兼中国政法大学校长邹瑜与中国政法大学校党委成员座谈，要求大家总结这次罢餐事件。心力交瘁的江平谈了罢餐事件暴露出的三个方面的问题，最后诚恳地表示：

我个人有个想法，我还是想去搞教学。从开始做行政工作到现在，心中最难受的不是花了多少时间，而是做了什么成绩。如果做了许多又有大堆意见，与其千夫所指，不如及早退出。这不是顶梁，我希望部里在适当的时候（不是说在困难时）考虑，我可能教学更好。

做了这么多工作，却又招致不满，江平确实有点心灰意冷。江平的怨言，至少在党委会上，得到上级和同事们的认同和安慰。

会后，江平还以上级机关名义草拟了致中共中央政法委的报告。

在该报告中，江平总结的经验有：确定了既虚心听取同学意见、改进工作又坚持原则的方针；领导班子团结一致、勇于负责；要有实际行动跟上；和有情绪的同学直接见面等。而对于引发罢餐的原因，江平认为有三点：第一，学校工作存在的困难和问题没有得到基本解决；第二，经济体制改革特别是价格体制改革必然波及学校；第三，个别人"自由化"倾向严重。对于下一步工作，江平指出要"在原有基础上再落实一些与群众切身利益攸关而又看得见、摸得着的实际措施"，让广大师生员工感到有"实效"、有"希望"；切实贯彻胡启立同志关于"包字进后勤、商品经济进学校"的指示，进行以食堂为中心的后勤体制改革；积极吸引同学参加管理，培养锻炼学生管理、自治能力，大力开展学生勤工助学活动；畅通各种渠道、改变作风，深入基层：深入同学，定期召开学代会、教代会，举行信息发布会，邀请学生参加有关的校级会议；积极而又慎重地进行教学改革，向综合性多专业方向发展，向理论联系实际发展，切实做好简政、放权、定编工作；加强充实学校领导班子，大胆选拔符合四化标准的中青年干部担任学校领导工作。

通过上述的总结与反思，不难看出江平在面对罢餐事件时基本的态度：沟通、对话、践诺等。到了 1 月 25 日，江平主持的校长办公会讨论的重点，已经重新回到分系改革上，这意味着罢餐事件落幕。

管得最多的副校长

毋庸讳言，"罢餐事件"给中国政法大学带来很大的变化。

首先是党政系统的人事变动。“罢餐事件”结束后,参与处理此事的司法部教育司副司长甘绩华调任中国政法大学常务副校长,成为江平的同事。

1985年7月17日,因病住院的校党委书记陈卓在病床上拟定中国政法大学校党委班子成员的分工,其中江平“协助甘绩华抓总,负责教学、科研、学生管理、图书资料工作,分管教务处、科研处、学生处、函授部、律师事务所、图书馆、基础部的工作”。江平成为管得最多的副校长。

较之人事变动,“罢餐事件”给法大带来的更大的变化,是校园民主气息的浓郁。此事件完全改变校领导的议事日程,深入到学生中去,了解学生的思想、学习、生活情况,多与学生沟通,成了法大的重要治理模式。

“罢餐事件”后,江平和他的同事们面临的主要问题,是如何开始切实履行他们的诺言。1985年2月27日,新学期开始。江平主持召开校长办公会议,专门检查开学前的各项工作,提出开学主要抓的几项工作,尤其是学生比较关心且能够看得见、摸得着属于学校物质生活条件的工作。

3月2日,中国政法大学下发江平亲笔起草的《中国政法大学关于改进工作的若干措施》的征求意见稿。汇总各方意见后,该“若干措施”经校党委会通过,3月17日由校办正式下发。这份“若干措施”,内容非常详实。主要分五大方面:

第一,改善生活。具体包括食堂伙食改进、校园整理、教室整修、增设阅览室、改善学生宿舍条件、修建自行车棚、改善供暖、改善教职工居住和办公条件等。其中关于食堂伙食改进方面,要求进一步完善食堂承包责任制,把奖金和五项指标密切挂钩;召开学生伙食代表会议,每班选派一名代表、选举产生伙委会、扩大伙委会权限,学生参加伙食管理;聘请食堂经理,实行经理负责制等。

第二,后勤改革。主要包括促进“商品经济进学校”,大幅度实现后勤社会化和招投标的公开;积极支持优先由学生承包或实行勤工助学,改善学校财务状况,大力发展委托办学。

第三,教学改革。具体包括制定教学计划,确定每门课的讲授、讨论、实践活动的时间比例、业务课编写出适合学生作业的案例。推行口试,加大选修课力度等。成立法大校属律所,促进教师和学生接触实践;制作10部教学录像片,推动电化教学;完成17本大专干训教材,出版一批专著、译著,出版英汉法律辞典;试行从研究生所聘请兼任助教制度,完善研究生推荐入学的方法;每年评选优秀科研论文、著作、教材,给予精神、物质奖励;设立若干研究所;认真作好教师进修提高工作。

第四,简政放权。具体包括推动"放权八条"的实施;确定全校各单位的编制、精简科室人员;坚决贯彻按劳分配原则,改进奖金发放办法;制定委托办学和教师报酬的管理办法。

第五,转变作风。具体包括校、院领导联系班级,经常参加学生活动,主管教学的领导应定期参加教研室活动;领导深入基层现场解决问题;定期召开学生代表会、教工代表会;校务会议、校办公会议以及各处室、系在研究同学有关的重大问题时,应吸收学生会或学生代表参加;吸收学生参加伙食勤工助学、群众文化生活、体育活动、图书管理、校园美化等管理工作;实行定期接待日;恢复并加强学生会主办的"法大短波",定期召开学生信息发布会,加强和学生间的信息沟通。

这份文件,是继"十项措施"之后,法大校方解决问题的总方案,是1985年之后法大推进改革的"总章程"。

成立学生会伙食管理委员会

"若干措施"通过后没多久,学生会食堂伙食管理委员会正式成立。1985年9月入学的郭恒忠在《回去晚了,学校会给我们留饭的》一文中回忆:

我和法大食堂还有一点渊源,入校参加的第一个学生社团"组织",就是学校的"学生会伙食管理委员会",后来还担任这个委员会的副主任,在84级经济法3班李想(学生会副主席、伙食管委会主任)的领导下,为了做好食堂和学生的沟通工作做了一定的工作。上大学那些年,可以自夸地说,法大食堂的伙食是北京高校中最好的,物美价廉。具体数字记不清了,印象中学校每年对食堂的补贴很大。翟副处长经常问我们有什么意见,学生会还做过这方面的调查,凡是提出的问题,食堂都做了改进,包括后来在食堂二楼开小炒窗口,延长开饭时间,等等。

按照郭恒忠的说法,参加伙食管委会的85级同学为数不少。在各个方面的努力下,食堂确实大有改进。86级经济法系学生孙国栋回忆说,在他们入学的时候,"法大食堂在北京高校里面是很有名的,物美价廉"。

1985年10月30日《中国青年报》第2版发表记者罗勤的报道《理解产生飞跃——记中国政法大学领导关心学生的事迹》,专题报道中国政法大学改进食堂工作:

有人说,"伙食工作搞好了,就等于搞好了学校的一小半工作。"这话用在政法大学,一点也不过分。

副食品价格上涨,外加三千人挤在一个食堂里用餐,难免有意见。但是,如今走进食堂一看,每天正餐有七八个菜,最贵不超过五角,低档菜至少有两个以上;早餐有花卷、油饼,晚上还有夜宵。排队买饭菜,最慢也就是十来分钟。尽管秩序有时还嫌杂乱,但比较过去,毕竟有了很大的改进。

他们是怎样操持的呢?采访中,人们告诉我,这要归功于食堂的师傅们。他们在人员不齐的情况下,起早贪黑为同学们服务。这还要归功于伙食科的两位负责人:宋云巧科长和翟先俊副科长。宋科长家住香山,每天上下班用在路上的时间有三个多小时。但他每天都提前半小时来到食堂。翟副科长更是以食堂为家,规定是八小时工作,她则只有八小时在家,其余时间全扑在了工作上。然而,师傅们和两位科长却说"火车跑得快,还得车头带。"

食堂从这学期开始实行五个指标与奖金挂钩制度,要求饭菜质量、花样品种、服务态度、清洁卫生、成本核算五项指标与奖金挂钩。有违反制度者,坚决按规定处理。开始有人不服,校领导就出面做工作,给基层领导鼓劲,还帮助解决困难。

为了能及时了解同学们对食堂工作的看法,校领导和同学们一起排队买饭,发现问题就同炊事人员商量解决。食堂工作越做越好、同学们还说了这么两件事:一次,有六十多位同学去人民大会堂听报告,回来时早已过了开饭时间。有的同学担心吃不上饭,食堂的师傅们当即决定:马上做饭。同学们高兴得直呼“万岁!”

十月二十三日下午,食堂广告栏上贴出了一张海报,上面写道:“为了让同学们都过一个愉快的生日,从一九八六年一月起,食堂将给同学们过集体生日,每月一次免费提供生日饭。”

对于提供免费生日饭,孙国栋印象很深:“那个时候,确实有一些让人觉得温暖的东西。食堂每月都会给当月过生日的同学过集体生日,还有专门的小请柬。这些同学凭请柬,每人都会得到一个鸡蛋、一碗长寿面。”

信息发布会

“罢餐事件”后,法大出现的另一件新事物,就是江平和他的同事们出席的校园信息发布会。

当时,法大没有互联网,电话亦很稀缺,“通讯基本靠吼”。信息的发布,除了行政机构层层传达之外,几乎别无他途。行政机构在忙些什么,学生不知道;学生们想要什么,领导们也不了解。用信息发布会的形式,由校领导直接和学生面对面沟通,可以说是前所未有的创举。

时任学生会副主席的郭恒忠说:“组织信息发布会的大前提,就是学校信息不通畅。同学们见不到校领导,而辅导员数量有限,工作没法做得很细。另外,一些文艺团体占了法大很多地方,导致办学条件很差,学校基础设施不行,住宿也很有问题,同学们进来后很失落。”

在各方面的积极推动下,信息发布会在1985年秋季正式启动。1986年1月8日晚上7时,江平代表校方参加该学期第三次校园信息发布会。我们可以以此为标本,管窥当时的信息发布会实况。

这次发布会在教学楼419教室举行,由当时的学生会副主席徐大勇主持。江平就外语教学、助学金、奖学金、考试、考研究生和毕业分配等11个问题,发布相关信息。

江平先简单介绍中国政法大学近期的情况,然后就教学改革问题,坦率地向在场的学生们做了说明。江平坦陈,教学中存在不合理因素,一些课程有重复,授课照本宣科,质量不高。课程设置要有系统性、科学性。现在我校包括研究生院在内,已开设课程 160 多门,还开设高等数学和计算机知识等理科课程,今后,要压缩必修课,增加选修课。但教室不足,所以必须要在晚上安排一些课。

对于学生们比较关心的学分制问题,江平指出,为了贯彻全国党代会的精神和司法部党组的指示,中国政法大学将采取稳定、提高的方针,学分制短期内还不会实行。

对于教材缺乏的问题,江平直言,教材缺乏是高校存在的普遍现象。有的课现在还没有教材;有的教材写出来了,但印刷又跟不上。江平告诉与会者,针对教材问题,学校已经计划成立教材编审委员会。

另外,江平还表示,要打破传统、陈旧、落后的教学模式,要摸索一条适合政法专业授课的路子。他指出,应多搞课堂讨论、模拟法庭、学术争鸣,上课的方式应该走学生预习、提问、老师解答的路子。满堂灌的方式不可取。从下学期开始,中国政法大学也将对本科生开始实行聘请有实践经验的同志兼任教师的做法。

对于本科生的授课力量问题,江平承认,当时的授课阵容确实不够强,在 200 名任课教师中,正、副教授全部才 15 人,占 7%,讲师占 37%;而法律系任课的 75 位老师中,副教授 5 人,占 7%,讲师占 52%。江平承诺,下学期要加强教授、副教授在本科生中的授课力量,至少不低于授课教师总数的 11%。

由于教学设备缺乏、教师不足、水平有限、大部分学生无法上听力课等原因,学生对外语教学怨言甚多。江平表示,学校正在采取措施,准备成立师资班,进行专业培训,以补充师资力量,提高教师水平;下学期开始,将在电教室播放外语电视录像,加强学生们的听力训练,并实行全国统一的六级考试。

谈到图书馆阅览室的情况,江平说,学校房子有困难,空间有限,所以占座现象泛滥,希望同学们能够谅解。现在阅览室开架,但出现过书刊丢失和被撕被剪的现象。而过期报刊之所以停借,也是为了腾出地方,给研究生写论文提供空间。由于图书馆场地不足,为了保证中文新书上架,大量的副本和外文书只得存放仓库,图书馆的藏书处已经处于超饱和状态,这种局面只能寄望于下半年图书馆的建成。

谈到当时校园里的科研和学术氛围,江平表现出对法大的自信心，也表现出了对法大现状的清醒认识。江平表示，我校能搞科研的人数和水平，并不比北大、人大差，但是出成果不如他们，关键是由于法大没有专门的研究部门，学术空气不浓，科研活动不多。江平说，学校已经给司法部打报告，准备成立中国法律史研究所、中国法制建设研究所、外国法研究所，并申请新设法律新闻、劳改、行政管理等三个专业。江平表示，学校将在原有基础上，多举办一些讲座和学术讨论会。

对于考试作弊问题，江平提出强烈的批评。他严肃地指出，部分教师出题不够认真，学生重视分数不重视学问，考场纪律欠严格。江平介绍学校针对作弊问题拿出的对策：这次期末考试，将组织力量监考，发现作弊的除以零分计、不得正常补考外，还将取消评三好生和得奖学金的资格，不发给学位证书，情节严重的还要给予行政处分。

……

这次信息发布会历时近两个小时。在江平介绍情况的过程中，不时有学生通过纸条提问，涉及奖学金是否设置单项奖、经济法专业的分配方向、学校是否有分配毕业生的机动权等问题。江平亦坦率地回答这些问题。

据说，每次信息发布会的时候，教室里都是座无虚席，教室过道中间以及教室门外，人头攒动，大家安安静静地聆听江平发布各种信息。无论信息发布持续多久，现场的人数都有增无减。

《中国青年报》的报道说："通过一次次信息发布会，同学们知道了校领导正在干些什么，有哪些困难。同学们了解到校领导殚精竭虑的是，怎样消除'文革'砸烂公检法给社会主义事业带来的危害，以及政法大学怎样才能真正成为国家培养政法人才的重要基地，从而为四化建设作出应有的贡献。"

曾任中国政法大学校学生会副主席的郭恒忠，回忆起江平，首先提及的便是信息发布会。在《我为江平校长点起红蜡烛》中写道，"初入学我并不十分熟悉江先生，尽管司法部统编教材《民法学》的编撰人员中有他。逐渐熟悉他是我在担任学校学生会副主席之后，每个学期的始末，学生会主持涉及学校重大事务、学生和教学问题信息发布会，由我主持会议，由主管教学科研的副校长江先生发布信息。"

郭恒忠以学生会副主席的名义主持过 1986 年 9 月中国政法大学

新学期的第一次信息发布会。“第一次信息发布会是我主持的,江校长发布信息。当时,我说这是新闻发布会,江校长还特意纠正:不能叫新闻发布会,应该叫信息发布会。”

据郭恒忠介绍,当时,教学方面的信息主要由江平发布,其他比较重大问题由甘绩华副校长发布,主管后勤的张廷斌也会就后勤方面的问题回答大家的提问。

中国政法大学86级法律系学生王俊秀曾参加过一次信息发布会。他在《江平先生与八九一代》一文中忆及,“记得我就曾经提出《国际共运史》的陈旧和错误,如东欧问题和当时的报纸上说得完全不一样,再用这样的教材会误人子弟。所以,建议学校开设关于东欧和苏联改革历史的专题课。我记得江平先生欣慰地点了点头。”

孙国栋曾旁听过一次信息发布会。在他的回忆中,这种信息发布会更像是校长对话会,“主席台前边坐着校领导,江老师坐在中间;后面坐着各个职能部门的领导。同学们说,食堂菜太贵了,或者说食堂饭菜味道不好,这事涉及后勤,后勤负责人就得站起来解释,当场表明改进的时间或期限。这种质询、答复,很有民主的味道。”

那时江平

20世纪80年代的法大校园,确实很难让满怀期待的大学新生们满意,在孙国栋的记忆中:

我的大学,中国政法大学,堪称全国最破烂的大学。方圆不足百亩,仅有两条窄而短的小路,交叉成一个袖珍十字路口,几座旧楼散落其间,像蹩脚的棋手下的臭棋。1986年我初入“学院路41号”时,这块巴掌大的地方竟盘踞着六家单位,没有图书馆,没有标准操场(开运动会要借用北邮的),一下雨,道路泥泞不堪……一个学期下来,我都没打消退学的念头。

报到第一天,我们被领进联合楼111室,据说曾是北京歌舞团排练厅,天哪,18人住一间!“十八罗汉”很快排定座次,老十杨向东,做过海淀中学生书法协会主席,手书一联贴在门口:横眉冷对秋波,俯首甘为光棍,横批:罗汉堂。楼上还有更大一间,挤了四十多个女生,囊括当时全校三个系，每天为起床、熄灯等琐事吵个不休，《法大短波》为此还作过报道。

但即便如此，江平依然和他的同事们，用努力的工作换取大家的理解。孙国栋回忆说，“我们报到的第二天，江老师带着几个人专门来看望新生。江老师说，‘学校条件很艰苦，你们有什么困难给我们讲，我们尽量提供一个好点的环境。’我们本来挺失落的，江老师这么一安慰，心里舒畅多了。后来我们看到简易棚里江老师的办公条件，就更平衡了。”

1986年9月5日下午，江平专门给86级新生做校史主题报告：《中国政法大学的过去、现在和将来》，通过前景的展望来带给大家动力与勇气。

据孙国栋回忆，1987年元旦晚会，每班级一个教室自行组织联欢。他们借来煤气罐，前往美术馆买来散装啤酒，然后包饺子、做凉菜。做好之后，把桌子拼起来，在教室里一边吃饺子，一边表演节目。这个时候，江平和其他校领导进来了，他们以班为单位，挨个敬酒、祝福。令孙国栋印象颇深的是，江平在他们班上还即兴用俄语演唱《莫斯科郊外的晚上》。

上下同欲者胜。各方面的努力，最终形成法大当时民主、自由的整体氛围。对此，贺卫方曾深情地回忆道：

现在回忆起来，20世纪80年代尤其是江老师任校长期间的中国政法大学，真正是一个生气勃勃的校园。来自域外的各种新学说在这里自由传播。学生与教师、年轻教师与资深教授可以坦诚直率地切磋和争论。校报虽然属于官方主办，但是年轻的编辑们却有如初生牛犊；把它办成了一份最具批判精神的报纸。还有，对于校政本身，我们也经常直言不讳地批评，甚至有些稍嫌过火的举动。

民主和自由的气息，多少弥补了艰苦的办学条件带给大家的失落感。

生命之树常绿

1985年12月，中国政法大学团刊《我们》创刊。在《我们》创刊号里,第一篇文章就是团刊编辑张守东对江平采访后撰写的通讯报道:《生命之树常绿》。

团刊为什么想要去采访江平呢?张守东介绍说:

我采访的主线是想探究像江平这样一个饱经沧桑的老师,他的人生阅历能够给我们什么样的启示。当时,江平看起来并不像一个影响未来的人物,不像现在,他对未来的影响力更大。我当时关心的主要是他的过去,比如他27岁就成右派、第二次结婚是38岁、曾经在延庆教过八年英语等,这些经历在我们看来很坎坷,他能挺过来,还很有成就。我们很想从他的人生经历中得到一些教益。

一开始,江老师拒绝了我采访的请求。被拒绝后,我觉得还可以再争取,要试着说服他。当时江平的办公室在简易棚里,我就去那找他。我跟他说,您坎坷传奇的人生阅历,对青年学生很有帮助,所以,我想通过采访,让学生更多地认识您,知道您的人生经历,这会对我们有一些帮助。我还说,之所以采访您,其实不是因为您是副校长,而是因为您作为一个受学生欢迎的老师,您的人生阅历对我们有帮助。

就这样,江老师才答应接受采访。采访就是按照既定的主题进行的,所以,我的标题就是《生命之树常绿》,这是一个当时比较流行的题目。题目和里面的小标题,都是围绕他五十五岁的人生经历来说的。

这应该是江平人生历程中接受的第一次人物专访。这篇专访中描述江平人生经历部分分为"年轻的革命者"、"多梦的大学时代"、"信有人间行路难"、"热泪凝聚的爱"等部分,尽管只有3000字的篇幅,但却是对江平此前人生经历的全面展示,有许多鲜为法大学子所知道的故事。通过这篇报道,江平传奇性的经历第一次展现在学生们面前。

同样值得品味的,还有张守东当时的评述:

这棵已经有56个年轮的生命之树,躯干上留下了岁月的风刀霜剑刻下的累累伤痕。而一旦它重新植根于法学教育事业肥沃的土壤,便又焕发了盎然生机。1979年北京政法学院的复校和1983年中国政法大学的建立,给了他用武之地。

现在,他是副教授,又是副校长。他成了个大忙人。他要教课,如民法、罗马法;他要举办一些讲座,如介绍我国民法通则的一些问题;他要召开新闻发布会,介绍学校的工作情况;他还要参加各种各样的会议……当我在教学楼后面的简易平房中找到他简陋的办公室,找到刚刚开完会的他的时候,我真想对所有的人说:这就是我们的江校长!

"我始终感到有愧的是,我为人民做事太少了。人民培育了我 26 年,而我却没有什么像样的报答。我知道,真正伟大的爱是给予,我用人民给我的知识仅还给了人民 6 年,至少我要用辛勤的工作,还给人民 26 年。"

他凄楚地微笑着说了这些话。

也许他真正的才能在于做学问,而不在于做官。不管怎么说,中国政法大学的同学们都知道他是副校长,都知道他在为这个不像样的大学努力地做工作。同时他也并不怕丢掉这个显赫的职位,因为他有"武器",那就是渊博的知识,他认为下来是个解放,他可以进入学术领域,他可以写文章,可以译书,"真正有学问的人不怕丢官"。过去我在他的办公室曾见过挂着一条横幅,上书"无欲则刚",今天,我才深深理解了这句话的深刻含义。

如果不是历史的歧途延误了他最可宝贵的时光的话,我们相信他早就成了知名的学者了。

他喜欢做学问,喜欢做教师。在延庆工作时,他曾想过,如果来生再让他选择的话,他仍然选择教师的职业。

作为一个年长的法学工作者,他希望中国政法大学成为一个真正的学府,它应有浓厚的学术空气,应有优异的学术成果,应有力量可观的师资队伍,它的管理工作应是第一流的,他培养出来的学生应是第一流的。总之,中国政法大学应该成为开放式的真正的高等学府。

时隔二十五年之后,结合江平此后的人生经历,重新阅读张守东采写的报道和评述,颇值得细细玩味。

木板房里的书记和校长们

中国政法大学 85 级校友张泽麦在《那时法大》一文中幽默地忆及,"记忆中的法大操场,铺满灰黑的煤渣,还有我们边跑边喊:'提高警惕,保卫法大;锻炼身体,保卫江平!’……对我而言,校园标志性建筑似乎是校长办公的防震棚。”

所谓防震棚,更多人将其称为木板房。1985 年 9 月,新生入学在即,由于宿舍紧张,无法入住,校方决定让部分学生从大宿舍腾到小宿舍。学生们情绪激动,不愿搬迁。于是,学校领导层以身作则,自己先从办公楼搬入木板房。

此举即便在今天也有点不可想象,在当时,这更成为一起新闻事件。《中国青年报》报道指出:

很难令人相信,中国政法大学校党委办公室和校长办公室竟设在两幢破旧潮湿的木板房内。书记、校长们就在这儿办公。而原来的办公楼变成了学生宿舍楼。

中国政法大学自一九七八年复校以来,宿舍问题一直是最大的难题。随着招生人数逐年增加,这难题愈加突出。校党委决定对全校住房进行大调查。按规定要有一部分学生从十八平米的宿舍搬到十六平米的宿舍,居住人数不变,面积缩小。通知发出后,有人公开表示:“我们不搬。”这时,校领导来到学生中间,讲明学校目前的住房困难,并向大家宣布,校领导办公地点从楼里搬到木板房内,原办公楼改做学生宿舍。政法大学的领导大都年过半百,有的身体也不好。在那阴冷、潮湿的木板房里办公行吗?原先是每个书记、校长各一间办公室,现在三个人挤在一间屋里,合适吗?可他们说:“我们号召大家挤房子,自己不带头怎么行呢?在这儿办公条件虽然差些,但心里踏实,做工作也主动了许多。”

换房工作顺利进行,同学们看到校领导带头克服困难,高兴地说,“我们看到了希望。这希望来自校领导的以身作则。”

1985 年 11 月 19 日《光明日报》第 4 版,也发表记者庄建、顾永高采写的消息《中国政法大学领导搬进木板房办公　为师生腾出窗明几净的办公室》:

中国政法大学党委书记陈卓等六位校领导,腾出自己在大楼里窗明几净的办公室给师生用,而他们自己却搬进了四面透风的木板平房里办公。这件事最近在政法大学师生中传为美谈。

夹杂在政法大学楼群中的几栋简易木板房，是全校顶寒碜的土建筑。夏日，室外的温度有多高，屋内也多高；冬天，生上火，穿着棉衣，还要跺脚御寒。刑法、民法、劳改法等五个教研室的教师，在这里度过了四个年头。

今年教师节前夕，为政法大学新建校舍操劳奔波了三年的陈卓等校领导，看着教师们还在木板房里办公，心中感到不安。这时，新生也纷纷到校，超额招收的一百多名本科生和研究生成了一大难题。为了保证教学工作，使新生都住进学校，书记、校长们研究商定，腾出自己设在楼内的办公室，让教师和学生们搬进来。

在校领导的带动下，党办、校办等部门也主动搬出了大楼，一下子腾出了四十一间房子，不仅安排了在木板房中办公的教研室，解决了新生住宿，还使一向打“游击战”的经济法基础、部门经济法等六个教研室也搬进了办公室。“校领导的带头行动，本身就是命令”。调整学生住房，动员一部分学生从大房间搬进小房间，这本是件困难的事，但这次却顺利地解决了。为方便学生阅览，将分散在大楼内的各系资料室集中起来，迁入木板房的设想，现在也顺利地实现了。

如今，政法大学的书记、校长由原来一人一间办公室，改为三人或两人合用一间。副书记宋振国安排我们采访，一连找了四五处地方。政法大学的师生深有感触地对记者说：“从校领导身上，我们看到了转变党风、办好教育的希望。”

1986年10月底，因施工需要，木板房拆除，江平等人搬到联合楼，依然是“合署办公”，其中江平、张廷斌、高建德、严端、陈仲在联合楼226共用一间办公室。这实在是中国政法大学校史上少有的景象。在艰苦的办学条件下，校领导以身作则，师生员工的怨言自然少了很多。

担任校长

1988年3月召开的七届全国人大上，江平成为七届全国人大常委会委员、法律委员会副主任、七届全国人大代表。在当时来说，江平在法大的政治地位仅次于兼任校长的司法部部长。

七届全国人大换届后，中央政府亦改组，蔡诚担任司法部部长。

蔡诚改革的思路之一,就是中国政法大学校长专人专任,而不再由司法部部长兼任。这意味着,中国政法大学党政领导班子要面临新的调整。

如同以往历次人事变动一样,司法部人事司和教育司组成工作组,进驻中国政法大学,进行长达一个多月的调查、考核工作。该工作组通过民意测验的方式,从广大行政领导干部、教职员工中了解情况,听取意见和建议,最后确定中国政法大学新的领导班子人选。

1988 年 6 月 30 日,中国政法大学新校长人选的调查尘埃落定。经过各方面的考察,新领导人选水落石出,江平将出任中国政法大学校长。

为什么会选中江平作为校长呢?据江平在其口述自传中分析,由于他当时刚当选七届全国人大常委会委员、法律委员会副主任、人大代表,由他来担任校长,似乎也就顺理成章了。

据时任中国政法大学副校长的陈光中回忆,司法部准备让江平担任校长,但江平也提了一个条件:中国政法大学必须要维持一校两址的局面,不能全部搬迁到昌平去,否则就不担任校长。江平的条件得到司法部的默许。

7 月 4 日上午,司法部部长蔡诚、副部长鲁坚来到中国政法大学,宣布新领导班子。鲁坚代表司法部宣读相关人事任免文件:杨永林被任命为中国政法大学校党委书记,江平被任命为中国政法大学校长,陈光中担任常务副校长。从此,中国政法大学进入杨永林、江平为首的新时代。

管得最少的校长

就分管领域而言,作为副校长时的江平,是管得最多的副校长;而担任校长之后的江平,则将大部分事务交由常务副校长陈光中处理,包括每一次的校长办公会,都是陈光中来主持。甚至在大部分情况下,江平都不出席校长办公会。江平本人成为管得最少的校长。

据陈光中回忆,“按照我们的分工,老江分管大局,他比较着眼于宏观。当然,具体的问题也不是不管,有些他也积极地提。但总的来

时任七届全国人大代表、法律委员会委员、法律委员会副主任的江平前往人民代表大会堂参会。

在七届全国人大会议期间

江平担任七届全国人大代表期间投票。

说，太微观的东西他还是下放给别人，我们配合得很好。”

推动机构改革和教学改革，是江平担任校长后与党政领导班子的重要工作。除此之外，江平作为校长，亦在一些具体事情上取得突破，留下一些可以被载入校史的历史事件，如聘请中国政法大学第一位外籍名誉教授斯托姆。

斯托姆教授是江平的老朋友。江平1984年应邀前往比利时根特大学，此后又前往根特大学讲学月余，都是斯托姆教授一手安排、促成的。这次江平履任不久，恰逢斯托姆教授应邀访华，江平授予其中国政法大学名誉教授的荣誉，也算是投桃报李。后来江平被免职后，斯托姆教授甚为关切，还多次来信询问。

说到这位斯托姆教授，不能不提及一段往事。据江平回忆，斯托姆教授1983年时曾率团访问过一次中国，在接待时，中方并未根据外交惯例安排单间。安排两个同性住在一起，这对西方人来说，很容易产生同性恋的联想。结果此后不久，司法部副部长陈卓和江平带团回访根特大学时，对方亦安排两人住一间。

授予斯托姆名誉教授，这是中国政法大学校史上第一次将此荣誉授予外国学者。斯托姆教授当时还兼任国际诉讼法协会秘书长。从中国政法大学办学国际化的角度考虑，授予斯托姆教授这样的荣誉，对提高中国政法大学在海外的知名度不无益处。

1988年9月4日上午九点，授予斯托姆教授名誉教授仪式在中国政法大学学院路校区举行。简短的仪式之后，斯托姆教授以“东西方法律文化的比较”为题做了历时一个半小时的讲座。次日的《中国法制报》专门报道此事：“国际诉讼法协会秘书长、比利时根特大学教授马赛尔·斯托姆先生9月4日从中国政法大学校长江平教授手中接过名誉教授聘书。这是中国政法大学建校以来第一次授予外国教授荣誉称号。”

积极与学生见面

1988年9月14日，距离江平被任命为校长刚好70天。江平和杨永林在学院路校区联合楼212会议室，邀请二十多名学生代表沟通意见。

在这次会上,江平先介绍新一届领导班子任命的情况,然后便直奔学生关心的主题:"现在学院路校区有 1850 人,我的失误是没有想到今年毕业生(待分配)住在学校的比较多,房子问题有漏洞;我们今后的培养方向,经济法人才要加强",江平坦率地承认,"因为搞创收承包,多少冲击了教学质量,教育经费很缺,机关开支也要压缩,教师职工经费的增加要靠学校;教学管理很混乱,办事效率极低,互相扯皮,所以要进行机构改革,学校的有偿服务要统一管理。"

参加这次见面会的学生以学生会各个部门的为主。他们代表学生提出最为关切的问题。由于年代久远,我们不知道每一个参加这次见面会学生的名字,但他们的意见留了下来:

"学生甲:如何保护本科生的福利与利益。5 楼的男女生混合问题、伙食问题、培训班的学员和本科生待遇一样;我们怎样学习,外语很是问题。学校的业余生活太多太杂了。麻将打到晚上两三点钟都不睡觉。"

还有学生提及了宿舍安装电视的问题。江平表示,电视机问题,由于国家控制开支,不可能买了,奥运会节目可以在礼堂放电视。

"来自学生会体育部的学生指出:体育场上的杂草太多,体育设施几乎都没有了;七号楼下面有两台锅炉,学生没法活动,学生目前只有这一个场地活动。"

那时候的学生确实很直率。来自学生会社会实践部的学生发现江平在发言中未回答所有的问题,即直言相告:"刚才江校长没有提到如何维护本科生的利益,要为学生实践提供方便。"

来自政治系的学生也说:"我们八五、八六级的政教学生如何办?江校长只谈到如何招收。留校又能干什么?又有何出路?我们是实验的牺牲品,思想政教毕业,却发法学学士证书。"江平亦跟着学生讲话了:"本来思想政治教育专业,应发教育学士证书。"后来由于政治系学生意见太多,为了让其他系学生的意见也能得到充分表达,江平只好表示,"政治学的意见很多,我抽时间专门和政治学的学生谈谈。"

学生会的学生还表示,学生下课后,中午吃不上饭;图书馆的书太少,管理混乱,工作人员休息得太多,照明问题太差。对此问题,江平当即承诺,"这个问题一定解决"。

学生会同学提出，各种管理班上的学生在学校食堂吃饭，占了学生的便宜。主持会议的杨永林立刻表态，“隔一个月发给你们一次糖票”。

学生再次提出，学校对本科生的意见应该给予考虑。江平这次正面回答了创收的问题：创收一是满足社会的需要，二是满足学校的开支。

还有学生对设立国际经济法系提出质疑：设国际经济法的目的是什么？它与国内经济法的课程没有任何区别。

来自经济法系的学生指出：新学期伊始，我们很想多学习，但课程表上安排太少，关于经济方面的知识学得太少，新老师质量太差，枯燥乏味，不能不管教学质量而去搞创收。教科书买了不少，可是老师却说这过时了。这学期报纸报刊的数量太少了，大家都抢报纸。除此之外，还有经济法系学生表示，三年级课程设置得很少，经济法的课程设得很不合理，到四年级却设得很多，能不能尽快地改。

对此问题，江平明确回应：关于三年级学生的施政方针，学习生活等各方面的条件，我们准备在校长办公会上商讨，而且时间肯定在下周三以前，之后会再给大家说明情况。

……

9月16日，也就是对话会两天后，江平召开校长办公会议，专门讨论解决对话会上学生提出的各项问题。这次会上，江平给各职能部门提出整改任务：涉及教务处，要求摸清教师上课的情况，不合格的老师坚决除名；经济法系的课程问题，也请教务处专人处理；涉及政治系，9月17日下午召开政治学新旧两班会，传达司法部的意见：思想政教专业明年不招或合并于政治学专业，政治学可以改为行政管理专业；外语教学部同教务处，对当时未通过四级英语考试的同学情况摸清，并帮助解决；体育设施问题，安排自费生利用体育课去拔草，在下星期内完成此任务，学生处给予配合；看报纸难的问题，责成宣传部予以解决，并要求校办予以核实。

9月21日晚上，江平、陶髦会同教务处、保卫处、图书馆等处的负责人，再次与二十多位学生代表见面，通报上次学生对话会上所提问题的处理情况。

这次见面会由江平主持并先做发言，反馈上次对话会提出的问题。江平发完言之后,副校长陶髦以及教务处李西沙等职能部门负责人,亦对与本部门工作有关的问题做了补充说明。

与会的二十多位学生,又是一番唇枪舌剑。提问、解释、改进,再提问、再解释、再改进,如此往复,既培养出学生们参与政治的意识和能力,亦使江平等校领导班子能够随时获悉同学们的需求,并作出正常及时的反应。这样的对话会,延续了江平一贯民主治校的风格,颇受大家欢迎。

推动开通 345 支线公交车

"前方到站:中国政法大学。"每一个在中国政法大学昌平校区上过学的人,对于这个 345 支线公交车上的报站声音,都不会感到陌生。报站的声音亘古未变,这条连接昌平校区与北京市的交通命脉,已经成为法大学子生活的一部分。1998 年前后,法大学子甚至把自己的诗歌社团命名为"345 诗社"。

说这条公交线路是中国政法大学昌平校区师生员工的交通命脉,一点都不过分。在没有这条公交线路之前,昌平校区的师生员工们只能步行来回于西关环岛,那是离中国政法大学最近的公交车站。

345 支线的开通,江平校长出力甚多。1989 年 4 月 30 日,昌平县东关的院校专线车正式开通。这是北京市委、市政府和北京公交总公司,帮助解决中国政法大学要求将 345 路延伸到政法大学的第一步。在此之前的 1988 年 10 月,江平找到北京市副市长陆宇澄,专门提出中国政法大学建设中的若干问题。经过半年多频繁的交涉、谈判,最后终于达成定时、定班次开专线车的协议。

没有专车的校长

江平老考虑别人的交通问题,从不考虑自己的交通问题。至少在校内,江平都是骑着自行车,一骑绝尘。很多 20 世纪 80 年代的大学生,都充满诗意地描写过那时候的江平:

"法大 85:青春的记忆"博客的存在,使我们可以通过众多学生的笔触,复原当时的江平在学生心目中的形象。

张泽麦在《那时法大》中提及:

真正的校长永远是骑着一辆自行车,昂然行进在校园里。还有他办公所在的地震棚,间或的片断中有讲课、作报告的镜头,淡淡的。后来多次在我脑海里浮现的有他讲到筹建新闻系时的憧憬,以及因没有足够运费无法运回美国大学赠送图书的无奈……这些印象如此深刻,以致许多年后,我在美国东部一所法学院看到数字化图书系统时,竟然一下子想到:现在不用运费了!

记忆中的校长,更多的是家长的形象:爱、关怀、责任。我们当时还不懂得,在那个百废待兴的年代,为了我们平静的、高质量的学习,校长要从无数的角度为我们操劳。

中国政法大学85级政治系政教班学生朱慧萍在《春雨润物无声》一文中亦提及,在她的印象中,江平骑着自行车一骑绝尘的样子:“那时,在校园里经常看到江校长骑着自行车出出进进忙碌的身影。印象中,有一次政教班开联欢会,江校长还曾偕夫人出席过,并且夫妇俩还合唱了一首苏联歌曲。一直以来我的记忆都是江校长,但是今天动笔时突然有些恍惚,不敢确定了。”

江平的博士生龙卫球亦在代表民商法教研室执笔的《只向真理低头:江平先生七十华诞人生回顾》一文中提及,“江先生骑着自行车,去全国人大常委会参加会议,门卫怎么也不相信,这个骑自行车的人是一个常委,因此拒绝让他入内,一时成为笑谈。当然,江先生虽然简朴,却是一个穿着洁净的人,并且神采奕奕,很奇怪那个门卫怎么只认自行车,不认骑自行车人的浩然气度。”

十、永远的校长

毕业生动员大会上的演讲

江平任校长期间最让人动容的，是1989年6月26日上午在毕业生动员大会上的演讲。

当时在现场的郭恒忠在《我为江平校长点起红蜡烛》中写道：“在毕业分配动员大会上，他讲到了如何正视现实，如何在逆境中不气馁，如何发扬光大法大精神。他说：‘我们最珍贵的是要振奋精神，要汲取有益的教训。无论发生什么事情，要有健康的感情和思想。感情不能浅薄，否则，再有学问也没有用途的。’”

毕业典礼

7月13日上午，85级毕业典礼在学院路礼堂举行。

政治系85级政教班学生朱慧萍在《春雨润物细无声》中写道，“那时期，我们这些即将走向社会的同学们内心满是迷惘和无助。但老师和学生一样正面临着严峻的考验，特别是作为一校之长，所承受的压力更是外人难以想象的。”

毕业生们迫切希望江平能够说点什么。或者说，迫切地希望江平能够安慰他们几句。江平以校长的身份，用欣慰与喜悦、担心与忧心、羡慕与忌妒的心情，送了85级中国政法大学毕业生最后一程：

同学们经过几年的学习，过几天就要离开学校、走上不同的工作岗位了。作为一个老教育工作者，此时此刻有这样三种心情：

第一种心情是作为教育工作者的欣慰之情、喜悦之情、耕耘者收获之情。经过这么多老师的辛勤培养，同学们行将走向政法战线，为祖国建设提供砖瓦。我们播下的种子长大、成才了。此刻，同学们的心情也是很激动的，你们经过了风风雨雨，就要走上一个新里程，跨上新台阶,走向社会之门了。走上社会,对于你们将是一个更大、更长的考验。我代表学校,对于你们胜利完成学业,表示衷心的祝贺。

第二种心情是担心、忧心的心情。我们培养的是人才,从这个意义上讲,毕业生还没有社会评价、社会效益的考验,它不同于农民打下的粮食,也不同于工人生产的机器。人们对你们的评价如何?光毕业还不能表达欣慰之情,要等到你们在工作岗位上,获得荣誉的时候。这里包括了学校的努力,也包括同学们的努力。走上社会后,同学们还有40年的历程,要靠自己的行动写下自己的历史。从政法学院到政法大学38年的历史,有的同学写下了光彩的一页。你们的历史可以是红的、粉红的、灰的、白的,甚至是黑色的,全靠同学们的努力。在社会上对法大有所危言、颇有微词的时候,确实担心。为此,作为老师殷切希望你们:第一,在政治上更加成熟,在工作岗位上不迷失方向,站稳脚跟。在大学环境中赋予的理想、热情,从不成熟走向成熟。……我们生长在中国大地,坚持党的领导,坚持社会主义道路,为祖国和人民服务,是起码的要求。忘掉了这一点,迷失了方向,将是十分危险的。第二,走上工作岗位之后,不要贪图安逸,要千锤百炼,要有“生于忧患,死于安乐”的忧患意识。第三,不要丢掉赤子之心,保持廉洁、正派的作风,要出淤泥而不染。

第三种心情是每当举行毕业典礼时的羡慕之情、忌妒之情。因为在同学们的面前,还有40年的年华、40年的青春画卷,希望同学们珍惜时光,将40年的画卷写好、画好。

临别时,留给同学们一句赠言,无论40年后,学校的工作还有多少缺点,但你们作为我们的校友、我们的毕业生,希望为政法大学的牌子上增添光辉,为学校增光,这是我衷心的祝愿。

江平讲话时,全场鸦雀无声,每一个毕业生都眼含热泪。江平的话音刚落,掌声热烈响起,经久不息。相比之下,教师代表、毕业生代表李显东的发言,则黯淡许多。当雄壮的《国际歌》歌声响起,大家哽咽着高唱《国际歌》,久久不愿意离去。

毕业典礼的主持人解战原告诉笔者,“这种情况下的毕业典礼,各种感情交织在一起,氛围很悲壮。”

阿计回忆起当时的场景,依然历历在目:

我们毕业典礼上唱的是国际歌，以往各届学生毕业典礼正常程序都没有这一项。我不清楚是谁倡议的，这在当时是一个非常不一样的举动。

当时有很多85级同学都没有心情去参加毕业典礼，勉强去了，有个别老师的讲话很冗长，讲了很多空话、套话，所以到后来，有的同学就拿着饭盆先去边上的食堂吃饭了。

我记得后来好像是江校长宣布唱《国际歌》，有同学回忆说是解战原宣布的。谁宣布不重要，关键是有这个创意。

歌声一起来，底下学生全是热泪盈眶，台上的老爷子也是老泪纵横。当时，我坐在后排，礼堂和食堂很近，歌声传过去，我就看到先到食堂吃饭的十几个学生拿着饭盆就跑回来了，边哭边跑。有一个女生的饭盆一下子就掉地上了，哐当一声，声音非常响，饭菜撒了一地，但大家都完全沉浸在《国际歌》里，谁也没注意到这么大的动静。

多少年后，在85级学生的记忆中，对于这次毕业典礼，对于江平校长，还流淌着浓浓的眷恋。“善良的江校长首先想到的是学生，很真切地为这500个学生的前途和命运忧心如焚。江校长一生经历坎坷，却始终拥有一颗拳拳爱国之心，真正做到了‘位卑未敢忘忧国’”，朱慧萍在《春雨润物无声》中写道：“江校长当时讲得什么一句也记不起来了，但是他的心意我相信在场的每一位同学都明白并且也都深深感动着。一直认为自己是一个很平庸的人，能够成为法大莘莘学子之一是我一辈子的幸运。那天在老校礼堂亲耳聆听江校长的教诲，可以说对自己一生都有很大的影响。只记得当时自己哭得很厉害，一边哭一边暗下决心，即使做不到让母校以我为荣，至少不能给母校抹黑，无论何时何地何种处境，绝不允许自己有一丁点儿有损于母校声誉的言行。”

郭恒忠在《我为江平校长点起红蜡烛》中忆及，“在毕业典礼上，在经久不息的掌声中，江先生借由‘忌妒之心’、‘欣慰之心’、‘担忧之心’作了感言寄语。他对我们表示了‘忌妒’，我们是二十来岁的年轻人，有着报效祖国的青春年华，而他历经坎坷，已是‘老骥伏枥’了；他对我们表示了‘欣慰’，我们通过四年的大学学习，学有所成，满怀报国之志，实践证明我们是有责任、有希望的‘时代骄子’；他对我们表示了‘担忧’，我们成长于拨乱反正之后，有满腔热血，却缺乏社会经验，前程的路上布满荆棘,艰难曲折,担心我们将来会摔跟头。"

甚至当时86级的学生孙国栋,也前往礼堂旁听师兄师姐们的毕业典礼,"85级开毕业典礼的时候,我去的时候赶上尾巴,就在后面坐着。散会后集体唱《国际歌》。以前一宣布散会,大家就走了。那次宣布散会后,大家全体自发地起立,看着江老师从主席台上下来,穿过过道,一直走到礼堂门口,大家才散,这是以前没有过的。"

阿计在《那个年代的师生传奇》中写道:"那一年,和我们同时面对命运挑战的江校长,在许多85级同学的毕业纪念册上写下了'生于忧患、死于安乐'。这八个大字,为一颗颗痛苦惘然的心灵送去了莫大的安慰;这八个大字,让许多85级学子念兹在兹了二十年,不敢轻易放弃做一个'大写的人'。"

历史的回声

十年后的1999年,法大85级毕业十周年聚会,如愿邀江平参加,并做了如下演讲:

看到我们85级的同学们,心情是非常非常激动的,因为在我所签署的学校的毕业证书上,我大概是最短命的校长,只签过一次,就是你们这一届。我们学校复校以来一个79级的和一个89届的给我留下深刻的印象。79级刚刚结束相逢20年的纪念活动,我给我们复校后的第一批学生做了讲话,他们一定要我去讲一讲。你们不是入学而是毕业了10周年,虽然我对你们个别人的认识不如像79级那样叫出那么多的名字,但是我还是给你们上过课的,上过罗马法,我想罗马法你们忘得差不多了,我最早讲罗马法时有人跟我开玩笑说你们骡子、马都有法。(笑声)

当然最使我难忘的是我们89年的毕业典礼,那个气氛是那样的严肃,那个场合是那样的悲壮,我觉得在人生的历史里面很少经历那样的时刻,我们最重要的是,在那个特殊的历史年代里面共同经历了和我们国家命运息息相关的这样的时刻……

像我们这一代人就是当时在座的热血滚滚的青年,我觉得应该说在当时的这种情况下,我们都有一颗赤子之心的……对国家的命运负责,对人民的利益负责,希望我们国家强盛,希望我们国家摆脱这种腐败和能够走向民主强盛的道路,在这一点上我们的心是相通的。

我觉得人是要有一个真诚的感情的,这个真诚的感情,是对人民的生活、对国家的富强、对人民的利益这种真诚的关怀。在这一点上,经过十年以后,我看到在你们脸上已经不是十年前比较幼稚的面孔了,也不是那么漂亮的面孔了,你们脸上也多了一些皱纹,你们肯定在政治上比十年前成熟得多了,十年前你们有很多幼稚的东西,你们有天真的东西、有真诚的东西,那么十年以后,经过在社会上的摸爬滚打,你们已经在政治上成熟了。恐怕再有这样一种简单的举动或很单纯的东西,已经不能有多少的刺激了。人终究有成熟的时候,长了十年你们就成熟了十年,但是我很希望你们在成熟过程中,应该有更深层次的思考,少一点世故,少一点油滑,少一点市侩的习气,少一点官僚的习气,我想有的人是成熟了以后可能就变得更官僚、更市侩、更油滑,这是我们搞政法的走向社会最大的危险。在你们的心目中更多的是自己的名和利,自己温存的生活,自己的发财,自己的一切,而对国家的命运、人民的温饱、社会的困苦可能麻木了,也许可能更加不关心了,这不是我在这里说的题外话。

十年之后,希望我们仍保有一颗赤子之心,这赤子之心就是把自己心里的脉搏永远和人民的脉搏联系在一起。我们在这个社会上够不上精英,也够上一个社会的骄子吧。在你们那样的时代里这样的社会骄子还不像今天这样容易,像我们今年招生到1800人,还要更多,而你们那时招生人数只有这样一些能够上到政法大学。那么第二,你们能够获得法学的最高学府的知识,在这样的时刻,社会又需要许许多多你们这样的人才,你们现在逐渐占据或从事了一些比较好的、比较重要的工作岗位,但是我们也要看到对搞法律的人来说,对于你们这样毕业十年的年轻的人来说,现在社会有很多诱惑,有各种各样的东西在诱惑着你们,包围你们。

我想你们的任务还有30年,我今年69岁了,就是快70岁了,我已经走到了为社会贡献的尽头了,虽然现在还闲不下来、还很忙,但是你们还有30年呐!在79级的聚会上我就说,一个人要很好地把握历史,自己只有把握住历史,能够看清历史的方向,知道自己有哪些优点、有哪些缺点，你才能立于不败之地，否则30年后你们什么样子也非常难说！珍惜自己，珍惜历史给我们的这个教训，历史给我们的这个期望，我想这对我们来说非常重要。我希望我们85级学生能够在我们国家特定的历史关头，我们的一切要能够得出非常重要的、非常正确的历史结论。历史的任务不能忘记，我十年前给你们的赠与，我今天仍然赠给你们，那就是“生于忧患，死于安乐”。

你们这一届学生毕业的时候，当时对你们的分配不一定是公平的，在当时的条件下，你们有的人走向了很不满意的工作岗位，但是你们无论在哪一个工作岗位上都做了默默的工作，你们在那里做到了勤奋地工作，用自己的行为、用自己的知识、用自己的劳动、用自己的智慧使人们承认了你们的力量，这个力量不是任何人赐予的，是你们自己干出来的！珍惜这个东西！

我们古代的《道德经》里有一个“八德”，那就是“孝、悌、忠、信、礼、义、廉、耻”，我小的时候看到这八个字，始终不理解为什么美德要有一个“耻”呢？“耻”怎么能是美德呢？一个人的耻辱、一个国家的耻辱、一个民族的耻辱怎么能是美德呢？——我想耻就是不足，任何人都有不足，如果一个国家不知道自己的不足，每天都是歌舞升平、歌功颂德，那么这个国家、这个民族是没有希望的；如果一个人每天都沉湎于自己的成就、自己的名利，我想这个人也没有更多的前途了。一个人只有知道自己的不足，永远不停地来检查自己有哪些不足，知耻而后勇。

如果我们能够十年聚一次，每个人看一看在别人身上学到什么东西，自己的身上还有哪些不足，不断前进，不断奋发。我想在今天这样大好的(形势下)，学政法的人现在这么的踊跃，领导人也提出来了将来在领导我们国家的人里面应该有学法律的人，我想十年以后、二十年以后、三十年以后，我可能看不到了，我希望在你们的人里面能出现掌握我们国家命运的人，来把握我们国家的航向，这才真正是中国政法大学的骄傲。

法大85级法律系学生李爱萍细心地保存了这份演讲稿，并于2009年8月25日发布在“法大85：青春的记忆”博客上。视江平如精神父亲的法大85同学，最后将这篇演讲，作为他们毕业20周年纪念文集《法大85:青春的记忆》的序言。

20年后,法大85级学生再次隆重集会,纪念毕业20周年。早在2009年5月17日,一个名为“法大85:青春的记忆”的博客即在搜狐博客开张,由此拉开毕业聚会的帷幕。10月17日,中国政法大学85级同学毕业20周年聚会在北京举行。这次毕业20年聚会的很重要一项内容,就是邀请老校长江平参加并发言。

江平的发言如下:

能够参加我们85级20年的聚会,心情很激动。激动什么呢?说实在的,我跟85级五百多名学生,见面的并不多,熟悉的也不多,能够叫出名字的也不多。

但是,为什么大家提起学校的时候,总要把我给带上?我想这就说明了师生的感情。我了解了学生们的爱国情绪,学生们可能也了解了我真心爱护学生的这种感情。那么,学校和学生之间这种感情,也通过20年前的毕业典礼体现出来。说实在的,以我的名字签字的毕业证书,就是你们这一届,应该说这一届在我心中,留下了很美好的回忆。

那么之后的20年,我陆续地认识了很多的同学,也了解了我们同学的感情。这里面就有一个问题,学校和学生到底是一种什么样的关系呢?我记得我从校长的位子下来后,有人跟我说,江校长对不住,我们牵累了您……我说这个话不见得这么说,一个人有一个人的政治观点,一个人有自己历史上的使命感。

同样,在那个期间,我也对大家有了了解,你们当时作为大四学生,你们的理智、你们的情感,给我带来深深的印象……

今天我所听到的你们的发言,很重要的一点思想,就是觉得对于祖国的使命感依然如旧。也就是说,你们并没有逃避政治,而是勇敢地走向政治。当然现在走向政治的方法,和过去是完全不一样了。也许,你心中的祖国地位、祖国的命运、祖国的改革、祖国的方向,所占的分量那是很不同的。但是不管怎么说,我可以说,学校和学生之间由于各种因素而建立起来的相互的信任、相互了解,这点很值得我们去回忆。这也是我,曾经作为很短时间的不到两年的校长,内心中最大的安慰。

……

今天你们是20周年,我是79岁了,下一个十年,我还有可能活在这个世上。到了89岁的时候,恐怕要抬着我来到这个讲台了,但是再过十年,我就恐怕看不到了。所以我看到你们很高兴,40岁是多么好的一个年华,这个年华正是自己创业最好的时期,也是享受家庭之乐的最好的时期。你们身上的责任还很重,你们不仅要来开创自己的一份园地,你们还要考虑一个国家究竟往哪里走,要是照这样的话,你们就应当不辱历史给你们的使命。或者说,我们现在大学不是要培养那些吃喝玩乐的学生,那些一天到晚跳舞唱歌的学生,我们是要培养那些对民族有责任感的学生。如果你们把这个精神带下去,你们不愧为法大真正的学生。谢谢大家。

有别于江平以往发言中的安慰和鼓励,江平在这次的发言中,更多地要求法大85一代去反思自己在历史事件中的得失成败。这种立意,让许多校友对既往的历史事件有了更深的反思,但也多少让一些校友一时难以理解,甚至难以接受。阿计曾告诉笔者:

我感觉老爷子在我们毕业20周年聚会上的那个讲话,并不是照他原来准备的讲的,这个改变可能跟我们制造的现场气氛有关。因为在老爷子讲话前,我们先播放了一个自己制作的、反映大学生活的DVD《法大85:青春影像志》,都是由完全反映那个时代的老照片构成的,到片子的结尾,有这样的字幕:“二十四年前,我们怀揣着同样的梦想,朝拜了一所神圣的殿堂,走进了一个激情的年代,我们分享过灿若夏花的成长诗篇,也有过抱团取暖的灰暗日子……”在整个放映过程中,看到20年前的青春热血,再联想到毕业后20年的人生沧桑,大家哭成一片,我想这种现场气氛,肯定也把老爷子带回了20年前的历史情境,因为他上台以后,眼眶也是红得肿了起来,只是强忍着没有落下泪来。

所以我可以推定,就是这种现场气氛,使老爷子没有采用原来准备好的讲话,而是即兴发挥。中心意思就说,政治是需要勇气也需要智慧的,如果缺乏政治智慧,反而会造成中国倒退几十年。我听后觉得很对,很多同学都这样认为。

但正因为老爷子那天讲话是即兴的,同时当时好多同学的情绪还没有从那个DVD中缓过劲来,所以有些同学就没怎么听明白老爷子讲了些什么,也没有真正理解他说的意思。

后来,我们有些同学再碰面时,有人就说听了老爷子那次讲话,老爷子的形象一下子就倒掉了,还说他们班相聚时,有几个同学抱头痛哭,不认可老爷子这个讲话。我当然是反对这种对老爷子的误读的,虽然这种误解在当时的气氛下情有可原。我的观点是,老爷子的这个讲话,教会了我们要从历史的角度去看问题,如果今天的认识还停留在20年前,说明我们没有真正成长。

再回到江老爷子在我们毕业20年聚会上的讲话,说实话,我心里是不愿谈少数同学对他讲话的误读的,我觉得这种误读对他是一种沉重打击,毕竟,老爷子是用心在对我们这一届学生讲话的。

我觉得,顺应民意是最幸福的怀抱,顺应学生也是最幸福的怀抱。但江校长并没有这样做,虽然我们毕业离校已20年了,但这20年来,江校长实际上一直在不断地给我们台阶,但有些反思性的话可能一时就接受不了,这在当时聚会现场气氛激动的情形下也可以理解,但我真的希望所有同学能静下心来,再好好重温一下江校长那天的讲话……

庆祝典礼的最后一项是全体高唱国际歌。显然,这是返回20年前毕业典礼现场的唯一的方式。但是,实际的效果与20年前,却相去甚远。阿计告诉笔者:

当时我们唱国际歌的时候,跟我的预想完全不一样。原来我以为,毕业20年后大家重唱这首《国际歌》,肯定还和20年前毕业典礼时一样慷慨激昂、声震屋宇,结果发现现场只有很低很低的声音,像是嗓子憋着的那种声音。这是怎么回事,难道大家不愿再唱这首歌了吗?后来我发现我自己也是如此,根本唱不出来,所有人眼眶都是红的,歌声哽在喉咙里,想大声唱但哽咽住了,发不出声。我一下子明白了,经历20年的人生沧桑后,再回到以前的历史情境,这种心境比20年前更悲壮、更凄凉,根本不可能大声唱出来。我那时想到了一个词,就是“呜咽的河流”,我觉得只有这个词才能形容我们毕业20年后集体重唱国际歌的声音和心境。我们有一个同学说他唱这首歌的时候,都心痛得蹲下来了,觉得根本站不住……

调回贺卫方

在被免职之前,江平依然在行使其校长的权力与职责。

作为一个校长,江平最后的大手笔之一,就是调回贺卫方。

此事说来话长。贺卫方属于西政"新三届"中的佼佼者,1982 年毕业后,转道求学于中国政法大学外法史专业,于 1985 年获得硕士学位,并留校于刚刚成立不久的比较法研究所。到了 1988 年,贺卫方"有了孩子,蜗居在一间筒子楼里,每月收入仅仅相当于当时一个出租车司机的十分之一,深有困兽之感"。而当时市场经济大潮汹涌,各路神仙踊跃下海,一展身手。内有穷困,外有诱惑,贺卫方遂打定主意,放下他的比较法,转而念起生意经。贺卫方在其《时代的法学教师》一文中提及:

高校涌动着下海潮,兼职做律师的、"办班"的(主持或参与一些收费的培训项目)、"停薪留职"到商事企业工作的……不一而足。我也未能免俗,想离开大学几年,先把眼前的难关渡过,再回归教育界。正好当时有一位在中国轻工业品进出口总公司工作的朋友,告诉我他们那里正在招录员工,我的各方面条件都符合,何不一试?简单地相互考察的结果都很满意,但是在办理调离手续的过程中,却遇到了阻碍,不同意放行的正是江老师。我找到已经是校长的他,希望能够同意我的调动。

江老师明确地跟我说,根据他对我的了解,我根本不适合从事商业工作。要相信眼下的困难是暂时的,咬着牙坚持,总会过去的。学术成长的过程需要不间断地努力,轻易中断,去做自己不擅长的事情,对于长久的发展是不利的。我所谓的"曲线救国",即先挣钱养家,再回归学界是不太现实的。

但是,我当时去意已定,对于江老师所说的道理根本听不进去,而且总觉得他是因为年轻时吃苦太多,对于现在的年轻人的艰难处境缺少同情的理解。越说越急,竟然在会议室外跟江老师吵了起来,最后还冲动不已,不顾几位副校长的劝解,拂袖而去。

去是去了,不愿放行的江平,确实放行了。江平似乎早已睿智地预见到,这个去意坚决的贺卫方,总有一天还会回来。

然而,知识分子到生意场,南橘北枳,驴唇不对马嘴,生意场上的贺卫方,再也不复有学海泛舟的游刃有余,“不久就开始寻觅离开的途径”,“当然,因为跟江老师‘不欢而散’,觉得没脸回政法大学”。

“眼看着就要沦落为无业游民,无奈之下,我又敲开了江老师办公室的门。”贺卫方简洁地描述了他回归的过程:

“我说的不错吧?你肯定干不了那样的工作。这件事要快办。这样吧,你让比较法研究所马上写个报告,以研究所的名义申请把你调回。”说着他拿起办公桌上的电话,拨通了人事处倪才忠处长的号码。“老倪,你马上到我办公室来一下。”倪处长一会儿就来了。“老倪,这是贺卫方。我考虑到他是比较法方面难得的人才,还是说服他回来了。比较法研究所的报告很快就送到人事处。我建议学校的商调手续马上就开始,尽快让他到位。”明明是我走投无路,为了减少某些环节上不必要的周折,江老师说是他主动希望我回来。这种巧妙、体贴而迅捷的安排让我很感动。那是江老师做事的一贯风格。……流传着的种种传说让江老师进一步加快了某些事情的办理速度。

1989 年 12 月 29 日、30 日,贺卫方回归中国政法大学一事尘埃落定。这一切,都是在短短两天时间内完成的。在素来拖沓冗赘的行政机关,如此行政效率,绝对可以彪炳法大史册。

贺卫方在“时代的法学教师”一文中坦言,“大难之后回归学界,真正体会到一种劫后余生的感觉。”不到两个月后,江平去职。贺卫方坦言,“想来有些后怕的是,假如江老师早两个月被免职,我当年会去向何方?算命的人喜欢说某人有贵人相助,江老师是否正是我生命历程中的那位贵人?”

田园将芜胡不归

8 月之后,江平参加校内活动的数量越来越少,但他依然在尽心尽力地行使校长职责。除了上述积极安排调回贺卫方之类的大手笔之外，作为校长，江平更多地是履行一些事务性的职责。

这期间，唯一给人留下印象的，就是1990年元旦晚会。阿计告诉笔者，“1990年我已经离校，但非常怀念学校，我就让老浦搞了一床位，在学校里混了一年多，学校很多的事情我都知道。开元旦联欢会时，江校长来了，讲了一段很鼓舞人心的话。”

江波回忆，“那时候，我爸也没有特别的在意。好像还有人劝我爸，我也跟我爸说，‘您不爱干就辞职吧！’”

1990年2月15日，是中国政法大学教职工寒假后的第一个工作日。按照预定的部署，教职工比学生提前三天集中进行形势学习，这也是形势学习的第一天。

下午，全校教职工学习动员大会在校礼堂举行。杨永林主持会议，司法部副部长鲁坚、教育司副司长邢同舟和其他校领导均出席。大会有四项议程：(1)党委副书记何长顺传达国家教委高校工作会议精神；(2)常务副校长陈光中传达全国司法厅局长会议精神；(3)杨永林做形势学习的动员报告；(4)鲁坚副部长宣读司法部党组关于免去江平同志校长职务的决定。

第四项议程是最让人揪心的。鲁坚在讲话中指出，司法部党组决定免去江平校长职务，但其免职后原待遇维持不变；中国政法大学由常务副校长陈光中主持校务工作，其他领导班子不动。鲁坚代表司法部党组，对江平在校长任内的工作做出肯定，“党组认为江平同志在担任校长期间，为法学教育、为中政大的建设做了很多有益的工作，希望他今后继续为稳定中政大的局势，在教书育人、科研工作方面发挥积极作用。他还担任全国人大法律委员会副主任，希望他为我国法制建设做更大的贡献。”

江平被免职后，司法部并没有任命新的校长，只是说由常务副校长陈光中主持校务。据陈光中介绍，当时之说以说让他主持校务，而不是直接提拔为校长或任命为代理校长，是有人向司法部投诉，说在江平免职以前，陈光中和江平在思想上共鸣。

鲁坚宣读免职决定后，安排江平做“告别演说”。当主持人宣布江平讲话时，礼堂内响起热烈的掌声。在这个时刻，掌声成为表达敬意的唯一的方式。

江平说道:

我觉得,一个同志的任职和免职是很正常的现象。如果这个同志在工作岗位上不适合,那就应该免职;如果觉得适合,就应该任职。任与免,都是组织上的考虑;我作为共产党员,愉快地接受这个决定。这个决定也是我的愿望。

比较长期以来,我曾有过这种的感觉,该是回到自己的教学和科研岗位上了。我本人就出身书生、教员,最终的归宿也应该是自己的教学岗位和科研岗位;何况今年我也60岁了,到了这样的年龄,也应退出行政岗位。陶渊明的《归去来兮辞》中说:"田园将芜胡不归",我不是种田的,但我也有我笔耕的园地,我愿回到自己教学和科研岗位上,包括我们国家的立法工作,做自己应有的贡献。

另外,我觉得我们国家正面临国际、国内很关键的时刻,在这样的时刻要加强我们学校的教育,加强我们国家的高等教育,按我现在的思想状况和工作能力,是不能胜任的,也很难承担。为加强中政大的领导,对部党组的决定,我拥护、赞成。

我现在是抱着一种卸下包袱的解脱感和轻松感,回到自己教学和科研岗位上的。在我的人生这些年里面,我对于原来的政法学院到现在的中国政法大学,充满了很深的感情。我从1956年到现在,34年里,除了中间解散外,都在这里工作,人生的酸甜苦辣在这里我都尝到了。尽管在肉体上、精神上,我在这里留下了巨大的创伤,但我始终认为,中国政法大学有非常光明的未来,我愿为中政大在国际、国内提高它的地位继续做出自己的贡献。希望中政大能够安定团结,在党委的领导下,认真贯彻党的教育方针,教书育人,培养出新一代的政法工作者。

中政大确实正处在困难时期,工作很艰巨。我虽然离开了领导岗位,但我们党委的其他同志还仍然肩负着沉重的责任。七年来的领导岗位告诉我,要担负好这样的工作,要付出很大的代价。我们现在每个担任领导工作的同志,都付出了很大的代价。我真诚地希望全体教职员工支持党委,支持行政领导,体谅他们工作中的困难,让我们共同渡过这个时期。我本人也愿在力所能及的范围内,努力支持校党委的工作。

在我担任原政法学院至中政大领导期间，由于能力有限，书生气很足，许多工作没有做好，有些地方有意、无意地伤了某些同志的感情，我想在这个时刻表示我的歉意。在这时期里，也得到同志们的关心、支持，也包括最近一段时间一些同志的鼓励和安慰，我表示真挚的感谢，我从教员出身回到教学岗位，站在讲台上，有一种返还天真的自然的感觉。我将努力站好自己的岗位，努力做到光明磊落，无愧于人民，无愧于历史。

当时在现场聆听这次江平发言的贺卫方，回去后根据自己的记忆写下当天的日记。贺卫方写道："今天学校开学，下午召开全校教师大会，司法部派员来校宣布免去江平老师校长以及校党委委员职务，会议气氛相当凝重。虽然在有关文件对此次人事变动的解释比较低调，然而每个人都清楚江老师去职的显而易见的背景。文件宣读完毕之后，安排了江老师的讲话，全体教师以长时间的热烈掌声欢迎他。虽然没有记录，我还是能够大致记住他的讲话内容。""出席会议的全体教师再一次用长时间热烈的掌声向老校长表达敬意……"2000 年江平 70 华诞之际，贺卫方将这篇旧日记提交《民商法纵论：江平教授 70 华诞祝贺文集》，旋即又发在网上。这篇题为"旧日记一则"的帖子，一度成为一些法学类学术网站上点击量最高的帖子。

江平的被免职，使他在大家心目中的位置陡增。曾与江平过从甚密的米健忍不住感叹："作为中国政法大学的校长，江老师为了社会、为了大局、为了学生所表现出的气节与情怀，让全体政法大学的师生，特别是我们这些年轻的老师和学生，让整个社会，特别是对社会和国家有强烈责任心的人群，为之感动，为之折服！"

免职对江平是一种解脱。与其没完没了地学习、开会、表态，说些言不由衷的话，还不如挂冠归去来得快意。1990 年 2 月 16 日，江平被免职的第二天，阿计获悉江平被免职后，即前往江平家探望：

第二天我得知江校长被免职的消息后，就去他家，当时他还住在法大老校北门外，一敲门，老爷子系一围裙出来，他正在做菜，电视里放着足球比赛转播。我发现他根本就不在乎这个。我就先跟他介绍我是谁谁，他就说我记得你，你给我写过明信片，非常感谢你，本来还想给你回信，后来一忙没有回。我不记得我说了什么，反正大意就是你虽然被免职了,但是永远是我们的校长。

对于江平为什么不主动辞职,仁者见仁,智者见智。其中不乏认为江平贪恋官位的误解,但更多的人不这样认为。这里面,阿计的说法颇有代表性:

江校长有更大的空间和梦想,我始终觉得江校长不是恋栈不去的人。我觉得很多人对这一点有误解。

校长余波

江平的去职,也使中国政法大学校长一职出现空缺,由此余波不断。在当时特定的时代背景下,中国政法大学校长一职,既是一个充满荣誉感的职位,亦是一个不折不扣的烫手山芋。

主持校务的常务副校长陈光中回忆道,“老江免职后,校长一职一直空着。司法部多次想找一个合适的校长,结果找不到。懂法律、立场坚定的老同志很多,但是他们也不敢来,这个局面不好应付。”据陈光中介绍,司法部甚至找到时任北大党委书记的王学珍。王学珍怎么表态?他说,我不当北大党委书记可以,甚至可以请求辞职,但是绝不调动,我哪里也不去。这是王学珍亲口告诉我的。王学珍是陈光中在北大上学时高一级的学长,这种说法应该可靠。

最后,陈光中以常务副校长名义主持校务至1992年5月12日,才由司法部推荐、北京市高教工委同意,被任命为中国政法大学校长。此时,陈光中已经62岁。此后不久,肖扬担任司法部部长,提倡干部队伍年轻化、党政领导双肩挑,陈光中1994年4月即卸任校长,杨永林以党委书记兼校长的方式,成为中国政法大学的实际负责人。

江平先生与那些学生

江平即便退下来,但依然很关心那些学生。王俊秀在自己的文章中,列举了好几件江平关心那些学生的事迹:

现在大名鼎鼎的名律师浦志强当年是大钟寺送菜的,那还是江平先生给他推荐的。86 级的学生干部李再顺和同学常说起江平先生推荐他到全国人大法工委，当时江平校长给对方的电话中说：“我现在退下来了，说话也不管用了，这里有个学生很不错，你们看能不能接收？”再顺在旁边听得快哭了。86 级法律系 4 班的隋显斌后来南下广州做律师，有一天江平突然来登门看他，显斌说：“江老师，您来广州开会吗？”江平说：“我此行来珠海开会，想到你在广州，特地看看你生活得怎样？”

对于浦志强，江平关爱有加。浦志强告诉笔者：“1991 年我毕业后，找不到工作。那时候每次我去江先生家里，去了就问，吃饭还有钱吗？我说没了，他就一瘸一拐地进里屋，拿了 100 元钱，还是两张 50 的绿票子，说你先拿去吃饭。我一点都没有客气，拿了就走。”后来有一段时间，浦志强一直找不到工作，江平后来还托沈国锋，再辗转找人，介绍浦志强去大钟寺农贸市场做临时工，月工资 150 元，浦志强坚持做了半年。

阿计也颇受江平的关照。1989 年 6 月之前，阿计就顺利考上中央人民广播电台，成为中国政法大学 89 届毕业生中最早定下工作的学生。但最终，阿计与中央人民广播电台无缘，且很长时间未找到合适的接收单位。后来，阿计终于经时任学生处处长的王文兰牵线搭桥，去了北京市职工体育运动技术学院，签了五年的工作合同，当时约定要提前一年走要交 1500 元的违约金。工作过程中，中央人民广播电台依然未放弃阿计，业务部门也多次聘他以记者名义做过很多采访，到后来中央人民广播电台的大门再次向阿计开启，但北京市体育运动职业技术学校提出必须交 1500 元的违约金。而当时阿计颠沛流离，全部家当也没有 1500 元。无奈之下，他再次敲开江平家的门，“老爷子之前在体委干过，一听我说这事，他就说我有认识的人叫张青，为了这事，老爷子给张青写了两页信纸。让他帮忙，现在想起这事我很惭愧，为这点小事去麻烦老爷子，但老爷子就是这样一个好人，帮学生能帮到这个程度，很多人是不愿意的。”阿计告诉笔者，最终他还是没好意思拿这封信去找张青，七拼八凑交了 1500 元钱，但他对江平的义举至今依然很感激，也一直保留着那封信。而且，江平后来一直很挂念阿计的状况，“特别让我感动的是，我们这个圈里面很多人会去参加各种研讨会,他们就说见到江老爷子,第一句话就是阿计是在你们那吧,怎么样了?"

1990年的毕业典礼

一年后的1990年6月30日,中国政法大学86级毕业生毕业典礼。参加典礼的有杨永林、陈光中、何长顺、张晋藩、陶髦、解战原等现任校领导。陈光中作为常务副校长,代表学校致辞。这次毕业典礼邀请的教师代表是巫昌祯。

据参加过这次典礼的同学表示,同学们一看台上没有江平,即高呼"江平!江平!"久久不肯散去。巫昌祯告诉笔者,"那年毕业典礼时,已经把江平撤下来了,但是大家都想着江校长。新校长上台讲话,讲得特别短,怕讲多了引起反应。教师代表让我去发言,因为我比较中立,大家对我还比较认可,不会对我怎么样。"

孙国栋在"永远的校长"一文中写道:

可惜,我们86级的毕业证书上已不复有江先生的印章和签名。我们的毕业典礼上,同学们发现主席台上少了尊敬的江校长,便齐声呼唤:"江平!江平!江平!"新任校领导硬着头皮宣布开会。散会时,全场起立,再次齐声呼唤:"江平!江平!江平!"久久不肯离去。

毕业典礼结束,我直奔江校长家,请他在毕业纪念册上题词,先生大笔一挥:"生于忧患,死于安乐。"他给更多的人留言是:"只向真理低头!"后来,这几个字印在法大文化衫上,伴随着一届又一届毕业生远走天涯。

学生用最简单最直接的方式,表达了对江平的敬意。这种心声的表达,成为江平在法大赚取的一笔最大的精神财富。

2010年9月,86级本科生毕业20年聚会。江平应纪念册编辑孙国栋之邀,为该年级同学毕业20年纪念册写下如下一段声情并茂的序言:

廿多年前的人和事大多已经模糊,除了后来有来往的一些同学外,绝大多数已如同陌生人一般,许多事情也记不清了。但是我们所经历的那个时代，以及我们共同在法大生活的青春沸腾的时光，把我们这两代人的心紧紧拴在一起了！

廿四年前，我把你们迎入了法大的校门，在你们的见证下，我成了法大复校后第一个专职的校长，同样，在你们的见证下，我被免去了校长职务。我在被免职时发表了讲话，我无愧于人民，无愧于历史。你们的表现，或者说整个法大学生的表现是无愧于祖国，无愧于时代的！

廿年前当你们迈出校门时，你们会发现在毕业证上签名的已经不是我了！我感到很遗憾我只在上一届学生的毕业证上签了名。我是一个很“短命”的校长，只有一年多的时间，之所以“短命”不是因为我腐败、无能，我对“下台”很高兴，很轻松，很光明磊落！

廿年前当你们参加离开校门前最后的毕业典礼时，我已经不是校长了！我不仅不能去为你们送行，告别，说几句勉励的话，而且我也没有资格去参加毕业典礼。后来听说你们发自内心地高喊我的名字，我感动得热泪盈眶。这是你们真情的表露和迸发。这时候我们相互之间四年的师生感情真正地拥抱在一起了！这是我一生在法大工作时最幸福的时刻，没有什么比学生对你的感情真实流露更可贵的了！

今年我已经80岁了！年轻的时候自己曾默默地想，“人生七十古来稀”，我的目标是活到21世纪。今天21世纪已经进入10年了，我已经多赚了10年，我现在目标是活到90岁，能看到你们再相聚的30年！

2010年10月16日，法大86级本科生聚会北京，纪念他们毕业20周年，江平再次应约出席。江平的出席，已经成为校友聚会的保留节目。甚至江平的出席与否，也成为衡量校友聚会成功与否的重要标准。

沉重的幽默

江平被免职后，还发生过一些小事与他有关。1990年12月26日，中国政法大学学院路校区所在的政法选区，选举海淀区人大代表换届选举。这次选举实行差额选举，应选代表1名，官方推出的候选人有中国政法大学法律系讲师、农工民主党党员、上一届的海淀区人大代表邢文鑫和民意推出的代表候选人江平，结果是江平当选了。郭恒忠告诉笔者：

选的时候，北太平庄选区，有三个候选人，但是没有学校的。我们学生多，大家就推江平，就选上了海淀区人大代表。他有一句话说，选人大代表的时候，没人通知他，他就稀里糊涂地就当了，被撤了也没有通知，也是稀里糊涂地撤了。

海淀区的人大代表选上以后，他确确实实做过实事，比如哪儿哪儿的下水道堵了，有什么情况，确确实实有他的选民告诉他。我毕业的时候，他不还是全国人大常委嘛，他还问我一些比较突出的社会问题。我家在农村，我对农村比较了解，我就说农村财务状况不好，责任田分配上有问题，矛盾比较紧张。我跟他说了，他后来在全国人大上有一个发言，曾经提到过这些问题。他还尽心尽力地去做本职工作，他还在尽一个人大代表的职责。

无独有偶。12 月 28 日，昌平县人大代表换届选举如期举行。石油大学和中央政法管理干部学院、中国政法大学共同划分在第 64 选区，有选民 2862 人，其中中国政法大学有 1870 人。在之前的候选人提名阶段，国际经济法系和校办都提名江平作为这次昌平县人大代表的候选人。最终，官方推选的候选人是中国政法大学党委副书记解战原和石油大学张一伟。该选区最后有 2363 人参加投票，解战原获得 1447 票，张一伟得到 730 票。而其他选票中，江平亦获得了 3 票。

江平的得票额，固然无法与官方推选的候选人得票相提并论，但此事依然可以看出，法大师生们用这种方式，表达他们对江平的尊敬。

1990 年 8 月，司法部安排中国政法大学普调工资。据江平的说法，当时整个中国政法大学，就连违反过校规校纪、调皮捣蛋的人都涨了，但唯独这次调工资，没有江平的份。江平后来还专门问党委，党委表示等处分事情落停后再说。结果后来没处分，调工资一事却也忘记。很久之后，江平想起此事，才去找有关部门，补足应发的工资。

六十大寿

1990 年 12 月 28 日，江平 60 大寿。郭恒忠和当时法大的研究生

曾白凌，在蓟门饭店为江平操办了一场简单而隆重的生日晚会。原定参加者40人，但最终的参加者却超过60人，贺卫方、米健、赵旭东和陈丽苹夫妇等和85级学生王成国、孙艳辉、阿计、陈杰、陈虹伟等一道，为江平献上了生日祝福。

在"我为江平校长点起红蜡烛"一文中，郭恒忠写道："我为人操持极其隆重的生日晚会，除去父母之外，大概唯有我的校长江平先生了。""那段时间，江先生亲历亲为，不仅给了我们精神上的强大支持，学习生活和毕业分配的具体关怀，而且在他身上透出的读书人宁折不弯的骨气和道德情操，让我们感动且景仰，谓之'振芳尘于后，英辞润金石，高义薄云天'也不为过。"谈到举办这次生日晚会的缘起，郭恒忠说："我有了报答的念头，想让江先生知道，我们是多么地爱戴他。这些想法说是说不出口的，在这个问题上，江先生和学校是有责任的，没有教授如何表达甜言蜜语，也没有教授如何溜须拍马；我想有所作为，但不知道该如何去做，才能表达这样的心情。"郭恒忠指出，当时他和当时在法大读研的曾白凌为了"表达他的学生对他、对学校的感恩之情"，在江平的甲子之寿到来之际，谋划了这个生日晚会。

创意容易执行难。对郭恒忠等人来说，当时最难的是缺钱。他们这些85级学生，工资水平大概在70多元到170元之间，这个收入水平，对大部分同学只能勉强够用，还没有捐资的实力。最终，时任北京市经济律师事务所主任张秀文慷慨捐助2000元，纾解了经费的难题。

郭恒忠还提及，究竟该邀请谁，对他们来说也是个需要掂量的难题。最终，郭恒忠等主办者商定，只邀请85级部分学生和其他年级个别与江平熟悉的同学，不邀请任何领导和教师，晚会只是江平老师和他的学生们的聚会。

阿计也是这次生日晚会的参加者之一。在他的《那个年代的师生传奇》中，他写道："也是在那一年，恰逢江校长60大寿，在恒忠的牵头下，一些在京的85级学生自发地在蓟门饭店为江校长祝寿。在那次聚会上，江校长唱了一首英文歌《我们永不屈服》，激情豪迈的歌声中，我们泪雨滂沱，仿佛听到了一位老知识分子只向真理低头、绝不向命运低头的不屈信念。"

具体的细节和过程，郭恒忠笔下的生日晚会过程，要比阿计的描

绘详细很多:

晚会由我主持。法律系85级2班的康宁代表同学献花。政治系84级政教班的徐大勇(法大第三届学生会主席)代表法大全体学生致贺辞。这时,宴会厅的灯光黯淡下来,摆着生日蛋糕的小车推在江先生面前,我代表同学点亮了象征江先生60大寿的6根红蜡烛。同学们围在江先生的周围,拍着手,满怀深情地齐声唱起了"Happy Birthday to You……"

在大家欢呼的掌声中,江先生缓缓起身,对同学们表示感谢,说这是他不情愿却是不能推脱的生日宴会,谈起了历经磨难的过去,谈起了他无怨无悔的感受,谈起了"知耻而后勇",谈起了"只向真理低头"。江先生娓娓道来,似在讲述着一个故事,似在讲述着一个与他无关的故事,目光里充满了真诚和温厚。而我们在座的几乎所有的人却早已泪流满面。

米健在12月24日获悉几天后就要给江平过60岁生日的消息之后,连夜"用了一个几乎不寐的夜晚"填了首《百字令》,并请中国政法大学毕可鹰写成立轴,装裱后作为生日礼物,送给江平,"寄意对江老师的百年祝福"。当天生日晚宴上,米健第一次也是最后一次在大庭广众之下朗诵了这首《百字令·金秋潇洒》:

金秋潇洒,更可见万般风情流景。天下桃李,直点缀江山春色依旧。炎凉世态,半生忧患,无言一拂过。时穷仗义,敢为逆子泪落。但向丹青寄语,平心论公道,无愧其我。嗟乎箕子浮西海,壮哉比干心破。何曾有恨,罢了乌纱,治法犹报国。学问中西,独领一方巨擘。

"我想,人这一辈子可能都要过几次生日,但像1990年冬天江老师的生日晚宴,并不是什么人都可以得到的。即使是对他自己,恐怕也是难得仅有的,也许,这是代表着社会良知的一种无价报答。"20年后,米健在《生不逢时亦有时　事无常道总有道》中对这次特殊的生日晚会,作出上述评价。

当时,阿计还在中央人民广播电台的"今晚八点半"栏目,给江平点了一首《祝你生日快乐》歌。据阿计的说法,本来他想点一首《国际歌》,作为给江平的生日礼物,但因故未能如愿,只好用《祝你生日快乐》代替。

王俊秀忆及,那天晚上,远在山西黄土高原的他"守在收音机旁,听中央人民广播电台'今晚8点半'为江平先生60大寿的点播歌曲:《祝你生日快乐》。当音乐声越过夜空,我在院子里仰望着满天星斗,心中涌出一句诗来,'月亮啊月亮,你是星夜金色的耳朵'。"

阿计告诉笔者:"后来老爷子先走了,我们从蓟门饭店走回学院路。印象非常深刻,寂静的夜晚,空旷的街道,我们全体唱起《国际歌》,就一路唱回去。"

永远的江校长

1992年,法大40周年校庆。当主持人讲到参加今天典礼的还有江平时,礼堂内响起潮水般的掌声。

对于江平在中国政法大学校长职位上的成败得失,龙卫球在代表民商法教研室执笔的文章中,曾作出过如下的评价:

> 江先生是个优秀的教育组织者,把新式法学教育思想都落到了实处。他执校期间,中国政法大学呈现了三个明显的特点:一是在学校的各种工作中,任何情况下都以教学为优先。他挽留了很多优秀教师,也帮助和引进了很多优秀教师,并且是在最困难的时候提供最重要的帮助。国内的中青年学者,包括民商法专业外的不少学者,都得到过他的鼓励或提携。二是在处理学校与学生的关系中,以学生为学校的主人。他在一定范围开创了学生自由选择老师听课的先例。他作为校领导,经常深入学生中去,了解学生的生活、学习的需要,尊重学生的合理意愿。他非常爱护学生,是一个真的能够与学生同呼吸的师长。三是在教育方针上,确立民主思想教育与专业教育并进的原则。他说,学法律的人固然要埋头于法律条文的诠释和学理的探究,但离开了民主、自由、人权这样的基本目标,法律就会苍白无力。他对现代法律精神中的人文因素特别痴迷。他所理解的法治,具有民主和自由两个思想支点。

那么,我们究竟该如何看待江平的历史地位问题?张守东的看

法,比较有代表性:

我们评价江平,一方面要从历史地位来评价;另一方面是从法大历史的角度来评价。法大的历史没有江平简直不能设想,而且我相信江平这种精神在法大不会完全的消失。

那么,江平究竟给法大学生们提供了什么样的教育和生活?他的去职,又留下了什么样的精神遗产?阿计对此作了精彩阐释:

我个人认为,江校长给了我们三种生活:世俗生活、知识生活和精神生活。

第一种是世俗生活,就是对学生生活上的关怀。我们有一个同学谈起过,新生报到时,在7号楼门口拿着行李,不知道怎么找宿舍,正好有一个老教师骑自行车路过,就主动问这个同学有什么困难,然后就把他领到宿舍,后来他才知道,这个老教师就是江校长。

我们上学时,法大老校很狭小、破旧,学生心里都不太平衡。我在大学时写过一篇文章,发表在当时北京的一份青年杂志上,就提到过一个真实的故事:我们85级新生入学后,有同学抱怨说,到法大来上课,住这样的破楼,8个人挤一个宿舍,必须找校长评理去。就七八个人一起去找校长。后来七拐八拐,找到了当时江校长等校领导办公的地方,就是学校的地震棚,一看这种情况,大家都被感动了,什么抱怨也说不出口了。

当然,对学校世俗生活的关心还体现在改进食堂伙食等,当时法大老校食堂伙食质量在全北京高校都是有名的。

还有就是知识生活,江校长创造了一种极为宽松、自由的学习环境,我们有个同学说得比较形象,与其说在法大学到了什么正确的东西,不如说没有被强制灌输太多错误的东西。这在意识形态浓厚的年代,非常难得。我觉得,这种宽松、自由的知识生活,再加上20世纪80年代涌入的思想启蒙潮,对一代学子的启蒙是非常关键的,也为以后法大学子的出色表现奠定了思想和知识基础。

当然最重要的是江校长给予了我们精神生活。精神生活更多与校长本人的个人魅力有关。所谓"精神生活",简单来说,就是江校长为我们确立了一种知识分子的人格精神和气质标准。

很多人谈起自己的大学时代，都会以学校为荣或者以自己所学的专业为荣，很少，或者说几乎没有一个其他高校会像法大学生这样，以自己的江校长为荣，而且一荣几十年，这是很值得研究的一个现象。

所谓时势创造英雄，我想如果没有那个大事件，江校长跟我们学生之间在精神世界的纽带，不可能像现在这么紧密。现在很多人把江平和蔡元培相比，我觉得根本没有可比性，因为比较的基准不一样。我觉得蔡元培是一个很伟大的校长，他的贡献在于他创建了大学自由的传统；而江平是不一样的，他告诉我们要追求真理，只向真理低头。

阿计还在"那个年代的师生传奇"一文中写道："毫不夸张地说，法大的声望，有一大半是江校长挣来的——用他的卓越才识，更用他的人格魅力和道德勇气。因为江校长的存在，法大即使在时代的惊涛骇浪中偶被蒙尘，依然保有其巍峨的形象。不敢想象，假如法大没有江校长，思想的厚度、精神的魅力会打上多少折扣？"

与阿计遥相辉映的是浦志强的观点。2010 年 1 月 23 日，浦志强在主题为"江平先生与中国法治"的《律师文摘》年会上，发表了一番慷慨激昂的演讲："作为校长来讲，您在 1990 年被免职之后，政法大学到现在为止，一直没有能够出现一位能够超越您的校长。我们看不到我们的学校在理念上、在大是大非的问题上，有什么样的校长能够像您一样再过 20 年之后，可以面对他的后生，说：'我做到了，我坚守到了。'不仅仅政法大学没有，其他学校又怎么样，我相信同样是没有。"

张泽麦在"那时法大"中提及他的愿望："20 年，从道德、文章、功绩和影响来看，法大再没有出一个这样的校长。我们期盼，下一个 20 年内，能再出一人。"校友们的善良的愿望苍天可鉴。只是，那个江平还会重现吗？

2009 年 12 月 28 日，江平迎来 80 华诞。早在此之前多半年，中国政法大学 86 级经济法系学生、《律师文摘》主编孙国栋，即开始张罗给江平做 80 大寿的贺寿文集。这本贺寿文集在 2010 年 1 月 23 日《律师文摘》年会上首发，最终确定的书名就是《永远的校长》。

我不确定是谁最早叫出"永远的校长"这个充满荣耀气质的称谓。阿计 2009 年 8 月 30 日在"法大 85：青春的记忆"博客上发表"那个年代的师生传奇"时提及，"'永远的江校长'——便是这种特殊情感真挚而朴素的表白。‘江平’的大印只在85级学生毕业证上盖了500下,这是历史的遗憾,却是法大85的福气!”在这篇文章中,阿计还说:

也因为江校长的存在,让20年前贡献了青春和激情的法大85级一代学子,虽然曾带着一身辛酸湮没于这个国家的茫茫人海,虽然历经20年的挣扎奔波,虽然已人到疲惫的中年,依然不敢忘却那如歌泣血的师恩,不敢忘却那深入骨髓的教诲。

毕业20周年庆典的日子一步步走近了,“能不能请到江校长”成了同学们最关心的话题。有同学还翻箱倒柜找出了江校长在85级毕业十周年庆典上的讲话,一读再读,泪水流淌。

在这个迷失的年代,我们所面临的伤痛或许并不亚于20年前,法大85级学子多么期盼,江校长能再一次赐予我们以信仰的力量。因为我们永远都是法大的孩子,就像江平先生永远都是我们的江校长。

2004年年底,江平被《南方人物周刊》评为影响中国的50名公共知识分子,在接受该刊采访时指出:“我当时离职,学校有一个处长说,我们学校有的人,不愿意当红色校长,愿意当民主校长。哈哈!今天如果这两个给我来选择,我看怎么理解,如果红色校长理解为共产党的大学校长,那我说,一个真正共产党的校长,应该有民主理念,这两者不应冲突。”

值得一提的是,2010年9月18日,江平口述、笔者整理的江平口述自传《沉浮与枯荣:八十自述》举行首发式。中国政法大学黄进校长在发言中,对江平与法大精神之间的联系,做出全新的概括与归纳:“我们中国政法大学,有一种精神,就是只向真理低头的精神。这种精神,就是江平先生以他的言行为我们打造的。江平先生永远是我们中国政法大学的一面旗帜,他的很多言行,影响着一代又一代法大人。”这是第一次由官方在江平的“只向真理低头”与法大精神、法大骨气之间建立联系,江平已经成为中国政法大学最好的名片,也已经成为法大的精神象征。

十一、市场经济的法律思考

——江平的学术谱系

改革开放给江平提供最广阔的舞台，无论是事业、学业还是人生，1978年以来都是江平的黄金时代。而反过来，江平又用自己的思考，在一定程度上，影响甚至推动改革开放的前进。

在江平的眼中，改革开放前20年（1978～1998）关键词是“市场经济”，而后10年（1998～2008）的关键词是“法治国家”。甚至可以将前20年再细分，前一段（1978～1991）关键词是“经济建设”，后一段（1992～1998）关键词是“市场经济”。

尽管江平本人在其七十大寿时谦虚地表示，“我不是一个真正意义上的法学家，因为我没有认真读过多少法学名著，也没有写出什么像样的法学专著。”但事实上，江平作为这个时代最重要的法学家之一，甚至如贺卫方先生所言“时代的法学教师”，恐怕不会有太多的异议。

为民商法打开一扇窗

2004年12月，江平接受《南方人物周刊》采访时，曾与记者有过这么一段对话：

人物周刊：我们再往前一些，1979年，你开设罗马法和西方民商法课程，在当时谈“西”色变的背景下，有怎样的困难和风险？

江平：1979年，刚刚复校，思想领域的氛围还是比较解放。过去，这种课程一般叫做资产阶级民商法，要加上意识形态。当时作为选修课程，还是比较自由。当时开这种课程的很少，一方面可能是意识形态，另一方面了解西方罗马法的也不多，老一辈懂罗马法的很多不在了，新一代的又没有学过。我当时在苏联学过一些，还带回来一些材料，加上我们有的文献古籍，所以大胆建议开了这门课。

当时的风险主要是,一旦有点风吹草动,有点批判自由化思想的话,这种观点显然要受批判。当时我们讲商法,讲股份制,公司制度,票据制度,这些完全是市场经济,这种东西带有了西方民商法中启蒙的东西,学生很欢迎。

人物周刊:就您个人来讲,刚刚从22年的磨难中走出来,为何要冒险去开设这样的课程?

江平:呵呵(大声笑,沉思),我想,人总是要有一个理念吧。我们吃了这么多年"左"的苦头,改革开放给我们一个机遇,这本身要求一种新的思维。我当时差不多是成了学院的副院长,负责教学,这是我当时的一种理念,一种办学思想,也就是:法学应该兼容,要培养学生独立思考的精神。我们当时的选修课,老师都可以选择,很民主的,这引进了一种新鲜的空气。

人物周刊:这种新鲜空气很快产生影响吗?

江平:我们知道,在文革中,文科教育磨难最大,法学又是最甚。法学,被认为是最不需要,最没有用的东西。在"左"的情况,恰恰是不需要法律的,法律就是虚无。那个阶段,所有法学院校都解散了,只留下了北大。

经过那个法律虚无主义的时代,大家都有一个很重要的共识:法律必须从"左"的制度下解放出来,必须摆脱教条主义。复校,然后恢复法律,大家希望法律必须有一个新的理念和精神。过去苏联的一套,没有人再去宣扬,逐渐淡忘了。

这段对话,传神地勾勒出江平在北京政法学院率先开设西方国家民商法的时代背景。后来,龙卫球在其代表民商法研究所执笔的"只向真理低头——江平先生七十华诞人生回顾"一文中指出:

他是当时比较早地认定民法之法治基础价值者,从两个角度为民法观念的最初传播做出工作:其一,在窒息的学术空气中,他冒着政治风险,以介绍罗马法和西方民商法为名,进行启蒙,传播民法思想,阐述以民法为基础的法律结构之意义上的法治观念。他在1981年撰写了《罗马法》讲义教材,在1984年撰写了《西方国家民商法概要》一书,在政法大学设课讲学,领国内法学教育之先。他为学坦率,加之善于启发,很快使这两门课深受同学和同事欢迎,成为全国众所周知的

1984年随司法部教育考察团访问比利时。

1988年第一次访问意大利
时在大卫像下留影。

江平与爱德华教授。

1994年访问台湾地区时与学生合影。

特色课程。通过他的讲学，中国当时关于需不需要民法的争论，越来越明朗——法律分立为公法和私法，实有其深刻的社会本性，如果我们的社会要保持本性，追求人的幸福，就要在国家生活中，预留下民法的空间、个人的空间。其二，他意识到个人尊严和自治是民法生活核心所在，而现实生活中民法最大的对立面就是计划经济和政治国家。他洞察到，为个体的人松绑的第一个结，就是解决当时个人所依存的国有企业与国家之间的财产关系。在当时的条件下，将个人从国有企业解脱出来，在政治上是不可能的，但是他和其他同事非常机智地认识到，先将国有企业从国家行政管理中解脱出来是可能办到的。走出这一步，个人也就走向了经济自由的第一步。

1987年成为中国政法大学民商法专业研究生的李静冰，是江平的“西方国家民商法概要”课堂上的学生之一。时隔近30年，李静冰对江平讲课的记忆深刻：

记得江老师第一次正式给我们授课讲的是“西方国家民商法概要”。这门课的内容实质是比较民商法。其目的很明确，是纠正我们对于民法的一些偏见，让我们明白除了《民法通则》，或者《苏俄民法典》之外，其他国家也有民法。民法不是只此一家，内容也远不止于156条。通过这门课，我们知道民法是从哪里来的，怎样逐步发展演变的……

记得老师是用梅因《古代法》中的经典论断开题讲课的。梅因说，所有进步社会的运动在有一点上是一致的，在运动发展过程中，其特点是家族依附的逐步消灭以及代之而起的个人义务的增长……用以逐步代替源自“家族”各种权利义务上那种相互关系的形式的……关系就是“契约”……可以说所有进步社会的运动，到此为止，是一个“从身份到契约”的运动。老师解释说，梅因这段话高度概括了社会进步的基本规律，那就是社会进步就是个人从团体，团体从国家“依附关系”中不断得到解放的发展过程。将个人从对于“家族”，或者对于“国家”的依附中解放出来，是民法的基本任务。

1983年5月下旬，基于为全国培养民法师资的考虑，司法部在西南政法学院开设了全国民法师资培训班。

这个培训班的学员柳经纬，对江平在这次培训班上的讲课评价很高,认为江平"为中国民法科学打开了一扇窗"。柳经纬回忆当时的情形,"早在1983年春,我以厦门大学民法专业研究生的身份参加在西南政法学院(现西南政法大学)举办的全国高校民法师资培训班时,就聆听过江老师讲授的商法课,其授课内容之精彩以及洒脱的风度博得全体学员的认同。"

在这次西政讲学期间,江平的另一个举动也很让人感动。后来师从江平攻读硕士、博士的赵旭东告诉笔者:"当时江老师全天都要给师资班上课。我和厦门大学、西南政法学院的几个研究生,想请江老师开'小灶',结果他白天在师资班上讲完,晚上接着给我们讲。连续四五天,白天和晚上都讲,到最后嗓子都哑了。"为了如期讲完计划的内容,江平完全忘记劳累。

江平重回讲台的时候,和他的同事们面临同样的问题,即教材奇缺。缺乏教材,这不光给教师授课造成很大的麻烦,也给学生们学习造成很大障碍。在这种特定的时代背景下,北京政法学院的老师们自行编印的教学材料,受到市场的热烈欢迎,甚至因此还酿成中国政法大学校史上因偷漏税被查的一笔不光彩历史。

对于江平来说,同样面临着教材缺乏的问题。尤其是他开设的"西方国家民商法",当时没有任何可资借鉴的材料。幸好,江平在"文革"中处理从苏联带回来的俄文书籍时,留下一本俄语的《西方国家民商法介绍》。就这样,靠着参考俄文旧书,江平完成他在北京政法学院的授课。

授课过程中,结合自己的思考,江平写成的讲义亦于1984年6月,由法律出版社以《西方国家民商法概要》为名出版。这本23万字的书,首印6650册;1987年3月第2次印刷,印数一下子飙升至11,650册。

在这本《西方国家民商法概要》中,江平分为"总论"、"民法"和"商法"三大部分,对主要由法国、德国、日本、英国、美国为主的西方国家的民商法体系,做了素描性的介绍。

"总论"部分,第一章"西方国家民商法概述"主要是对西方国家民商法的概括性介绍。在第二章"主要西方国家民商法立法"中,分五节详细介绍法国、德国、日本的民商法立法和英国、美国的民商法律规范。而在第二编“民法”部分，则介绍“人”、“物权法”、“信托法”、“契约法”、“侵权行为法”、“知识产权法”、“亲属法”、“继承法”等民法分支。第三编“商法”部分，分别介绍“商人和商行为”、“合伙法”、“公司法”、“票据法”、“买卖法”、“保险法”、“破产法”等内容。

整体来说，这本书有其时代的局限性。比如，江平在“研究西方国家民商法的意义”一节，提出“历史的意义”、“批判借鉴”以及“维护我国权益”三点。在“批判借鉴”中，江平指出，“在深入揭示西方国家民商法为资产阶级利益服务的反动本质时，我们也必须深入了解才能批判得透彻，单凭痛骂是远远不够的。”进而引述恩格斯的论断，为“批判借鉴”而奠定理论基础。这种论述的思路、语气乃至策略，显然是20世纪80年代初期特有的时代特色的论证方式。

这一点，恐怕也是江平婉拒法律出版社重版此书的主要原因。2005年法律出版社法学学术分社推出“法学家书坊”，出版谢怀栻的《外国民商法精要》时，请求江平为该书写序，亦计划将江平的《西方国家民商法概要》重版。江平欣然答应前一个请求，而婉拒后者。在给《外国民商法精要》的序言中江平提及，“我在当时也匆忙写了一本讲义《西方国家民商法概要》，但比起谢老的这本书来相差何止千里，我的那本只不过是一本入门，一本外国民商法ABC。”对于旧作的理智评价，可能正是江平婉拒重版要约的根由所在。

但依然应该看到，这本书有不少闪光之处。江平在当时搜集、消化的资料，已经成为其日后从事学术研究的基本素材；而江平在当时很多观察和判断，亦在日后成为其学术体系中重要的判断依据。比如，江平在归纳“西方国家民商法的发展趋势”时即指出如下特点：第一，公法和私法的界限逐渐消灭；第二，商法的地位和作用越来越显著；第三，废除一些身份上的不平等规定；第四，家庭越来越成为松散的联合体；第五，新的民事主体形式和契约形式出现；第六，知识产权越来越受重视；第七，侵权行为的责任在越来越多的领域中开始逐渐由过失原则转向无过失原则。江平甚至发现，“以上这些变化和趋势被资产阶级学者说成是民商法的作用发生了变化，它从保护‘私人’利益逐渐变为保护‘社会’利益；从保护‘经济强者’（如生产者）逐渐变为保护‘经济弱者’（如消费者），并把这种变化视为更符合‘社会公正'的原则。"尽管江平在其后狗尾续貂地添加一句,"其实,这种变化更多是体现了竞争的需要,争夺消费者的需要,保护整个资产阶级利益的需要",但江平的这些发现和归纳,依然使其学术视角愈加丰满。后来在几篇有关民法典的论文中,江平对世界民法典体系演变的观察和结论,与这本书中的论述已无太大差别。

另外,江平在本书中提出很多民商法概念,这亦是本书另一个重大贡献。今天大家耳熟能详的物权、公司、信托、契约、知识产权、侵权行为、破产等术语,都是计划经济体制下无从产生的。在中国逐渐向商品经济、向市场经济起航的过程中,江平适时接续民国学统,重新推出这些概念,随着法律与市场经济的结合越来越紧密,这种开风气之功,亦将越来越明显。

对中国民法史颇有研究的柳经纬,对这本《西方国家民商法概要》评价极高:

众所周知,我国民法科学的构建始于清末至民国时期对西方大陆法系民法的继受,随着民国时期民法的颁行,已经形成了较为系统的私法理论体系。1949年,新生的政权废除国民党的"六法全书",因继受而来的私法理论体系遭到否弃。与此同时,鉴于当时向苏联学习的政治环境,我国民法学界全盘接受了前苏联的民法学理论。这种民法学理论的一个基本点是强调民法学的党性和阶级性。基于民法学的党性和阶级性原则,人们将西方国家民法与社会主义民法学对立起来,对西方国家民法及私法理念采取了极为粗暴的态度,简单地贴上"资产阶级"的标签,认为西方国家民法及私法理念"只能作为被批判和清除的对象"。改革开放以后的相当长时期内,这种观念依然根深蒂固。例如,80年代初出版的民法教科书以及多数民法学的论著中,我们所能看到的只是对西方国家民法以及契约自由等私法理念的批判性文字,而看不到任何关于西方国家民法本身的介绍性内容,更谈不上研究和借鉴。这个时期的中国民法学似乎在告诉我们,可以不必知道西方国家民法及私法理念的"真面目",但必须有批判西方国家民法及私法理念的阶级立场。显而易见,这种完全割断社会主义民法与西方民法传统的联系,对西方国家民法及私法理念采取简单的否定态度,不是科学的态度,由此建立的民法学理论也很难说是科学的理论。

江平以推动颁布民法典为己任。这是在某次讲座中，专门介绍《埃塞俄比亚民法典》。

2009年9月江平担任总主编的《共和国六十年法学论争实录》书影。

江平与王家福教授。

2009年11月20日，江平与王泽鉴教授应邀参加中国政法大学第十二期博闻论坛，围绕“海峡两岸土地政策新发展”展开对话。

正是在这样一种否定西方国家民法及私法理念的20世纪80年代初期，江老师出版了《西方国家民商法概要》(法律出版社1984年6月)。该书虽然仅有23万多字，却对西方国家民商法的基本制度与私法原则做了系统的介绍，向人们展示了西方民法的"真面目"。更为重要的是，该书对"研究西方国家民商法的意义"作了理性的阐释，作者指出："新中国成立以来，长期忽视法学的深入研究，民法科学在法学中更是薄弱环节。对西方国家民法和商法的了解和研究则是一个巨大的空白点。民法……有其自己的发生、发展和变化的历史。我国古代虽然也有各种民事法律关系，但是现代民法的体系和各种制度则来自欧洲。我们要深入研究我国的民法，就要了解各项民事制度发生和发展的历史，而西方资产阶级民商法则是民法各项制度历史发展中极其重要的一个阶段。""我们也可以说，没有罗马法、没有法国民法典、德国民法典这样一些资本主义国家的民法，也就没有现代社会主义的民法。不研究罗马法，不研究资本主义国家的民法，也就不能很好地了解我们今天的民法。"作者还指出，"民法和商法所调整的是商品关系"，社会主义社会和资本主义社会"都是商品生产的社会"，商品关系"必然有其共同的规律，这些规律是不能以人的意志而改变的，反映在民法规范上就有一些共同的东西，可以借鉴的东西"。针对当时包括民法学界在内的中国法学界存在的对西方国家法律采取简单否定态度的现象，作者也提出了批评意见，作者指出，即便是批判和揭示西方国家民商法的本质，"也必须深入了解才能批判得深透，单凭痛骂是不够的"。

在党性原则和阶级斗争的观念仍然支配着民法学界的20世纪80年代，《西方国家民商法概要》无疑为人们认知民法、为我国的民法学打开了一扇窗。透过这扇窗，人们不仅看到了西方国家民法的"真面目"，而且看到了社会主义民法与西方国家民法传统之间存在历史的渊源关系，进而认识到西方国家民法传统对于我国民事法律制度构建所具有的借鉴意义。

一本二十多年前出版的小册子，能够得到读者如此高的评价，江平无憾矣！

结缘罗马法

在20世纪80年代，江平的学术重心，除了普及民商法，更多的是追寻民法的传统，尤其是罗马法传统，这即江平自称的“罗马法的因缘”。

江平开设的另一门前所未有的课程是“罗马法基础”。1982年考入北京政法学院读研究生的贺卫方，曾是江平“罗马法基础”课堂上的学生之一：

听江老师的课真是一种享受。他站在三尺讲台上，气宇轩昂，一口标准的普通话和悦耳的嗓音，谈吐之中洋溢着知识的自信，两千多年前的历史典故和精妙学说仿佛一条精神的河水在课堂之上款款流动，滋润着学生们的心灵。虽然自己在大学阶段也上过周枏先生的罗马法，不过精通拉丁语以及现代西方多种语言的周先生却讲不了普通话，多少妨碍了师生之间的交流。但江老师的课却是清晰、流畅、风趣而又逻辑严谨。从这样的课上，我们学到的不仅是知识，而且也包括怎样改善表达能力的技巧。在一定程度上，法学不正是一门修辞的艺术么？

除了开设罗马法课程之外，江平早期的另一本著作，即《罗马法概论》。这本与米健合写的专著，至今已经由中国政法大学推出第3版。一本20世纪80年代的法学著作，能有此销量和市场，亦难能可贵。

米健忆及两人合作的缘起：

1985年元月的一天，我从厦门大学研究生毕业到政法大学报到后不久，有人通知我说江平副校长要见我。那时，我虽然读过江老师的文章，知道江校长，但并不认识他本人，他何以召见我这个新来的年轻教师呢？但不管怎样，校长召见，多少有些惊宠。于是赶紧整肃状态，应命前往。记得我和江老师第一次见面是在前些日子刚刚拆掉的七号楼二楼他的办公室里。靠南的小小办公室里，阳光明媚。初次见面，江老师爽朗亲切，不拘上下礼节，让我本来晋见校领导的紧张心情一下子放松许多。他开门见山，说知道我是从厦门大学毕业，而且师从罗马法学家陈朝璧先生,非常高兴,接着询问了我研究生期间的学习情况,问了我到政法大学工作的想法,我一一作了回答。令我很受感动的是,虽然我和江老师第一次见面,但他亲切真诚,关心爱惜之情溢于言表。我这个第一次见面的年轻教师已经可以感到他的开诚布公,推心置腹。他谆谆教导我说,一个大学教师首先要多讲课,讲好课,必须赢得学生,这是他在大学生涯的立足点。惭愧的是,恰恰在这点上,我至今没有做得很好。紧接着,江老师给我布置了我到政法大学的第一个教学任务,就是接替他讲罗马法课程,这让我颇感有压力。……于是,我赶紧向江老师解释,说我不能胜任这项工作,至少,要给一段时间准备,我也好借此先听听江老师的课。他大概看出我的说辞是真诚的,答应给我一个学期的时间准备。记得非常清楚的是,当我说自己讲课没有经验,需要先学习锻炼时,他笑着说:"我看今天的谈话不错嘛,可以给你个85分以上吧。"我不知道在江老师的眼中我后来的教学工作成绩是否有长进,但对当时的我来说,这虽然算不上夸奖,也是一个不小的鼓励。随后的一个学期里,我一边上江老师的罗马法课,一边准备自己的罗马法讲义,我的的确确从江老师的课堂上学到了许多东西。当然,江老师的渊博知识、讲课艺术、感染魅力是我永远学不到的,因为其中许多是与生俱来的。

1993年,江平和米健联手,在这年第二期、第三期的《政法论坛》上联合发表《论民法传统与当代中国法律》一文。该文从比较法的角度,对于民法传统做了极其详尽的梳理,在江平的学术论著中属于佳作之一。

在这篇文章中,江平等通过对欧陆民法传统的梳理,提炼出民法传统的诸多特征:发源于罗马法;以法典为主要渊源;以民法为其制度核心;法律进步倚重于法学等。甚至江平等还提出,民法传统的法律精神始终与自然法观念息息相关,兴衰与共,公平正义的理念贯穿始终。

江平和米健梳理欧陆民法传统之后,又将眼光放在中国。基于上述提炼,他们又深入梳理中国法律传统的转型进程。在结语部分,江平等对中国法律传统从欧化到苏化的分界与变革,做出切中肯綮的评论:

1949 年以前的中国,即国民党政府统治下的中国,它的法律制度直接继续着清末民初立法过程中所确立的法律制度与体系,而 1949 年以后的中华人民共和国则是以废除前此旧法统为基础建立起了新的法律制度。但是,这种对旧法统的废除,并不意味着当代中国法律发展过程的完全割断,而仅仅标志着新的发展阶段的开始。实质上,中华人民共和国对"中华民国"法律的否定,只是对其法律政策及反映在法律中的某些政治思想的否定。至于那些建筑于一般社会生活规律、悠久历史文化基础上的法律思想、道德观念及其相应的规范原则,系中国的法律都不可免地要予以接受,无论其形式有何变化,立法者如何宣称。总之,作为中华法律发展史上的两个阶段,国民党时期的法律与现今中华人民共和国的法律有着必然的历史与文化联系,它在客观上体现着当代中国法律发展的民族性与连续性。……可以预言,未来中国法制的迅速进步已是不可逆转的历史趋向。而在此过程中,民法法律传统的特征仍将给中国法制以鲜明的烙印。

随着中共十四大之后市场经济观念的深入,中国的"文艺复兴"气象越来越浓。1994 年 10 月,江平发起成立的中国政法大学罗马法研究中心召开了第一届"罗马法 · 中国法 · 民法法典化"国际研讨会。作为中方的组织者,江平以一篇《罗马法精神在中国的复兴》宣讲自己的学术观点。

江平指出,欧洲大陆曾在 14 ~ 16 世纪出现 3R 现象(即文艺复兴、宗教改革及罗马法复兴)。而随着市场经济改革在中国的发展,中国的法制与法律观都发生了很大变化,"从某种意义上可以说是罗马法精神在中国的复兴、私法精神在中国的复兴、人文主义在中国的复兴"。而之所以如此强调,则是因为江平确信,"市场经济的建立和发展也必然要求罗马法精神的复兴"。

江平从四个方面着手,阐释了罗马法精神在中国的复兴:第一,从意志本位到规律本位;第二,从国家到社会;第三,从身份到契约;第四,从经验到理性。在江平的眼中,罗马法已经成为古董,但罗马法的精神却经受住时间的考验,在全世界范围内产生恢弘而不可磨灭的影响。作为一个后发展国家,罗马法精神在中国市场经济条件下的复兴,是不可避免的趋势,也是不应改变的方向。

在江平看来，中国从“以阶级斗争为纲”转向“以经济建设为中心”，这涉及的是政治与经济的关系问题，而政治与经济的关系，又和国家与社会的关系密切联系在一起。国家与社会，到底意味着什么？

在 1995 年第 1 期《中国法学》上，江平发表的“罗马法精神与当代中国立法”中，提出了罗马法的四大观念：从意志本位到规律本位、从国家到社会、从身份到契约、从经验到理性。其中，从“国家到社会”一节，即专门讲述罗马法观念下国家与社会关系的嬗变，以及中国改革开放年代下的对应策略。

时隔半年，1995 年 8 月 1 日至 4 日，应时任神户大学季卫东教授的邀请，江平参加了在日本东京举行的“国际法社会学学会第 31 次年会”，并对代表中国学者做了一次大会基调演讲。演讲的题目就是“国家与社会关系的嬗变：论中国现今法律观念的变化”。

毫无疑问，这篇演讲是江平学术谱系中的一次重要的转向。在此前，江平更多将他学术关注的重心放在了民商法内部的框架结构上；而这一次，江平则跳出民商法专家的视野，以一个法学家的视角，来审视改革开放十多年来中国法律观的变化。

在江平看来，中国国家与社会关系的转变发生在如下六个方面：第一，从意志本位到规律本位；第二，从管理本位到权利本位；第三，从国家控制企业到企业自治；第四，从产权高度国有化到产权社会化；第五，从完全国家意志到意思自治；第六，从人治到法治。

走出所有权的泥淖

收录于《江平文集》中的第一篇文章，即他与康德琯、田建华于 1984 年合写的“国家与国营企业之间的财产关系应是所有者和占有者的关系”。

当时，中国政治经济体制改革刚迈出步伐。经济体制改革方面，迫切需要打破“一大二公”的生产经营机制，创造出市场化的新体制。在这种情况下，如何扩大企业自主权，成为困扰实务界、理论界的大问题。

江平和他的同事们在这篇“国家与国营企业之间的财产关系应

是所有者和占有者的关系”中,历数学界诸种通说之缺陷,最终提出国家地位的两重性(既是主权者,又是所有者)和企业地位的两重性(既是权利的主体,又是权利的客体),进而提出双重财产权的概念,即“双重财产权就是国家对生产资料的所有权和企业对生产资料的占有权”。

龙卫球在代表民商法教研室执笔的“只向真理低头——江平先生七十华诞人生回顾”一文中,对江平及该文章的贡献评价颇高:“这个关于国家所有权与企业占有权的物权关系的理论,在当时有着被攻击为所谓‘分化国家所有权’的风险,但是他以巨大的学术胆识,与其他有识之士,或撰文或演说,坚定地捍卫这种学说,最后终于推动了国家在政治和经济改革中一定程度地予以接受,并以《民法通则》确认了所谓‘企业经营权’。”

接下来的20世纪80年代初期,江平还写了一系列与市场经济取向有关的文章,诸如“试论调整经济关系的民事手段和行政手段”、“共同经营体法律地位初探”等。

现代企业制度建设

1992年春节期间,邓小平南方谈话将偏离方向的改革开放拉回正轨。时为七届全国人大常委的江平,听到这些讲话私下流传的只言片语,备感振奋。同年秋天召开的中共十四大,明确提出中国经济体制改革的目标是建立社会主义市场经济体制。中国的改革开放大业从此一扫郁积三年来的阴霾。而一年后召开的十四届三中全会,更是以一份题为《中共中央关于建立社会主义市场经济体制若干问题的决定》,为改革大业提速。

在这种情况下,江平迫切地用自己的才智,为构建社会主义市场经济体系从法律上作出回应乃至贡献,对市场经济导向的改革从法律视野作出整体的判断。

1993年《中国法学》第1期上,发表了江平的“完善市场经济法律制度的思考”。该文以纪念“八二宪法”颁布十周年为契机,而将研究视角放在对十年来的反思上。在这篇文章中,江平提及了人治与法治、实体与程序、稳定性与灵活性、意志性与规律性、主体与行为五大问题，这些都是初建的社会主义市场经济体制中亟待解决的问题。之后，江平几乎完全将时间和精力，放在对市场经济具体法律制度的论述和介绍、参与有关市场经济立法上。

1993年秋召开的中共十四届三中全会，提出“转化国有企业经营机制、建立现代企业制度”的方向，肯定“国有企业实行公司制，是建立现代企业制度的有益探索”，甚至提出“公司可以有不同的类型”。

究竟如何看待这些新提法、新举措？对于全面向市场经济体制转轨的中国改革事业，这是全新的事物，也是一道难题。蓬勃发展的市场经济，亟须法学界对此作出阐释。江平和他的博士生孔祥俊勇敢地接过这道难题。围绕“股权”概念，他们在1994年第1期《中国法学》上发表“论股权”一文。

江平和孔祥俊首先试图回答的是股权的法律性质。他们先从学理角度，在梳理大陆法系对于股权的各种经典学理之后，认为“股权只能是一种自成一体的独立权利类型”，很难归入传统学理的理论框架。说清楚股权的法律性质之后，还需要说明的是股权的来源。大陆法系和英美法系对此有不同且多样的学理阐释。江平和孔祥俊认为，股权既可以创设取得，也可以通过继受取得。最后，江平等则着力论证了股权与公司的关系。他们认为，股权与公司所有权在总体上是一种平行的关系。

这篇“论股权”发表后，引发一场规模不大的学术讨论。1994年第3期《中国法学》上发表来自全国人大法制工作委员会的“左羽”和“书生”联合署名的文章“公司法人所有权和股东的权利——兼与江平、孔祥俊同志《论股权》一文商榷”。这篇长达9页的“商榷”文以股份有限公司作为研究对象，在论及股东权利时，则对“论股权”提出质疑。

整体来看，“左羽”和“书生”对江平、孔祥俊的批评，主要是前者认为民法和公司法之间在诸多问题上不对接，而江平和孔祥俊则更多将公司法问题转化成民法问题，用民法的基本原理去阐释公司法问题。

对于这些批评和指责，在1994年第4期《中国法学》上，孔祥俊以一篇 3 页篇幅的“关于股权与公司所有权的几个问题——答左羽、书生同志”做了回复。

随着十四届三中全会的召开,“现代企业制度”也成为中国朝野各方炙手可热的关键词。与此同时,1993 年 12 月 29 日第八届全国人民代表大会常务委员会第五次会议通过了《公司法》。

在这种背景下,江平在 1994 年第 3 期《理论学习与探索》上,发表“公司法所建立的现代企业法律机制”一文,对国有企业的公司制改组做了精辟概括:企业公司化、公司股权化、股权明晰化、股权社会化、股东多元化、股权流动化。

此后不久,江平主持的一项“七五”国家社科基金课题“法人制度论”亦在《公司法》出台后不久结项,项目成果由中国政法大学出版社于 1994 年 6 月出版。这项研究由江平担任主编,赵旭东担任副主编,课题组成员还有孔祥俊、吕来明、张和伏、杨明伦等人。

早在 1991 年,江平即与博士生赵旭东合作写成“法人分支机构法律地位析”。在该文中,他们详细论证了《民法通则》中的“法人”概念的“法人分支机构”的法律地位和阐释。

在《法人制度论》序言中,江平介绍该项目的背景,是在十二届三中全会、邓小平南方谈话以及十四大期间,而这段时间,“我国经济体制改革几度峰回路转,历经风风雨雨,潮起潮落”。江平指出,增强企业活力一直是经济体制改革的中心环节,企业制度创新是当时经济改革的目标。制度创新的方向在于把企业塑造成自主经营、自负盈亏、具有自我改造和自我发展能力的独立市场主体,使企业成为真正的法人。这些决定了法人制度建设与经济体制改革的命运休戚与共,息息相关。而横亘在江平等人面前的难题在于,“改革过程中各种政策、体制和方针始终变动不居,难以定型,这既增强了我们的研究动力,又增加了写作难度”。

这本《法人制度论》,是江平的学术生涯中颇为重要的一本著作,也是法人制度领域中比较经典的学术作品之一。该书曾先后获得多项荣誉,诸如宪梓科研奖一等奖,并被推荐为中国图书奖优秀学术著作。江平 70 岁时编订《江平文集》,便将该书中他执笔的第一章《法人与团体人格》收入。

在1997年第6期《中国法学》上，江平发表“现代企业的核心是资本企业”，以此继续对现代企业制度的核心发起探索。在该文中，江平着重回顾改革开放以来中国两种公司(单一所有制公司和股份制公司)模式并存以及现代企业本质争论的历程，然后围绕“股份化就是资本权利和资本权利的人格化”展开论述。江平掷地有声地指出：“资本是要追求最大利润的。这一点在资本主义社会和社会主义社会并没有什么根本不同。不同的只是在社会主义条件下国有资本的比例要大于私人资本，而在资本主义条件下则相反。资本不是划拨，资本不是恩赐，资本也不是济贫。”

在姓社、姓资争论方兴未艾的背景下，江平的呐喊的确具有振聋发聩的效果。在这篇文章的后半部分，用两节的篇幅分别论证了资本企业的两个重要特征：资本社会化原则和资本流通原则。

龙卫球在代表中国政法大学民商法教研室执笔的“只向真理低头——江平先生七十华诞人生回顾”中，对于江平探索市场经济及其法律制度的深意，作出如下解读：“江先生在欣然看到法律改革走向民法生活的第一步后，紧接着开始了第二步的推动工作：将个人从计划经济的束缚中更彻底地解脱出来，开创个人自由式的经济生活。江先生的思路，明显是要借用公司这种现代经营组织形式，通过法人所有权，以及个人公司营业自由(资本市场自由)两个法律工具的建立，割断国家所有权与企业经营的不合理控制关系。”由此，江平进入龙卫球所谓“主体理论阵地”时期。

走向法治

1996年2月8日，王家福在中共中央法制讲座第三讲中，以“关于依法治国，建设社会主义法治国家的理论和实践问题”为题，标志着中国进入长达数十年的法治化进程。

在中共高层的支持下，短期内依法治国浪潮席卷神州。尤其是1997年依法治国被写入中共十五大报告，1999年依法治国方略被写入宪法，更是将法治化进程推向一个前所未有的高潮。此后，在长达数十年内，法治话语一直是中国法学界内外的主流话语。

在这种背景下,法治亦成为江平在较长一段时间内关注的对象:1998年年底,在"依法治国"进入中共十五大报告后,江平在"回顾与展望"一文中,纵论中国的法治化进程;2003年12月底的"观察家"年会上,江平的演讲题目是"转型期的中国法治";2005年,江平发表"法律:制度、方法、理念"一文,提出法治的三层次论;2007年年初,江平在《财经》年刊上撰文"法治的光谱分析",对2006年以来的法治化进程作出评述;2008年,举国陷入对改革开放三十年的反思和思考,江平以"从法律实用主义到法律理念主义"一文,实现了对"中国法治进程的再思考";2009年7月9日,江平接受《南方周末》"我的中国梦"颁奖,并以"法治天下,我乐观其成"为题接受专访,"法治"已经成为江平在进入新世纪后,学术与思想方面最重要的关键词。

与经济学联姻

2001年后,江平与著名经济学家吴敬琏高调宣布经济学与法学的结盟。这一经历,在江平的学术生涯中极为重要。

江平与吴敬琏所倡导的法学与经济学结盟,肇始于两人2001年8月在北戴河疗养时的相识。2001年8月,中共中央组织20位社科学者和50位国防科委的专家在北戴河疗养,江平和吴敬琏都在邀请名单中。疗养期间的数次交流,使双方都感觉到对对方学科的需要。二人一见如故,相谈甚欢,彼此都有从对方擅长的专业中寻求理论支持的冲动,约定发起成立上海经济与法律研究所。

为什么法学需要经济学的支持呢?江平在评论吴敬琏著《呼唤法治的市场经济》时,对法学与经济学的联姻历程,有完整的描绘:

由于中国的特殊社会历史情况,研究中国国内政治的政治学很难形成大气候,政治学似乎被大法学涵盖,而社会学也有不少敏感的地带,相当大一部分的社会问题被经济学涵盖。从这一意义上说法学和经济学的联盟,实际上是政治学、法学、经济学和社会学的联盟。社会科学者逐渐走上国家领导人的行列,治理国家的研究是这四个学科学者的历史使命。政治学研究的主要是政治力量的"纵横捭阖";法学研究的主要是法律制度中的"公平正义";经济学研究的主要是经济活动中的“机会效率”，社会学研究的主要是社会的“民情民意”。只有把这四种研究力量和研究方法结合起来，才能对中国的未来发展给予更准确的定位和方向。

那么，著名经济学家吴敬琏又为什么要提出与法学家的联盟呢？接受笔者采访时，吴敬琏指出：

我母亲邓季惺是朝阳大学法律系1932年毕业的，她老讲法治，有什么事都去翻《六法全书》。有时候，我在经济学研究中涉及法律方面的事就去问她。

印象最深的是所有权和经营权分离的问题。这个问题的背景是20世纪80年代国企改革要实现两权分离，即所有权与占有权、使用权和处置权的分离。这个说法是我的老师孙冶方从苏联介绍来的，但是这种观点在“文革”以前，被看做修正主义的观点。

“文革”结束后，从改革来讲，经济学方面有两大流派：一个流派是主张扩大企业自主权，另一个流派是主张建设商品经济。第一个流派在政府官员和国企经营人员里面占优势，这个观点是孙冶方早就提倡的观点，所以，在《企业法》中就用苏联两权分离的观点。在实践中，这就造成经济学上说的“内部人控制”的问题。这个问题当初我问过我母亲，她说这个概念是不对的，经理人员只是代理人。

当改革逐渐深入以后，牵涉交换中的规范问题、企业内部的关系，所有权与经营权的分立就变成一个小问题。后来我想，这个问题的根本原因，在于我们20年改革后出现的新问题：越来越无序，越来越腐败。

这种腐败，当然可以说是官员滥用权力。但是官员为什么能够滥用权力？一个原因是旧制度的遗留，因为原有制度下所有资源配置都是由政府安排，改革不彻底，政府依然有很多支配资源的权力，这就出现腐败；另一个原因就是市场发展以后，从初级市场（亦即“熟人市场”）向现代市场（亦即“陌生人市场”）发展，法律规则的制定和执行越来越重要，我逐渐感觉到经济的发展不能离开法律规则。

2002年春，上海经济与法律研究所在上海正式成立，这标志着江平与吴敬琏之间建立的法学与经济学联盟正式启动。

江平与吴敬琏教授在一起

2002 年 8 月 15 日,上海法律与经济研究所在北京友谊宾馆会议楼召开以“名誉侵权与言论自由”为主题的讨论会,陈志武教授以“媒体言论与法律困境”为题做了专题讲座。这是上海经济与法律研究所正式成立后的第一次学术活动。

此后,上海经济与法律研究所先后组织多次学术研讨。系列活动中,尤其以江平和吴敬琏之间的多次公开对话引起各方关注。对话的一方是经济学界的翘楚,另一方是法学界的泰斗,无论是其导向还是实质性意义,都影响深远。

我们可以根据洪范法律与经济研究网上的信息,整理出一份江平和吴敬琏对话的时间表:

2002 年 11 月 21 日,江平和吴敬琏在上海图书馆报告厅就“法治与市场经济”进行第一次对话;

2002 年 11 月 27 日晚,江平和吴敬琏在中国政法大学研究生院礼堂以“法治与市场经济:经济学家与法学家的对话”为题,展开第二次对话;

2002 年 12 月 29 日,江平和吴敬琏应北京国家图书馆“文津讲坛”之邀,围绕“法治与市场经济”的主题进行了第三次经济学家与法学家的对话;

2004 年 11 月 28 日,江平和吴敬琏应中央财经大学“中国财经法律论坛·2004”之邀请,围绕“宏观调控与市场规制”展开第四次经济学家与法学家的对话;

2010 年 6 月 10 日晚,江平和吴敬琏应中国政法大学“博闻论坛”之邀,在中国政法大学昌平校区礼堂围绕“市场经济是法治经济”展开第五次对话;

……

吴敬琏和江平的对话受到舆论的热情关注。吴晓波在《吴敬琏传:一个中国经济学家的肖像》中,对江平和吴敬琏的这一系列对话作出很高的评价:

这样的对话带有极强的启蒙气质和破冰意义,它在中国思想界打开了一扇窗,表明中国的思想界已经开始在一个更广阔的学术背景下理性而独立地思考建设现代中国的路径。在后来的几年里,他们涉及的一些命题,有的获得了一定程度的推进,如 2007 年通过的《中华人民共和国物权法》在保障私人财产上取得了突破;有的则被“不幸而言中”,如国有企业产权改革中的混乱状况从来就没有被真正改变过;也有的一直在缓慢的演进中,如政府职能的归位以及非政府组织的艰难成长,等等。

由于在公共事件中过于活跃,上海法律与经济研究所最终失去挂靠单位,无奈被迫撤离上海后,于 2004 年以公司形式在北京注册,更名为洪范法律经济研究所。

之后,洪范法律经济研究所继续活跃于公共领域,围绕社会热点问题,通过每年 20 次左右的讲座、“法律与发展文丛”、“法律与发展译丛”、“法律与发展普及文库”等系列出版物的方式,继续在学术界、思想界发挥着自身的影响力。另外,江平与吴敬琏联合主编,梁治平担任执行主编的《洪范法律评论》亦成为近年来一份兼具学术性与思想性的出版物。

2010 年 9 月,江平口述自传《沉浮与枯荣:八十自述》出版前夕,吴敬琏应邀撰写封底荐语,对江平作出了非常高的评价:

一百几十年来,一代又一代知识分子为建立现代中国进行了艰辛的努力。作为法学家和教育家的江平教授,就是其中的一位杰出代表。他在这本口述历史中,为我们娓娓道来自己如何从一个心怀天真理想的革命青年,在苦难煎熬中思索和磨炼,最终成为一位"只向真理低头"和为"法治天下"和"宪政民主"高声呐喊的"公共知识分子"的故事。每一个向往富裕、民主、文明中国的中国人,都能从这本书中获得关于中国现代史的生动知识和人应当怎样生活的人生教益。

"江平教授有异乎常人的宏观视野"

对于江平的学术风格,著名法学家王泽鉴有很清晰的观察。他告诉笔者:"我最佩服的一点,是江平教授有一种异乎常人的宏观思维。不管是民法、商法还是整个中国法律制度的发展,还是对于中国社会的发展,江平教授都有独到而清晰的研判。这一点,应该是江平教授对中国法律乃至中国整体的发展所做出的最大的贡献。"

王泽鉴还指出:

我看过江平教授的大部分文章,尤其他的文集。江平教授治学的特色,主要就是有宏观的视野,有理念也有思想,能够指导中国法学未来的发展方向。

他和我是不一样的。台湾已经有一个比较完整的法律体系,所以现在留给学者的问题,就是如何解释、适用这些法律,不断地通过立法的修正、法院的判决、行政的法令以及学理研究的紧密结合,促进台湾法律制度的解释适用,并在解释和适用中使其慢慢丰富。

但大陆地区正处在一个大变革时代,需要市场经济,需要立法的变更,需要体制的变更。大陆所面临的情况,跟台湾就不太一样。这些差异明显地反映在江平教授的著作上。他是一个往前看的、具有宏观视野的民法学者,更关注社会转型中的正义问题。即使像民商法这些技术性很强的法律,江平教授也有他理念的追求,如他强调市场经济,强调人的价值,强调个人的自主和自治,他希望这些理念能够共同促进整个社会进步发展。江平教授的学术著作的意义就在此。

对于江平所处的社会环境背景，王泽鉴教授有着深切了解。他曾听江平讲过一个"段子"：江平早年在北京政法学院开设罗马法，不明就里的人反问，怎么你们养骡子养马都有法？对此，王泽鉴印象颇深，在他看来，江平所面对的社会背景，使他更需要去做推动法治进程的工作。王泽鉴直言："从这个意义上来说，江平教授完全是中国大陆地区法制建设的推动者，他宣扬法律的理念，侧重于普及价值，善于从比较宏观的层面看问题。他对中国法律的发展，起到普及和深入的作用。"

"那么，您认为像江老师这么一个学者，在大陆法体系中到底是一个什么样的地位？"笔者问王泽鉴。

"他的第一个贡献，就是把罗马法引进来，因为现在中国政法大学和罗马第一大学、罗马第二大学有更多的交流，他的贡献使中华法系和另外一个重大法系有了交集，从而奠定中国法制的历史基础。江平教授的第二个贡献，就是他提倡民法的理念，奠定民法发展的基础，而且加强民法和商法的联系，形成现在的法律体系。基于上述两点贡献，江平教授的卓越的贡献，最终影响法律的运作，奠定中国大陆法学研究的方向和法治事业的基础。"

这是王泽鉴教授对江平的衷心评价。或许，这种发自内心的理解、认同乃至欣赏，也是王泽鉴在获悉江平要捐资设立民商法奖学金之后，慷慨解囊的一个很重要的原因吧。

作为江平第一届博士生，赵旭东对江平的学术风格也有着清晰观察：

江老师在治学方面有他独特的特点，在我看来表现为三个方面：

第一，他的学术高度和视野。江老师在包括民商法在内具体的法学研究当中，表现出很高的学术境界、很宽广的学术视野，往往比一般的学者看得更高更远。

第二，他的学术独立。在学术方面，江老师不是一个随波逐流的人，也不是一个泛泛而谈、只有一般性学术见解的人，往往有他自己独到、创新的见解。可以说，在很多场合下，在探讨任何一个学术主题的时候，只要他发言，他总有与众不同的观点和见解；甚至同样的一种观点，他也会用他的表达方式说出来，让人感觉到新意。这一点就反映出他学术上的独立性，独立思想、独立观察。甚至可以说，这些独立性表现在更广阔的方面。就像他自己说的,他不趋炎附势,也不随波逐流,没有迎合、讨好的癖好,保持一个学者在学术上的独立性,甚至在一些很敏感的问题上,他也保持学术的独立性,敢于表达自己的观点。在他70岁生日时,他自己概括为"只向真理低头"。

第三,他的学术宽容。他自己对很多问题有独到的见解,他也不简单地附和于他人,但他也绝不轻易地否定、排斥或者压制不同的学术观点和见解。相反,他对不同的学术观点或见解,持非常宽容和包容的态度。这表现出他作为法学家,在学术上的民主精神或者宽广的胸怀。作为学生,很多时候和江老师参加学术会议,在课堂上或私下交流,我们从来不用去揣测江老师是否认同我们的观点,也不用去迎合江老师的观点。他不会因为你的观点和他的一致,或者迎合他的观点,就能得到他的欢心,或者反过来会引起他的不满,从来不用有这样的顾虑。相反,我们可以坦诚、充分地表达自己的想法。你只要充分表达自己的观点,他会理解、尊重你,也许他还会从你的见解当中发现你的学术能力,会得到积极的评价。对于一个学术大家,这是一种非常让人钦佩的品质。

赵旭东追随江平近三十年,若非切身感受,他断不会作如上表示。而且,江平在学术思想上的高屋建瓴、在学术讨论中的宽容,这不光是赵旭东一个人的感受,可以说凡是与江平有所接触、对江平有点了解的人,都会有类似的感受。海纳百川,有容乃大,江平以自己独立的精神和博大的胸襟,成就了自己的学术气象!

十二、从法律到政治

——江平的思想谱系

“法治离不开政治”

与其他学者形成鲜明对比的是，江平不光是法学家，更是一个思想家。作为站在中国法治进程第一线的学者，他对法治进程中的每一步，都有更为直观的感受。他从法学的视角出发，对中国很多事情的理解和判断，以及他的呐喊，都成为这个时代不可多得的财富。

促使江平将关注领域从法律扩充到政治的原因，一方面在于他敏于思考的学者本性，但另一方面，亦在于法学本身很难离开政治。关于这一点，江平受李慎之影响颇深。江平在口述自传自序中提及，20世纪80年代与李慎之在全国人大法律委员会共事期间，李慎之曾对他说过：“你们搞法治的，最终会发现法治的困惑在于政治，法治离不开政治，中国现有的政治制度，你们是绕不开的。”李慎之的这番话，使江平颇受启发，由此他开始更关心宪政、关心国家的政治制度改革。

在江平的思想谱系中，其对社会主义体制的反思，并不像民法、商法乃至其他领域那么显著，但这的确又是极其重要的一部分。江平在近三十年尤其是在90年代中期之后对社会主义体制的反思，使其思想谱系越加丰满，使其超越法律专家的视野，成为一个颇有独立精神的知识分子。

江平的反思，建基于其历史观。2008年5月11日，江平应邀在“燕山大讲堂”第1期中主讲《从法律实用主义到法律理念主义：中国法治进程再思考》，开篇即摆出其历史观：“不知道总结自己历史教训和历史经验的民族，不能够叫做一个严肃认真的民族。”“只有真正地研究怎么走过来，我们才能更有信心地说走向何方。”“中国法治建设的发展是一个曲折的进程，或者说是进两步、退一步。”在这种历史观的指引下，江平又对于其奋斗近六十年的社会主义，作了哪些思考呢？

政治体制改革:不能绕过、不可回避

在江平的学术和思想历程中,自从其1990年去职之后,沉寂至少两年多。大约在1992年邓小平南方谈话之后,江平才开始写出一系列高质量的学术论文,在学术期刊上频频发表文章。

然而对于公共话题,尤其是涉及社会主义制度,江平的声音在1998年才开始传出来。这也使潜伏近十年的江平重返思想的舞台。

破冰之作当属给董郁玉、施滨海等人主编《政治中国》一书写的序言《政治体制改革不能缓行》。这是江平首度以民法专家的身份,论及政治体制改革。

"苏东波"之后,社会主义究竟往何处去?中国往何处去……这些问题对于中国庙堂之高的决策者、江湖之远的往来人,都具有着磁石般的魔力。但这些问题本身的复杂程度,却又使每一个思索者都百思不得其解。

到1998年前后,"苏东波"已经过了"七年之痒",中国的改革开放大业也迎来二十周年纪念。在这样的纪念日,反思过去、展望未来是整个社会共同面临的问题。

1992年春节邓小平南方谈话后,经济体制改革重新起航。然而,政治体制改革却依然是一个讳莫如深的敏感问题。

对于这个话题的敏感程度,江平心知肚明,亦开门见山地摆出来,对编者与作者的社会责任感和道德勇气表示"特别钦佩"。但是,尽管敏感如此,江平依然毫不犹豫地指出,政治体制中的问题不可能在无所作为中得到解决,"事实已经向我们昭示,政治体制改革进程越是缓慢,许多问题的敏感度就越是加大;问题的敏感度越大,其解决的难度也就越大。"既然如此,江平提出必须正视和解决这个问题。

那么,千头万绪而又禁锢重重的政治体制改革问题,究竟该如何破题?江平拟定出的路线图中,第一步是培养宽松的环境,增加政治体制的吸纳能力,落实公民的表达自由和权利,进而使全社会都参与并认真讨论政治体制改革问题。在江平看来,"以理智的方法来讨论政治问题,用程序化的方式来革除政治体制中的弊端,解决政治体制所面临的问题，这既是政治体制改革所要达到的目标，也应该成为政治体制改革的一个既定程序和过程。”

此文写作近十年后，江平在《财经》2007 年年刊中撰文《法治的光谱分析》，重提政治体制改革。江平指出：“改革既需要经济体制改革，也需要政治体制改革。在政治体制改革中如何加强民主政治的建设，又是当前政治体制下可以更加加快步伐的一个重要方面。”

对于 2006 年通过的《监督法》，江平认为这部法律作为权力制衡大典，可取的地方在于，这部法律扩大各级人大常委会对一府两院的监督权，也提出相应监督程序，甚至提出近似违宪审查的撤销权；而所担忧的是，《监督法》的不断“减肥”与“瘦身”，使民主政治的前景堪忧。

2010 年 9 月，《凤凰周刊》推出《十年：我们这样报道中国》特刊。江平在应邀撰写的“名家寄语”中，语重心长地指出：“中国社会需要改革，不改革是没有出路的。改革不仅是经济体制的改革，而且必须配套政治体制的改革，没有后者，前者的改革也不能持续、巩固。政治体制的改革，核心在于宪政的改革，不能仅仅以行政制度的改革代替宪政的改革。宪政改革核心有三个：一是解决现今党政不分的现象；二是改革和推进权力民主化进程，实现主权归民；三是建立真正的私权保障机制，最大限度地保障公权不对私权实行侵犯。”

普遍未处理好国家与社会的关系

江平 1998 年参加《中国社会科学》组织的“纪念中共十一届三中全会召开 20 周年笔谈”时指出，“社会主义国家已经存在 80 多年了。总结 80 年来的经验教训，重要的一点就是普遍地、程度不同地没有处理好国家与社会的关系。”江平列举三点表现：第一，过分强调国家的作用，忽视甚至取消社会自身的作用；第二，国家过分地、不必要地干预社会生活。第三，没有正确地理解和处理好两种不同性质的法律关系。在中共召开十一届三中全会 20 周年之际，江平在热烈的庆典上泼上这样一瓢凉水，是需要一定的勇气的。

江平对于社会主义的病灶判断，应该说比较准确。基于这种认识,江平对十一届三中全会给予很高但又有所保留的评价。江平认为:“十一届三中全会为在理论上弄清政治和经济、国家和社会、公法和私法的关系奠定了基础。但是应当说,这一任务还远远没有完成。”

在此基础上,江平提出需要把法和社会联系起来研究。在江平看来,之所以如此,则是基于这种研究思路本身,“就是承认在社会主义国家中仍然在一定程度上或者相当大程度上存在‘自治的社会’或‘社会的自治’”。而这一承认本身,对于国家无孔不入的统治形态来说,终将是一种划时代的,对于治国者来说全新的治理哲学。

这种观点的实质,在于将社会从国家中逐步剥离,使国家和社会都有清晰的边界。或者说得更直白一点,在江平的思想体系中,区分社会主义下的国家与社会,最根本的目标在于给社会向国家说“不”的权利,社会得以在国家权力的控制之外,“我的地盘我做主”。

与上述论述相因应,在江平看来,从计划经济体制向市场经济体制的转变,对于社会主义来说,亦具有与国家和社会关系嬗变类似的异曲同工之妙。江平提出,从计划经济向市场经济的转变会带来经济生活和社会生活的深刻变化,相应地应确立因应这种变化的法律观念。如何确立新的法律观念呢？为此,江平提出了三条原则:其一,国家组织经济之手是计划,社会组织经济之手是市场。其二,法律既包含意志又包含规律,意志是统治阶级的意志;规律是社会经济的内在法则。法律应当坚持意志和规律的统一。其三,权利和义务是法律观念,只应从法律关系中去理解和解释。

在江平的亲身体验中,社会主义“一大二公”的意识形态,只教会人们两个词:索取和奉献。如果要给这两个词加上限定词的话,那就是无休止地索取、无止境地奉献。按照这种解释,“既然要弘扬奉献精神,那就应该多讲义务、少讲权利,就应该树立‘义务本位’的公民意识”。也正是因为如此,“在计划经济体制中,义务是确定事物性质的主要方面,因为任何企业都必须无条件地完成国家计划任务,赋予企业各种权利也都是为了更好地实现这一义务”。

“苏东波”的教训在于“三垄断”

在江平看来,社会主义国家普遍未处理好国家与社会的关系,是社会主义运动80年来出现重大波折的深层次原因。

2000年12月，江平在《江平文集》自序中，援引苏共中央前总书记久加诺夫的论述，提出垄断意识形态、垄断政治权力、垄断特权利益的“三垄断”，乃是“苏东波”发生的根本原因：

社会主义要不要民主、自由，社会主义又需要什么样的民主、自由？对于我这样一个在社会主义国家榜样的苏联生活学习了五年的青年人总会有这样的问题要去思考的。赫鲁晓夫的秘密报告给了我某种答案。其实，“秘密报告”后来一点也不秘密，连中国学生也都可以去听。“秘密报告”揭露的是与“公开报道”截然相反的事实：专制、个人独裁……难道在中国我也要去追求这样一个制度吗？在我去那里学习的四十年后，这个制度垮台了，究竟垮台的原因是什么呢？是“修正主义”上台？是帝国主义“和平演变”？我看都不是，倒是身历这一制度现今仍为社会主义理想奋斗的俄罗斯共产党中央书记久加诺夫说得好，他说：“苏联共产党垮台的真正原因是它的三垄断制度，即共产党员以为自己想的说的都是对的——垄断真理的意识形态制度；以为自己的权力是神圣至上的——垄断权力的政治法律制度；以为自己有不能说却可以尽管做的特权福祉——垄断利益的封建特权制度”。这三垄断：就是十足的专制，就是缺少真正的民主、自由机制。斯大林统治下，不是也把那些稍有主张民主自由的人，对专制独裁稍有不满的人，都扣上一顶“资产阶级”的帽子，称为反对派，也有时称为右派。那时只不过处理的方法更干脆，是枪毙了之，不留后患。

“苏东波”的教训应引起我们高度重视，好好研究，认真汲取！

2009年年底，笔者应孙国栋之约，撰写《我听江平谈耀邦》一文，作为江平八十大寿的贺礼。当时写那篇文章的时候，手边正好是2009年11月18日出版的第24期《南风窗》，该杂志做了一个“主义、道路与变革”的专题，全面盘点了除中国共产党外，其他如前苏联、日本、朝鲜、越南、印度、尼泊尔等国执政或在野的共产党。其中就有对现任俄罗斯共产党总书记久加诺夫的专访，我再次看到了江平先生引述的久加诺夫关于“三垄断”的叙述：

苏共丧失政权的最重要原因是，在长期一党专政的制度下，实行了"三垄断":垄断真理的意识形态制度,垄断权力的政治法律制度,垄断资源与经济利益的经济制度。思想文化领域的专制,导致稍有不同于官方的意见,就会被认为是异端邪说,就动用专政工具整肃、镇压,或投入监狱,或关进疯人院,或驱逐出国、剥夺公民权利;垄断了权力,使苏共及其领导人的权力凌驾于政府和法律之上,出现了一个脱离人民的官僚特权阶级;垄断了资源和经济利益,使社会经济生活缺乏活力,大量资源被用于军事工业,人民生活得不到改善,对苏共的不满日益增加。而在苏联那样的多民族国家,少数民族往往会把对既得利益集团腐败专制的不满情绪转化为民族矛盾,一旦累积到不可调和的地步就将导致民族动乱、国家分裂。

在这么一个风雨飘摇的多事之秋,久加诺夫说的每一个字,的确都值得我们警醒。

人权是更硬的道理

至少从其内心来讲,江平本人其实并不愿意纠缠于社会主义与资本主义之间的恩怨上,尤其是所谓姓社姓资问题。

江平在2008年7月25日天则经济研究所"市场化三十年"论坛上,发表"思想解放与'两个解放'"的演说。江平提出:"一个半世纪后的今天,资本主义社会被社会主义代替并未实现,何时代替或能否代替都难以肯定,但至少社会主义这个理想和目标总不能忘掉吧,那就是求得'每个人的自由发展'。或者说'每个人的自由发展'就是'每个人应当享有的自由',就是每个人应有的人权,就是'具体的人权',就是'解放人自己的最高目标'!"

读者可能已经看出,此处引文即出自《共产党宣言》。《共产党宣言》中最核心的一句话,就是"代替那存在着阶级和阶级对立的资产阶级旧社会的,将是这样一个联合体,在那里,每个人的自由发展是一切人的自由发展的条件"。江平在其文章中,曾屡次引用过这句话。这句话,恐怕也是江平他们那一代人服膺于共产主义、社会主义理想的最根本的原因,在内忧外患之中,他们太渴望"在那里,每个人的自由发展是一切人的自由发展的条件"的世界了。

通过重提社会主义的最初的信念，江平提出了他自己的观点：发展是硬道理，人权也是硬道理！而且江平甚至还率真地提出，"'发展'和'人权'这两个硬道理中'人权'应该比'发展'更'硬'一些！我们不能以发展来限制人权，不能以发展来削弱对人的关怀。"

在这里，江平所援用的例证即是苏联工业化道路的悲剧。回顾事实后，江平忍不住感慨："一个号称社会主义的国家为了加速其工业化进程和实现'强国'的理想，不惜牺牲人民的权利、农民的利益，最终在苏联瓦解进程中失去了人民的支持。"

随后，江平指出："历史告诉我们，任何一个政权只有给了人民最大的物质关怀和自由保障，它才能期望得到人民的支持。在这个意义上又可以说，发展是硬道理，人权是更硬的道理！"

仅仅让人权超越社会主义的意识形态还不够，江平还清醒地看到，"社会主义人权的对立面在于它自己的内部"。其中第一个危险是社会主义强大的公权力已经蜕化为对私权的限制甚至剥夺；另一个危险，则是社会主义历史中曾经严重发生而今天仍然存在的特权现象。由此，江平认为，未来改革的进程如何解决好两个可能的异化，如何消除两个存在的毒瘤，则成为社会主义成败的枢纽。

江平提出，法治社会应由民主国家、人权社会而构成。他确信，"待我们这两个目标都实现，这两个'解放'都实现，我们才可以说社会主义优越性实现了，我们创造出比资本主义更大的生产力，我们给了人民更大的民主和自由！"

对于这一点，江平在 2008 年 8 月 11 日"燕山大讲堂"第一讲"中国法治进程再思考"中，亦有清晰表达。江平指出，传统教条常说，社会主义之所以能够战胜资本主义，主要是因为劳动生产率和民主都远远高于资本主义，但现在看来，这两点都还没做到。江平忆及往事，忍不住叹息："60 年前，1948 年，正好是我高中毕业那年，那时候在国民党统治区里面，学生运动就是反对国民党的专制和腐败，提出来要民主和自由……对我来说，60 年前是要为民主自由而努力奋斗，今天这个任务还仍然存在。"

宪政社会主义?

就江平对社会主义体制的思考来说,仅仅倡言人权是比发展更硬的道理,似乎还不足以给社会主义往何处去这个问题,描绘出蓝图。2007 年 3 月,江平在《当代世界与社会主义》上发表“宪政与社会主义”一文,简洁而清晰地表述他对社会主义未来的思考。

通过“三个前提”、“一个核心”和“三个层面”,江平对这个硕大的问题做了庖丁解牛般的梳理:

“三个前提”主要是指:“我们应当承认社会主义的实践和理论是多元的,谁也不能垄断”;“今天我们讨论的在一个新的历史时期里的社会主义”。

按照江平的叙述逻辑,明确“三个前提”,即可讨论如何建设有中国特色的社会主义。对于这个问题,江平提出了“一个核心”:一个制度的好坏,应该以人民能否接受为标准。江平既有理论依据,又有实践依据。实践依据,即在于“苏东波”。江平坦言:

拿苏联和东欧来说,东欧社会主义有 40 多年历史,而苏联有 70 多年,为什么一项制度维持了 40 多年、70 多年最后都不能维持下去呢?因为人民最终抛弃了它、一个社会制度最终还是靠人民来选择。如果制度能够给人民带来更大的利益、更多的财富,那么人民就会拥护这个制度;如果制度不能为人民带来利益和财富乃至损害他们的利益和财富,他们就抛弃它。

而理论依据,即在于胡耀邦的话:

记得胡耀邦同志说过,老百姓不管你是国民党还是共产党,谁给他带来了生活的改善他就拥护谁,我想这是一个政治家最朴素的话,老百姓拥护执政党不是靠意识形态,不是说你的理论有多么好、纲领有多么好。如果一个制度长期不能被人们接受,那么必然要改革,不改只有失败。所以我们要明白的是,社会主义究竟为人民带来了什么。

在明确“三个前提”和“一个核心”之后,江平提出他对社会主义的理解。江平认为,社会主义应该包括这样“三个层面”:经济层面、社会层面和政治层面。

江平选择展开阐述的政治层面。而之所以忽视经济层面和文化层面,则是因为在学界内外,这两者已经有足够多的论述和共识。“我想社会主义从政治角度看应该是宪政的社会主义。”

对于什么是宪政的社会主义,江平归纳了五条:第一,树立宪法的权威。第二,确立权力受到制约的政治制度。第三,政治民主。第四,民权的保障与落实。第五,建立违宪审查制度。那么,这五点什么时候,如何实现?对此,江平则既乐观又清醒。“中国的事情要慢慢来,不能一步到位,但是仍然要有一个希望,要不断往前走。”

党权问题

早在1999年,江平即在一篇题为“党的领导与依法治国”的演讲中,直面中国社会主义体制下的党权问题。毫无疑问,这是当前中国最为敏感、最难以处理也让党内外最纠结的问题。这篇文章先后收录于《江平文集》、《江平讲演文集》中,可见江平对其重视程度。

对这个问题,江平从两个例子切入:其中一个是北京市人大对“依法治国”口号的争议,“有人说,如果提这样的口号,那么把党的领导放在什么地位?这是不是削弱党的领导?”另一个例子,则是山西某县普法教育的考题中,要求应试者在“党中央”、“国务院”和“全国人大”中钩选出我国最高权力机关,而县委书记的答案是“党中央”;当工作人员拿给他宪法看时,他将之斥为本本主义。

在江平的眼中,这两个例子都指向同一个问题:宪法规定了国家最高权力机关是全国人大,但现实生活中党领导一切;如果实行依法治国,似乎就要和党的领导发生冲突。

对于历史形成的中共领导地位,江平并无非议。江平亦明确表示,“在改革开放和进行社会主义现代化建设的事业中,仍然离不开党的领导。”但是,“由于存在上述现实问题,对于实施依法治国方略,人民群众一方面举双手赞成,一方面存在疑虑:到底是法治还是人治?法大还是权大?这是依法治国的实质性问题,解决了这一条,也就实现了依法治国。”在江平看来,千言万语最终归纳为一个问题:党的领导如何与依法治国相结合?

对于现行中共领导机制的运作,江平有着全面而清晰的描述,甚至有着委婉的批评:

过去长期以来,由于对社会主义的教条主义理解和照搬现成的社会主义模式,我国形成一套权力高度集中的领导体制,使处在领导地位上的党实际上掌握了最高、最集中的权力,各个方面都要服从党的集中统一的领导。按理党的领导权力不是国家领导权力。执政党掌握了国家领导权,是应该通过执政党的党员担任国家各级权力机关的负责人,它才享有国家的权力、政府的权力。党权是通过国家的权力体现出来的。但在我国的实际情况是,执政党直接行使国家权力,而且执政党永远是执政党。政府权力无非体现为行政权、审判权、检察权、人事权、军事权、外交权等,这里面即使最大的行政权,也是分设为各具体部门管理各方面事务的,行政领导人是这些行政权力的总管理。但我们的实际情况是党权囊括了这些权力。在立法机关和全国人大中也有党组,在重要问题上党组要请示政治局常委。地方人大也是要听党委的。司法工作要受党委政法委领导,在办案时,对党委领导、书记的话,法院就不能不考虑。各地区、各部门、各单位的党委书记是第一把手。这个"第一把手"在法律中不知如何界定,但各行各业都能指挥。一个书记不需要兼任别的职务,就可以管一切。下面把第一把手的报告、指示看得比法律高得多,重要得多。这些情况表明了一个道理,不写在宪法中的权力是最大的权力。

另外,党的文件也不只是对党内、对党员的,而是高于政府指导政府的。按理党的文件与宪法和法律是没有可比性的,但实际上人们把党的文件看得高于法律,对党的文件的学习、了解程度也高于法律。当然并不是说二者必有矛盾,也不说是党的文件都违反法律,但并不排除一些地方的党的文件的内容有违反法律的情况。那么遇到这些情况怎么办呢?在政府部门,如果做出的文件、决定和法律规定不一致,那么根据《行政复议法》可以要求行政复议,而且可以告状。但在党的文件中出现这样的情况就不好解决。一个级别的党委做出的不正确的文件,没有人能撤销,也不能到法院去告状,除非上级党委才能撤销。

党权的这种地位，又无可不包的状况，不仅造成了党政不分、以党代政，而且容易出现少数人或第一把手的意志高于法律，自然会形成人治，形成权比法大。除此之外，还产生了一个严重后果，就是“吸引”了那些坏人极力钻进党内，掌握领导权，大搞以权谋私，使各种形式的腐败愈演愈烈。从揭露出来的一些大案看出，其中不少主要犯罪分子是党委书记或党委重要成员。他们所处的位置使他们可以利用各部门的各种条件贪赃枉法，其方便程度超过了只掌握政府的任何一个部门。这就使本来应该是最清廉的党权变成了“含金量”最高的权力。

应该说，江平对于中共领导机制直言不讳的批评，很是切中肯綮；对于问题的归纳，也是比较全面的。

之所以如此，一方面是因为，江平在近十年的时间内担任中国政法大学校领导，亦在作为最高权力机关的七届人大担任过全国人大常委会委员和法律委员会副主任，对于中共体制的运行，有实际的参与和亲历。在这种情况下，江平对于中共体制的运转，自然有着较之常人更多的了解。而另一方面，江平在一定程度上同时兼具这种领导机制的受益者和受害者的双重身份，他既在这套体制下面游刃有余地度过近十年时光，旋即又被这套体制淘汰出局。

那么，面对这些问题，江平又提出什么样的“锦囊妙计”？江平的解决方案，可以说，老套但却中肯。第一条，便是解决权力的制约问题。第二条亦很常见，“监督”而已。江平坦言，加强监督的观念已经成为普遍共识甚至进入宪法，前“橡皮图章”人大的监督作用有所增强，政府的被监督意愿亦明显增强。然而，江平话锋一转，指向当前监督体制的“软肋”：

但是，由于监督机制本身还很不健全，更主要的是由于以党代政体制的存在，而党权还是不受法律监督的，因此我们国家的权力监督比较困难、复杂。人大对两个领域不能监督，一个是党，一个是军事、国防。作为全国最高权力机关的人大，实际上只监督“一府两院”，而且“一府”的监督也存在问题。以省人大为例，在监督中就有困难。除了省委书记是第一把手的因素以外，省长也都是省委副书记，人大对“一府”的监督实际上成为对政府所属各部门的监督，很难对省长、副省长进行监督。所以，目前在人大监督中存在的重要问题，就是只能对次要权力加以监督,对主要的权力不能监督。这就是人们认为人大监督未能充分发挥作用,仍显无力的原因。

那么,究竟如何对党权进行监督?谁来监督党?江平的思路中,隐约可见“选举”、“舆论监督”等要素:

我们一般讲是人民监督党,但这不是制度性的,目前还没有建立这种制度,在宪法、法律中也没有具体内容。从党内监督来讲,党内有纪律检查委员会,但纪检委所做的只是对违反党纪现象、腐败现象进行监督,不是对权力膨胀、代行政府职能的监督。加之纪检委是处于同级党委领导之下,对同级党委及第一把手很难监督。当然,党曾经自己纠正自己的错误,但付出了很大代价。有时这一代纠正不了,靠下一代领导才能纠正。而且,这是没有制度保证的,如果弄得不好,可能要付出更大、更沉重的代价。在其他国家,政党通过竞选取得执政地位。成为执政党以后,如果对国家权力行使得不好,社会、民众不予认可,在下一届选举中就可能成为在野党。任何一个政党都没有执政的铁饭碗。这样,选举本身就成为对执政党的监督制约机制。另外,舆论监督也发挥着重要的作用。

平心而论,选举、舆论监督的监督方式,已然成为朝野各方的常识,江平的药方并不新颖别致。在一个常识甚为稀缺的时代,重述常识不仅必要而且迫切,回到常识亦是一种理性而现实的应对方式。

十三、未尽的梦想

——江平和他的民法典

“走向法典化”

在20世纪80年代初，江平曾短期参加过第三次民法典的起草，嗣后奉令回校。第三次民法典起草因为种种原因无果而终。此后，江平参加《民法通则》的制定。近三十年来，江平一方面在学术上努力构建了中国民法的学理体系；另一方面，一直在立法层面继续朝民法典的梦想进发。

在中国的立法体制下，制定什么法律、不制定什么法律，大部分情况下都是立法机关领导人甚至更高层次的中央领导人研究决定。这使学者的使命和作用，只有在同官方的诉求一致的时候，才往往能发挥作用。

1996年是《民法通则》颁布十周年。这年12月16日至17日，江平所在的中国政法大学与最高人民法院民事审判庭和经济审判庭联合召开“民法通则实施10周年理论与实务研讨会”。在这次会上，江平的发言《民法通则起草和目前民事立法的指导思想》中，提出“走向法典化”的展望。

几十天之后的1997年1月27日，在中国法学会会同全国人大法律委员会、全国人大常委会法制工作委员会、最高人民法院在京联合召开的《民法通则》实施十周年座谈会上，与会的立法、司法机关领导人与学者们共同提出制定民法典的问题。时任全国人大常委会副委员长王汉斌指出，“我们需要提出研究起草民法典的问题……现在法工委正会同有关部门和民法专家研究起草合同法、物权法，内务司法委员会正在会同有关部门研究把婚姻法修改为婚姻家庭法。我们要努力在制定这些法律的基础上，进一步汇集研究起草一部完整的民法典。”时任中央政法委书记、最高人民法院院长的任建新，亦提出要健全民事法律体系。

最高立法、司法机关领导人的表态公开后,民法典立刻在学术界炙手可热。以"民法典"为"题名"关键词在中国期刊网检索,1986 年至 1996 年共有研究作品 44 篇,平均每年 4.4 篇;而 1997 年一年,增至 9 篇;1998 年 12 篇;1999 年 20 篇;2000 年 19 篇;2001 年 25 篇;2002 年一下子跃升至 53 篇。之后,研究成果越来呈现出井喷之势,2003 年多达 114 篇,2003 年至 2010 年 8 月,收录于中国期刊网中以"民法典"为题名的文献为 706 篇,平均每年接近 100 篇。

制定民法典的宏观思考

但制定民法典确实没那么容易。在江平 1997 年第 3 期《政法论坛》发表的《制定民法典的几点宏观思考》一文中,江平清醒地认识到,"但民法典绝对不会像刑法的修改那样能在一年内完成,它可能需要三五年,甚至七八年的历史过程"。历史事实已经证明江平所言不虚。

正因为对此艰巨性有深切的了解,江平才提出"制定民法典的几点宏观思考",以便"使这一历史性的立法工程有一个整体、全局性的宏观设计"。

江平认为民法典制定涉及的宏观问题有:基本法还是单行法、大陆法还是英美法、公法还是私法、民法和商法的关系、民事权利到底应该归入主体法还是行为法、强制性规范和任意性规范的平衡问题等。

在第四次民法典起草即将起航之际,江平的这篇文章,对民法典起草中必须涉及的几个基本问题表明基本的立场和方向。

成为民法典起草小组成员

1998 年 1 月 13 日,时任全国人大常委会副委员长的王汉斌召集江平、王家福等开会,再度提出民法典的起草问题,并由来自中国政法大学的江平,来自社科院法学所的王家福、梁慧星,来自清华大学的王保树,来自中国人民大学的王利明,来自北京大学的魏振瀛,来自最高人民法院的费宗祎,法工委已退休的魏耀荣和肖峋 9 人,组成非正式的"民法立法工作组"。这个民法典起草小组的成员中,来自学界的有包括江平等6人，实务界的有费宗祎等3人。

按理说，这个民法典起草小组这样组成，并无可厚非。多年来，学界、立法界内外对这样的起草班子，并没有太多的微词，尽管对他们起草的民法典草案，可能会有着极其强烈的抨击。但2003年，厦门大学徐国栋在当年第5期《法律科学》上发表名为《认真地反思第四次民法典起草的组织方法》的文章，对这个起草小组的构成提出质疑。

徐国栋的批评意见，主要集中在：

第一，民法典起草小组成员的任命过于随便。"他们成为起草小组成员的时间是在1998年3月，其时，王汉斌同志即将退休，为了在此之前再做点贡献，他决定重开中国民法典的起草，为此任命了上述民法典起草小组。关于这些起草人员的任命程序，除了梁慧星教授在全国巡回演讲中经常提到王汉斌同志的委任外，我们看不到有关的任命文件，更看不到有关任命的法律，很不严肃。相比之下，法国和波多黎各任命起草人员的程序要严肃得多。"

第二，这个民法典起草小组的构成不合理。徐国栋分为职业构成和籍贯分别阐述。就职业构成来说，徐国栋认为，"这种大思路是正确的，但在细节上仍有可完善之处。具体来说是在人员构成比例上教授过多，法官太少，律师和公证人没有。大体上可以说，第四次民法典起草的成果是一部教授们的作品。"而就籍贯构成来说，徐国栋认为民法典起草小组的全部9名成员均来自北京，且均为北京市民。徐国栋指出，"由于没有迁徙自由，不能容易地把外地学者迁到北京参与民法典起草；由于经费短少，不能承担外地学者到北京起草民法典而发生的运送、居留等费用，由此做出一个'北京人代理全国'的安排。事实上，这种安排已经引起了广大外地学者的不满，其表现之一是西南政法大学的张玉敏教授自己率人起草一部与起草小组草案并行的继承法草案；我组织起草《绿色民法典草案》。表现之二是烟台大学法学院的老师们承担继承法编的起草任务。"

第三，民法典起草小组的年龄偏大，"导致实际起草者与被任命的起草者的相对脱离"。徐国栋认为，时年73岁的江平领衔的专家小组，"他们的平均年龄是63.1岁，超过了60岁的一般公务员的退休年龄，离65岁的部长级干部的退休年龄相距不远"。因此，徐国栋甚至将这个起草小组戏称为"退休人员小组",将第四次民法典起草也戏称为"退休民法典草案"。

不知道江平等人看到这么一篇讨伐"民法典起草小组"的檄文后作何感想。徐国栋在1984年至1987年期间,曾在中国政法大学民法专业学习,并获得法学硕士学位。而当时,民法专业的硕士导师不外江平、杨振山等人。

这篇檄文,并未影响江平等起草民法典的努力与热情。从1998年开始,"民法典起草小组"就一直在有条不紊地工作,甚至在当时乐观地提出五年内通过民法典的目标。

合同法先行

按照江平的回忆,对于第四次民法典起草,当时起草小组形成如下共识:采取分步单行立法,然后汇总为法典的做法;而分步单行立法,也应采取先分则、后总则,先易后难的方法。按照起草小组的规划,各个单行法的时间表如下:1999年3月完成《合同法》;从1998年到大约2003年的四五年时间内,争取通过《物权法》;到2010年完成"中国民法典"。

为什么会将《合同法》排在第一个呢?按照江平的说法,主要是中国加入WTO的大趋势,要求中国制定出一部统一的《合同法》。此外,按照先易后难的原则,《合同法》肯定是难度最小的。

基于此,原先起草停停进进、延宕近五年的《合同法》,在1998年进展神速。1998年12月21日,《合同法》(草案)三审稿提交全国人大常委会。按照中国的立法惯例,通过三审程序后,法律的正式通过就已经隐然在望。

江平对这部起草时间已近六年的《合同法》中的合同自由原则和诚实信用原则,一直给予了持久的关注。拿到这份《合同法》(草案)之后,江平和他的博士生程合红、申卫星,联合撰写《论新合同法的合同自由原则与诚实信用原则》,发表于1993年第1期《政法论坛》上。

在这篇论文的字里行间,不难感受到江平对于即将通过的《合同法》的欣喜之情。"现在,这部历经数载、几易其稿的新中国第一部统一合同法即将提请全国人民代表大会讨论通过，本文拟就新合同法对合同自由和诚实信用两个原则的贯彻、体现情况及有关争议问题做一回顾和探讨，以期作为对即将面世的新合同法的恭贺与期盼。”

1999 年 3 月 15 日，江平等的文章墨香未散，第九届全国人民代表大会第二次会议就通过《合同法》，并于同年 10 月 1 日正式实施。这是中国市场经济建设中的第一部统一的合同法，原来改革年代初期作为权宜之计的《经济合同法》、《涉外经济合同法》、《技术合同法》同时废止。江平对于这部《合同法》评价甚高。这不光是因为这部法律最大限度地规定合同自由原则和诚实信用原则，还因为“有许多制度创新的地方，又真正体现和国际接轨”。

《合同法》施行一个多月后的 11 月 15 日，中美双方就中国加入 WTO 达成协议，从而消除中国“入世”的最大障碍。近两年后的 11 月 10 日，中国正式成为 WTO 成员国。这是中国走向完全的市场经济体制、走向现代化的重要步骤。

物权法破题与中止

《合同法》通过之后，《物权法》的起草立即起航。

未料想，《物权法》的难度出乎所有人的预料，从 1999 年开始算的话，到其 2007 年通过，前后“八年抗战”，颇不容易。这八年来，几乎每天形势都是瞬息万变，《物权法》成为考验中国立法智慧和意识形态的镜子。用《南方周末》2007 年 3 月 22 日的报道标题来说，《物权法》立法确实“从未如此曲折，从未如此坚定”。

从 1999 年 3 月开始，民法典起草小组委托小组成员梁慧星起草《物权法草案建议稿》。半年后，梁慧星领衔的社科院法学所物权法起草小组，率先完成《中国物权法草案建议稿》。梁慧星版本的物权法，最有特色的是在所有权主体中，只有国家所有权和个人所有权，而无视中国的现实，未设置集体所有权。

全国人大法工委接到梁慧星的“建议稿”之后，专门召集专家论证会。在这次专家论证会上，同为民法典起草小组成员的王利明教授提出激烈批评，并在 2000 年 12 月提交他领衔中国人民大学民商事法律科学研究中心完成的《中国物权法草案建议稿》。

2001年年底,全国人大法工委民法室在梁、王两稿基础上,正式形成官方的“物权法草案征求意见稿”。据媒体报道,官方的“征求意见稿”在体例方面以梁慧星稿为主,而所有权设计方面,则吸收王利明稿中的“三分法”。官方的“征求意见稿”随后下发各地司法系统征求意见。

与此同时,物权法起草工作再生变故。2001年12月11日,中国正式加入WTO,中国历史的发展真正进入“全球化”的阶段。而时任全国人大常委会委员长的李鹏,注意力亦因之转移,于2002年2月20日提出“起草民法典,把物权法内容包括进去,争取提交本届人大常委会进行一审,留给下届人大完成”的新指示。

李鹏限期起草民法典的新指示下达后,物权法起草进程暂时中止。法工委在原来工作组成员的基础上增加几位成员,成立民法典起草领导小组。

江平心里对此颇有微词:“说实在的,只剩下一年半左右时间,要制定并提交民法典谈何容易?

接下来,梁慧星和王利明先后提交自己领衔的学术机构起草的民法典专家建议稿。在此基础上,全国人大法工委民法室形成厚达216页、共有1200多条、10多万字的民法典草案。2002年12月23日召开的九届全国人大常委会第31次会议上,民法典草案被首次提请审议。

民法典草案提交全国人大常委会讨论之后,学界争议颇大。对于其庞大的体系,部分学者担心倾向于封闭,阻碍社会经济的发展。江平指出:“今天,民法典已经正式提交最高立法机构,民法典的制定已是势在必行,但反对者的上述担忧仍是我们必须认真思考的,我们究竟要制定一部开放型的还是封闭型的民法典?”江平的答案是明显的:“我们应当制定一部开放型的民法典,而不是封闭型的民法典。”

在江平看来,开放型的民法典包含着如下四个重要的要素:第一,主体地位和资格的开放。第二,民事权利的开放。第三,行为的开放自由。第四,民事责任方面法律规定的开放。

在从主体、权利、行为、责任四方面阐述民法典应有的开放型内容后,江平意犹未尽,又在2003年第4期《法学家》上发表《再谈制定一部开放型的民法典》一文，继续就“开放型民法典”作深入探析。

“再谈”的角度与此前完全不同。论述的重心，自始至终在于从法律渊源的角度谈民法典的开放性。江平确认，“民法典不是唯一的民商事法律渊源”，“在民法典与这些作为民商事法律渊源的其他法律之间存在复杂的互动关系，使民法典面对它们时必须保持一种开放体系”。那么，还有哪些民商事法律渊源，能够保障民法典的开放性呢？江平列举出地方性法规和规章、最高人民法院的司法解释和习惯。

在江平看来，只有通过主体、权利、行为、责任以及法律渊源上的开放，才能确保中国的民法典具有开放型，亦因之具有一定的生命力。

时任全国人大常委会委员长的李鹏，在其《立法与监督：李鹏人大日记》中对民法典草案在全国人大常委会审议的过程有详细记载。审议到 12 月 25 日，形势又发生了变化。李鹏日记载，“民法专家王家福、王利明对此评价甚高，但大多数委员对这样一份 200 多页的法律文件，感到有点望而生畏。”李鹏因而表示，“用独立分编制定的好处是便于修改和补充。可以从物权法开始逐编审议，对已通过的法，如合同法、婚姻法等应保持有效。”

至此，《物权法》起草工作经过一番曲折后，重新回到议事日程。

一封公开信引发的争议

2003 年 3 月，全国人大换届，吴邦国成为十届全国人大常委会委员长。新一届全国人大将《物权法》列入立法规划。各方面对这部法律的通过都很乐观，甚至有人认为两年后即能通过。

至少在开始一段时间，这样的乐观并不是没有道理。一年后的 2004 年 3 月，保护私有财产条款入宪，修宪使《物权法》的早日通过有了更多的乐观气氛。

2005 年 6 月《物权法》草案经过三审程序之后，关于物权法立法洋溢着一片乐观的精神。7 月 1 日，全国人大常委会专门就物权法草案举行新闻发布会，“由全国人大常委会法工委负责人介绍物权法立法情况”。全国人大常委会办公厅于 7 月 8 日决定“全文公布《中华人民共和国物权法（草案）》，广泛征求意见，以便进一步研究修改，再提请以后的全国人大常委会会议审议”。7 月 10 日,这一历经三审的《物权法》草案由新华社受权全文发布,向全社会公布征求意见。

据马国川在《巩献田这个人》中提及,新华社 7 月 1 日的报道甚至乐观地说,物权法草案“并视情况决定提请明年 3 月召开的十届人大四次会议审议表决”。

然而,就在这紧要关头,风云突变。8 月 12 日,北京大学法学院教授巩献田通过网络发表了一封题为《一部违背宪法和背离社会主义基本原则的〈物权法〉草案》公开信。这封正文有 5992 字的公开信,直接给《物权法》草案扣上政治不正确的大帽子,认为《物权法》草案有“四个背离”:第一,背离苏俄民法典的社会主义传统和概念,迎合资本主义民法原则和概念;第二,背离我国革命根据地和新中国成立后的人民民主法制的优良传统,迎合资产阶级的旧法传统;第三,背离 1986 年《民法通则》的社会主义原则,迎合资本主义全球化和新自由主义经济学谬误;第四,背离马克思主义的社会主义立法原则和传统,迎合资产阶级立法原则和传统。

一时间,立法机关谈虎色变,小心翼翼,而公开信的始作俑者巩献田则成为风云人物。2005 年 9 月,全国人大法工委主任胡康生接见巩献田,更使来势汹汹的“公开信”蒙上了一层神秘的色彩。

2005 年 10 月 24 日,《物权法》草案迎来全国人大常委会四审。据新华社报道,立法当局对于《物权法》草案的违宪之争,作了如下表态:

多数常委会组成人员认为,为了把物权法草案这部重要的法律进一步修改好,必须坚持三个原则。一是坚持正确的政治方向。必须以宪法为依据,以邓小平理论和“三个代表”重要思想为指导,贯彻党的十六大和十六届三中、四中、五中全会精神,既要体现公有制为主体、多种所有制经济共同发展的基本经济制度,又要体现对国家、集体和私有财产平等保护的原则。针对当前存在的问题,尤其要防止国有资产流失。要借鉴国外物权制度中对我有益的规则,但不能照抄照搬。二是坚持从我国的国情和实际出发。要总结我国改革开放和现代化建设的实践经验,着眼于确立中国特色社会主义物权法律制度。要肯定我国改革的成果,又要为进一步深化改革留有空间。要充分考虑现实生活中关系人民群众切身利益的问题,认真研究各方面的意见,公平合理地加以规范,以有利于化解社会矛盾,促进社会和谐。要区别不同情况,重在解决现实生活迫切需要规范的问题,不必求全。三是要处理好物权法和其他有关法律的关系。对有些物权的保护和对有些物权必要的限制,应当依照有关行政法和刑法规定处理,物权法对其具体内容可不作重复规定,但在有关条款中作出衔接性规定是必要的。

在政治正确面前,立法机关亦将"政治方向"摆在首位。而自从"公开信"发表以来,学界亦由此炸锅。反对巩献田者有之,支持巩献田者亦不乏其人。身为民法起草小组组长的江平,又如何面对这中国特色的难局呢?

2006年2月25日,由中国民法学会主办的"物权法与中国和谐社会建设"研讨会在中国人民大学举行。与会者除江平外,还有王家福、王利明、魏振瀛、马俊驹、唐德华、郭明瑞、孙宪忠、杨立新、尹田、王卫国、崔建远、陈桂明、韩大元、朱景文、张新宝、费安玲、王轶、姚辉、梅夏英等民法、宪法学界学者。这一学术研讨会,被媒体渲染成"物权法学界首度回应违宪质疑"、"民法权威力挺物权法草案质疑直指巩献田公开信"、"民法学界对《物权法》草案之争正面、高调的集体回应"。

综合媒体报道,江平在其发言中有如下内容:"我们现在面临的是有关改革开放的第三次争论,这位教授本人也曾公开表示过,其实主要并不是对物权法有意见,主要是对改革开放有意见,改革开放了,削弱了国有企业,削弱了国有资产的地位,扩大了民营企业,加强了私有制的保护,因此这是违反宪法的。但我国宪法已有'保护公民的合法的收入、储蓄、房屋和其他合法财产的所有权'的明确规定,物权法(草案)完全符合宪法精神和改革开放的要求,物权法必须前进,不能倒退。""一味在《物权法》中加入刑法和行政法中保护国有资产的条文,变成国有资产的保护法,是违背现代法制精神的。""中国需要制定遵守宪法、体现改革开放精神和科学精神的《物权法》,而不要大杂烩式的物权法","如果《物权法》草案在现有基础上再倒退,还不如不制定。"

选择在"两会"前的敏感时刻集会,表明以江平为代表的民法学界并未放弃,他们不希望《物权法》流产。但是,2006年3月的两会上,

《物权法》草案最终未能进入议程。

《物权法》违宪之争的大背景,是2004年“郎旋风”以来持续近三年的“第三次改革开放之争”。2006年3月的两会上,胡锦涛、温家宝等中央高层力挺“改革绝不动摇”,随着官方为第三次改革开放之争定调,反对《物权法》立法的声音逐渐销声匿迹。

从立法机关层面来说,直到2006年12月29日,全国人大常委会法工委才举行新闻发布会,明确指出“物权法草案符合宪法规定”。

至此,备受煎熬的《物权法》草案终于驶过了激流险滩,半年之内,五审、六审、七审连续进行,进入最后的程序。2007年3月16日,九死一生的《物权法》在历经“七年八审”之后,最终在十届人大五次会上高票通过。

最牛钉子户事件

一波未平,一波又起。这部命运多舛的《物权法》,墨迹未干之际,就面临着严峻的考验。

几乎在《物权法》的通过之前,大概是3月初,一张极具视觉冲击力的照片和题为“史上最牛的钉子户”的帖子在网络上疯传。《物权法》通过后,重庆市市民吴苹夫妇被拆迁成孤岛的事件,成为两会后举世瞩目的焦点。私产保护条款已经入宪,《物权法》又已经通过,那么,在拆迁机器面前,法律能否有所作为?

网络上的舆论,一边倒地支持吴苹夫妇。慑于舆论的压力,重庆地方政府和司法系统采取冷静、克制的态度,小心翼翼地与吴苹夫妇周旋,即便到法院判决中强制拆除的时间3月23日零时,依然未采取行动。

就在媒体静候新闻发生的时候,上海的《东方早报》于3月23日以醒目的标题“物权法起草专家:支持强拆最牛钉子户”为题,简单报道对江平的采访:

物权法专家组组长江平支持强拆

按照当地法院的裁定,重庆“史上最牛钉子户”必须在22日晚上

24 时前自动拆迁。"最牛钉子户"是否会执行法院裁定？目前，这个"孤岛"已经成为全中国媒体关注的焦点。

"如果补偿合理，就应该拆迁"
——《物权法》起草专家组组长、中国政法大学原校长江平教授

虽然刚刚通过的《物权法》尚未生效，但"最牛钉子户"事件已经被网上称为《物权法》维权第一案。而《物权法》起草专家组组长、中国政法大学原校长江平教授对此不能认同。江平教授表示，吴苹一家拒绝拆迁的理由是不涉及公共利益，但这条理由不能成立，"他说不是公共利益就不是了？！"江平教授认为，如果补偿合理，就应该拆迁。如果当事人认为补偿不合理，应该到法院进行诉讼。所以，江平教授的观点很明确：如果吴苹一家自己不把房子拆掉，支持强制拆迁，"法院已经下达了裁定，就要按照（法院的裁定）执行。"

这 368 个字的报道，把江平抛到舆论的风口浪尖。

在《强国论坛》、《乌有之乡》等网站上，短期内连续发表或转载好几篇批评江平的文章：

盛大林："请问江平：房地产开发竟是'公共利益'？"，2007 年 3 月 24 日；

韩强："物权法专家江平教授两次无视宪法第 13 条"，2007 年 3 月 29 日；

清风："讲政治与漫天要价、强制拆迁及其他——兼驳江平教授的'强制拆迁有理论'"，2007 年 3 月 29 日；

……

面对舆论"一边倒"的批评，江平并没有退缩。2007 年 4 月 1 日《经济观察报》刊登该报记者马国川对江平的专访。这是江平唯一一次很正式地就"史上最牛钉子户"事件发表看法。江平认为，这个事件涉及四个方面的问题：

第一，到底什么是社会公共利益。江平指出，《物权法》之所以对"社会公共利益需要"的范围以及确定程序作出规定，"为什么没有具体列举呢？道理应该说还是很清楚的。因为公共利益需要还是商业利益需要，很难以非常条文化的形式区分。""市场经济条件下，哪个属于商业,哪个不属于商业,非常难以区分。现在对社会公共利益需要,一般是采取了比较宽泛的解释。”江平举美国辉瑞制药厂的例子和美国帝国大厦的例子,指出究竟是社会公共利益还是商业利益,判断界限非常不确定,需要谨慎对待。“是不是出于社会公共利益的需要,如何判定,需要一定的程序……重庆的这个案例,是不是社会公共利益需要,肯定不是一个人自己决定的,它要符合法律的程序。假如已经经过了合法的程序,这个‘钉子户’仍然坚持说这不是社会公共利益需要,继续拒绝搬迁,就不妥了。”

第二,搬迁后如何给予补偿。江平强调了两点:

其一,拆迁补偿当然是补偿费用,绝对不是实物的,过去我们拆迁还有实物。我把这儿的房子拆了,我给你那儿的房子。现在都没有了,现在是货币补偿了。法律并没有规定把房子拆了以后,一定在原地给你同样的房子,现在重庆的拆迁户说了,你把我拆走了可以,你要在原来的地方给我同样平米的房子,这就不合理了,因为并没有说必须在原地给你,而是说给你拆迁补偿。其二,补偿费用多少才合理呢?法律规定应当保障被征收人的居住条件,就是说原来有的面积要保障,原来的位置也应该大概差不多,这个保障的位置不是说在同一位置,而是说补偿的钱可以在相似的地方买套同样质量、同样面积的房子。这个费用不能使原来的居住条件降低,但也不是必须在原地给你,只是保障居住条件。所以任何人在补偿的时候,要求必须是在原来的地方、原来的朝向,再给同样的面积,这是不可能的。如果这个地方搞一个很高的现代建筑,派给你一层,这合理吗?

第三,拆迁决议和被拆迁者冲突如何救济。对于应付救济,江平的观点很明确,“拆迁人可以到法院去提起诉讼。如果政府决定错误了,也可以要求撤销这个决定。”但由于现行《行政诉讼法》只允许对具体行政行为提出起诉,而政府的拆迁补偿标准往往以政府文件等抽象行政行为方式作出,在理论上其处于不可诉的地位。在这种困境下,应该怎么做呢?“这是最大的问题,这个‘钉子户’的关键问题是怎么能够得到救济,现在的法律上还没有现实的救济渠道。”对此问题江平亦无良方。

第四,救济手段穷尽,那么该搬迁就得搬迁。江平的立场非常坚

定,也正是这一点上,他被很多人认为是与政府、开发商站在一起。江平指出:

如果救济手段已经穷尽了,该保护的也保护了,该申诉也申诉了,最后终究还要有一个公权力的行使。如果现在法院已经做了裁决,法院要来执行,还是要尊重法院的,除非法院撤销裁决。任何一个国家,法院的最后判决和裁决都是不可动摇的,这是最高权威,任何事情到了最后只有靠法院,如果说连法院也不理睬,法院裁决了我也不动,这是民粹主义,而不是以民为本。我们所讲的保护个人利益,也不是说任何人认为我要怎么办就怎么办。这也是我在接受《东方早报》采访时说的意思。

这篇报道发表的次日,2007 年 4 月 2 日,吴苹夫妇与重庆地方政府达成协议,当天晚上"最牛钉子户"在挖掘机的轰鸣中灰飞烟灭。从这个事件本身来说,至此已经画上了句号。

然而,对江平的批评并未就此打住,江平的反驳引来新一轮舆论的讨伐。我们现在能够看到的批评文章,就有:

叶檀:"钉子为何插入专家眼中",《每日经济新闻网》,2007 年 4 月 2 日;

拓荒者:"法律打了江平一记耳光",《乌有之乡》,2007 年 4 月 3 日;

马门列夫:"评江平的'我只坐在法律一边'——法律是有阶级性的",《强国论坛》,2007 年 5 月 12 日;

Wsk:"法学家应当坐在宪法一边——评'我只坐在法律一边'",《法治论坛》,2007 年 5 月 15 日;

朱卫华:"江平教授,法律不是你掌中的玩物!",《强国论坛》,2007 年 5 月 15 日;

云淡水暖:"江平只坐在法律一边,'法律'坐在哪边?",《强国论坛》,2007 年 5 月 16 日;

……

批评江平的文章中,不应该遗漏薛涌的系列文章。2009 年 10 月,薛涌出版《仇富:当下中国的贫富之争》一书。该书第二组标题即以"土地制度:对江平、吴敬琏的批判"为题,涉及江平的文章有"普通法传统中的私有产权"、"有自由才能有秩序"、"新伦敦案能证明拆迁合理吗?”、“拆迁应该试行陪审制度”、“江平教授,请您公开道歉!”、“知识界需要‘清理门户’”,等等。

除了这些文章,更多的舆论意见来自各个论坛的跟帖。整体上来说,跟帖者形成“挺江派”与“倒江派”,前者认为其坚持法治观念,无可厚非,敢于说真话值得尊敬;而后者,则大都以谩骂为主。在此之前,江平的形象一贯正面,从未遭受如此争议。

除了网络舆论,现实生活中亦有一些针对江平的研讨性批判会。2007 年 4 月 7 日,《乌有之乡》书社专门在北大资源宾馆召开有巩献田、张宏良、郭松民、范亚峰、陈永苗等参加的研讨会,专门以“重庆钉子户事件的社会意义——兼评《物权法》及江平言论”为题展开研讨。

2008 年年初,《南方人物周刊》将“史上最牛钉子户事件”列为 2007 年“年度事件”,冠之以“中国‘拆迁史’的里程碑”的标题做了全面评述。该刊记者何三畏在报道中,对江平与公众意见的冲突作了比较公允的点评:

在前辈学者中,江平先生对“最牛钉子户”的批评是最全面的。对于补偿方式,江平认为,《物权法》所说的“拆迁补偿当然是补偿费用,绝对不是实物的”。在这之前,另一位经济学前辈吴敬琏说过:“城市化过程并不是房主自己创造的价值,因此城市拆迁补偿不应按市场价进行”。合计起来即是,吴苹要求房屋补偿既不合法,也不应分享城市化带来的红利。

这跟普通民众的“物权观”相去甚远。网络上,民众对“最牛钉子户”的评价完全是正面的,并为此而欢欣鼓舞。吴苹和杨武成了人们心目中的英雄。同时,人们毫不掩饰对政府和法院处置百姓物权的疑虑,对“反对牛钉精神”的学者充满愤怒。江平先生认为这表现了“民粹主义”情绪。

总的说来,在“最牛钉子户”事件中,政府自有政府的逻辑,部分学者的观念既不为政府所接受,也跟普通民众格格不入,而学者和学者之间也有针锋相对。权力精英、知识精英和普通民众之间,互不认账,难以沟通,显示了这个时代的精英阶层和普通大众之间的观念断裂。

在这件江平本人并无意介入的公共事件中,一方面我们看到江平遭受到网民几乎一边倒的批评;但另一方面,我们也不难看到,江平作为一名学者，又不会因为公众的批评而屈从，更不会因之改变自己的观点去讨好公众。这，也许就是真正的“只向真理低头”！

回过头来看，引发这次江平与舆论冲突的始作俑者《东方早报》，自始至终未作任何澄清或说明。导致江平遭受围攻的3月23日的报道，究竟是记者的采访还是伪造？采访的话，究竟有没有完整体现江平的观点……我们有责任对此深究。

《东方早报》的确对江平做过采访。但需要注意的是，这只是一个电话采访，而且按照江平的习惯，他不大可能会对记者的“拟发稿”再行审定。2010年8月6日，江平接受《南方人物周刊》记者黄广明专访时还被问及此事。江平回答说：“我当时接受的是《东方早报》的电话采访，记者问我的不是拆迁本身合不合法，政府的行为对不对，而是问我对法院做出的判决怎么看。这个问题我的看法是，对法院的判决你不服可以上诉，可以告，但不能以不服从的理由加以拒绝，如果人人对法院的判决都采取我同意的就执行，不同意的就抗拒，那不行。这话本身不涉及政府的行为有无过错，政府后来已承认断水断电是错误的，现在拆迁办法修改案已明确不能采取断水断电的方式强迫拆迁。”回忆起两年的事情，江平依然历历在目，他依然坚定地认为政府和吴苹夫妇都有过错，“涉及具体案件必须具体分析，在重庆钉子户案件里，既有吴苹夫妇滥用私权利，也有政府滥用公权力，所以后来双方都作了妥协。说明双方都有问题。私权应该受到保护，但不应该滥用私权，滥用私权与滥用公权都应是受到制止的。”

侵权法通过，民法典在望

《物权法》通过两年后，2009年12月26日，第十一届全国人民代表大会常务委员会第十二次会议通过《侵权责任法》。较之一波三折的《物权法》，《侵权责任法》非常顺利。

那么，《侵权责任法》颁布之后，我们离民法典还有多远？

江平对此颇为乐观。2009年4月28日，江平在华东政法大学参加“首届中国法学家名家论坛”期间，曾接受《上海法制报》专访。被问及民法典问题时，江平预期：“我国要形成完整的民法典，除了正在制定的《侵权责任法》外,只剩下《人格权法》、《涉外关系适用法》和《民法总则》的修改。而实际上,这些都已属于比较好处理的问题。”他甚至乐观地预计,“若《侵权责任法》2010年获得通过,那么《人格权法》及其他相关法律的完成,可能在2015年可以完成。”

距离2015年还有几年时间,到那时,江平能够实现他的民法典梦想吗?

江平出席中国政法大学2005届毕业典礼暨学位授予仪式。在中国政法大学,几乎大大小小的学生活动都以邀请到江平出席为荣。能够与江平先生合影是每一个法大毕业生的梦想。

十四、我师江平

——江平和他的学生们

仍做辛勤一园丁

江平有一首诗，题为《七律·礼堂听批两个凡是》：

掌声渐息语声停，余音何处嘤嘤鸣。
暗铃系心心常悸，泪眼观花花不明。
冰雪三尺终解冻，书生万众已去铃。
人间若许另择业，仍做辛勤一园丁。

写这首诗的时候，正是1977年年底，中国改革开放的前途将明未明。当时，江平还在延庆中学教书，这是他在延庆的第六个年头。他压根儿还不知道他的苦厄将要到头，他和中国即将迎来新的春天。然而，我们分明能够感觉到，江平已经对“已去铃”的形势有了敏锐的感知，他甚至已经乐观地预期到，“另择业”的时代即将来临——他用“仍做辛勤一园丁”来作为自己对“人间若许另择业”的承诺。

也正是这句诗，被江平的学生们看做他人生最真实的写照，用在江平八十大寿时的贺寿卡片上。

2009年12月27日，以“私权的昌明”为题的学界庆祝江平八十华诞学术研讨会在京召开。在这次会上，江平应邀发言，他说出这样一段发自肺腑的话：

给大家的材料中有一张我的照片，我的学生们让我写一句话。我想了半天，写下“若得来生重择业，仍做辛勤一园丁”。这是我以前的一句诗，意思是如果来生能够重新选择职业的话，我还是会愿意做老师。这是我终身的愿望。

因为我曾做过包括行政、立法在内各个方面的工作，头衔很多。现在有叫我江主任的，官味太大；也有叫我仲裁员的，但不是我最终的职业；很多人叫我江校长，不免有些官气；也有一些人叫我江教授，但我觉得不够亲切;我以为最亲切的称谓是江老师。

可以说,我这一辈子做老师是如鱼得水,做老师的时候心情最舒畅。校长下来以后,作为一介平民,最好的是当老师。我记得我们北京政法学院1979级的学生,当时搞了一个民法研究小组,今天的一些民法学者都是这个民法小组的成员。可以说三十年了,我是这个研究小组的老师。

后来1984年的时候,司法部在西南政法学院组织民法师资培训班,佟柔老师讲的是民法学,我讲的是商法学。当时,大家对商法学一点了解都没有。我讲的商法学,从内容上有公司、证券等,不像民法那样感到很亲切,商法在当时还有点天方夜谭。但是好在那次培训班上,来的都是全国的老师,也包括西南政法的研究生。我们在座的可能还记得,那次的培训班把我老师的身份,扩大到全国。就是说我培养的学生,不仅有北京政法学院的,也扩大到了全国。这是我最大的光荣。

最让人心情舒畅的就是走向讲台。走向讲台,我就可以放开讲稿,尽兴发挥。当老师最大的好处,就是我们没有什么东西是必须说的,我可以有什么不去说,但是你不能强迫我必须说。所以,我的讲课有一些自己的特色。学生感觉这个老师有自己的东西,至少没有回避现实。

当老师还有一个特点就是很自由,因为当老师可以不用坐班,还有寒暑假。这就是为什么前几年我的博士生还有一些人不想留校,但是最近的七八届以后,学生纷纷留校。

自由是一个当大学老师的乐趣来源。你要讲课,就要讲出新意来;这和演员还不一样,演员的表演大体是一成不变的,而老师讲课的内容是每天都要变的。这一点上,你的讲课必须和现在的社会一脉相连。

当老师还有一个好处,就是可以和学生打成一片。日本的师道尊严是很严的,老师讲课,你要毕恭毕敬。我们大陆自始就培养师生平等,而且老师可以经常深入学生、了解学生的要求,学生也可以随时找老师谈心,尤其是在前一段。

后来,我在社会上讲课的时间多了。在社会上讲课又不一样,从各个方面可以给我反馈一些信息，给企业家讲课，我就了解到经济状况，给律师讲课，就能知道律师的要求。我本身在讲课的时候，必须区别对象，必须根据不同对象的不同要求，讲出他们最想了解的东西。这就是当教师的乐趣。

今天在这个会上，我想说出我心里最诚恳的一句话，就是“若得来生重择业，仍做辛勤一园丁”，我还继续做我的大学老师。

对于大学教授这个职业的热爱，江平早在1996年执教40周年时，就曾在《中国政法大学校报》上发表过题为“终生不悔：四十年执教有感”的小文章，从真、善、美的角度，概括自己的职业感悟。

江门子弟

按照一般的标准，江平早已是桃李满天下了。从1956年底踏上北京政法学院的讲台开始，江平除了“文革”中短暂的中止，大部分时间都与讲台为伴，即便是“文革”中间的1972年之后，他也在延庆中学的讲台上度过他的职业生涯。

对于江平在不同时期的教学情况，无论是20世纪60年代在北京政法学院俄语班上的学生，还是20世纪80年代中国政法大学的本科生，前文中都有回忆和介绍。在这里需要细说的是“江门子弟”。

对于江平来说，他深感欣慰的就是从1991年评上博士生导师开始，至今已经带出一百多名博士。

我们可以稍微理一下头绪，看看江平从1991年评上博士生导师之后，这二十年带出的博士研究生及其现状。我们稍微统计一下就可发现，“江门子弟”中早期的绝大部分学生都供职于实务界，而晚期的绝大部分则都供职于高校，而且大多数已经成为民商法学界的中坚力量。

这与江平自己的判断吻合。江平本人在《沉浮与枯荣：八十自述》中即指出，一方面，他的学生中担任政府高官的非常少，从行政级别来说，像孔祥俊这样担任最高人民法院民三庭庭长，位至正局级，在“江门子弟”中算是很高了；另一方面，中后期培养的“江门子弟”，大部分都在高校里从事法学教学科研工作，教授、博士生导师乃至法学院院长、副院长为数不少。

按照江平的说法,他指导、培养博士生的模式,早期主要通过立法项目进行;中间有很长时间,是通过指导学生参与科研项目来进行;而后期的学生,则是纯粹的学术指导。

要想了解江平如何培养他的学生们,更好的方式可能是通过这些学生自身。这些学生如何报考、如何在江平的指导下完成学业、如何参加工作甚至师生交往中的所有细节,每个人都会有自己的故事。

江平指导过一百多名博士生,对前三届学生,笔者尽可能通过面对面的采访了解情况。而后期的大部分学生,除在孙国栋主编《永远的校长:江平教授八十华诞庆贺文集》中提供文章者之外,笔者试图通过电子邮件的方式采访。

这些学生中,接受过面对面采访的有:赵旭东、孔祥俊、文海兴、周小明、王涌、王文杰、施天涛、申卫星;在《永远的校长:江平教授八十华诞庆贺文集》中撰文的有:李静冰、龙卫球、胡春秀、韩良、于海涌、赵威;回复笔者电子邮件并提供有关信息的有:韩良、邱海洋、孙兆晖、张康林、邓辉等。

江门札记

在采访过程中,采集到不少有关江平的记忆碎片。虽然零星,但颇能表现江平与其学生交往的某个侧面——

1982年,西南政法学院1978级学生赵旭东本科毕业,选择报考北京政法学院的研究生。“当时我看过北京政法学院编的一套函授录音整理的讲义,印着江平、张佩霖、巫昌祯等老师的名字,每人讲几课。内容比较活,不像教材那么死。”赵旭东回忆说,“我当时一看江老师的章节,就觉得和以前的老师完全不同,一下子就被这种学术风格所吸引。当时我就决定,既然要选民商法,应该选江老师,所以报考北京政法学院的硕士”。

在报考之前,赵旭东与江平并不认识。当时,跟赵旭东一起报考北京政法学院的,还有西南政法大学另一位朱姓同学。考试结束后,这位同学给江平写信,询问考试的情况。江平在回信中告诉他,“由于成绩原因,你可能录取不了。但你们同级有个叫赵旭东的同学考得很好,你可以告诉他,他录取应该没有问题。”

这是赵旭东与江平在他们各自的生命中冥冥之中的第一次交集。回想起这一幕,赵旭东依然很感动,“那个时候,江老师居然给一个素未谋面的学生回信,特别是让那位同学在信中转告我。这令人感觉很温暖,一下子就跟老师拉近了距离。”

赵旭东来京之前,江平的同事聂天贶调任西南政法学院。聂天贶又给赵旭东介绍了一些江平的情况。尽管当时对硕士研究生实行集体指导,但赵旭东依然下决心投入江平门下。1982 年 9 月,赵旭东与杨仁家成为当年民商法专业仅有的 2 名硕士研究生。

1985 年,赵旭东研究生毕业。在当时来说,大学生都是天之骄子,更别说数量极少的研究生。赵旭东他们整个年级的研究生,也才 13 个。包括许多国家机关在内,用人单位几乎排起长队。当他们毕业之际,江平向他们发出留校任教的邀请。

留?还是不留?就赵旭东个人而言,至少在最初,他没有留校的想法。但师从江平几年之后,尤其是毕业前后江平的动员,彻底改变了他的想法。“在政法学院跟江老师学习之后,很能感受他对教育价值的肯定。他并不认为教育比当官要低,他觉得教书育人是很好的职业。有时候我就想,他那么有才能的人,都能够甘心于把自己奉献到教育事业当中,我们应当不至于委屈自己吧?”

赵旭东告诉笔者:

到了毕业的时候,江老师动员我留校。他就说,你到机关去有什么意思,机关也有很多不足。在学校,以后可以当教授,不是挺好吗?学校的课程以后也会发展得很好,将来你自己能讲课,也能做点别的。收入不低,思想是自由的,行动也是自由的。而且,学校这么需要……那时候,民商法专业就两个毕业生,江老师那么诚心挽留,他当时又担任本科生院的副院长,又是学科领头人,他恳切地希望我们留校,希望和他一起做学科建设,我们没有理由不留。

对于当时主管教学事务的江平来说,他当时感觉到最急需的就是教学人才和教材。在他的恳切挽留下,不光民商法专业的赵旭东和杨仁家选择留校,其他专业如阮齐林、顾永忠、贺卫方、洪道德、韩小京、王敏远等均选择留校，85届13名研究生中，只有5位毕业生选择去外面就职。

1991年，江平被评为博士生导师，开始有了招收博士生导师的资格，赵旭东和孔祥俊成为他的第一批博士生。如果从1982年算起，至今赵旭东追随江平已近三十年。这三十年期间，江平的学问、人品以及其他的点点滴滴，让他记忆犹新。

在赵旭东的记忆中，有一些经历至今难以忘怀。1990年前后，江平还在七届人大担任全国人大常委会委员。当时，全国人大组团前往海南考察，团长是从司法部部长调任全国人大内司委的邹瑜，团员有江平、董辅礽等十位常委。按照相关规定，每一位常委可以带一位秘书随团参加调研，因此，赵旭东就以江平秘书的身份前往海南。赵旭东回忆说：

一路上，那些常委都是秘书和其他工作人员照顾，但是江老师却不让我照顾。不管什么事，只要他能自己做，他绝不让你做。包括拎包，他都是自己拿。他已经养成这样的习惯，你要做，他就推。考察期间，别人的秘书都有很多事要做，怕领导不高兴，我就没有这个负担。

在视察结束后，我们离开视察团，准备到深圳去参观深圳交易所、访问地方法院后回京。那是1990年，深圳证券交易所刚起步，我们搞公司法的，很想实地参观一下。这一路上，离团后没有工作人员的安排饮食起居，我们就自己安排行程。在我们自己的安排过程中，江老师也不让我照顾他，自己能做的就自己做。

印象最深的是，我们俩在广州火车站下车后，由于视察十几天，行李比较多，大箱小包好几件。当时江老师年纪大了，腿又不方便，从下火车到出站又很远，毫无疑问该我来给他拎包的，我本来也是随行，又年轻。但是江老师就是不用我拎，我们就在站台上抢来抢去好半天。最后，还是他提着大箱子，我提着小包出站。从那一刻起，我觉得他的天性很难改变，他骨子里面天生这种平易和朴实。

后来我们去宾馆住宿，也是自己安排。这种情况下，江老师又是全国人大常委，又是法大校长，住宿时就算自己安排，至少也应该是单人间。而且，我怕晚上打呼噜打扰他休息，所以建议开两间房。但他坚决地说，不用，我们住一起。——这是1990年初的事，那时候他已经60岁，还是校长和全国人大常委，是享受警车开道的人，但他能马上把自己放下来。他这种境界我们就永远都达不到。

现任最高人民法院民三庭庭长的孔祥俊，是中国政法大学1989级民商法专业硕士研究生。入学后，他即听过江平开设的“外国民商法”课程。“我们那次，是他第一次系统地讲了大半个学期的‘外国民商法’。算是真正领略他的风采了，他的口才就不用说，是有口皆碑的；他的思路很开阔，旁征博引，古今中外，高度很高，很多法律精神、精髓在里面。”孔祥俊说，“我是在法院工作三年后去法大读书，有三年的审判经验，也有很多东西需要拔高。听了他的课，觉得他把整个民法讲活了，有很多地方豁然开朗，这种感觉非常明显。”

孔祥俊还告诉笔者，那次课后考试，江平要求每人写一篇小论文。给孔祥俊留下深刻印象的是，江平在批阅时，给每个人都有一条个性化的评语。“我写的是一篇表见代理的文章，他当时给我写得是‘学术与文笔俱佳，为上乘之作’，这份试卷我一直保存着。对我本人来讲，这评价是很高的。作为硕士生，我对于很多问题很困惑、很迷茫，也没有充分自信，能得到江老师那种肯定，感觉还是很不错的。其实，论文不见得真有那么高的水平，江老师显然有鼓励的成分。他还推荐我投稿，这篇文章后来还真在《法学研究》发表。”

1991年，深深为江平的神采折服的孔祥俊，与赵旭东、王惠安等一道成为江平的博士生开门弟子。

现在供职于银监会的文海兴，研究生阶段品学兼优，于研二时被推荐提前攻读博士学位，于1992年成为江平的第二届博士生之一。在学习中，文海兴印象最深的就是江平对他们的关心。“我们都是穷学生，生活中缺乏油水。为了改善生活，江老师时不时都会通知我，让我们去他家吃饭。”

平时，很少批评学生的江平，终于让文海兴享受到被批评的“殊荣”。有一次，江平、康德琯、周小明和文海兴等人一起去外地，约好时间地点一起去机场。等到时间，周小明告诉他，江老师通知时间往后推一小时。不明就里的文海兴只好在宿舍等。等他按推迟后的时间下楼，江平和康德琯已经在楼下等待近一个小时。“下去后，江老师就说了一句话，说海兴啊，你们年轻人让我们老先生等你。当时我很无地自容,怎么会这样呢? 我就说,‘江老师您的批评是对的,但原因是错的,因为责任不在我,说是时间推迟了,但是结果还是迟到了。’老师一笑。”文海兴说,“我知道老师是爱护我们的,我就说,‘江老师这次我很荣幸,我要记住您这次批评,我们要做什么事情都要准时。’现在我的表的时间,都是提前5分钟,这和老师的批评有关。老师的鞭策,使我要走到时间的前面。”

江平简朴的一面令文海兴印象颇深:

现在看电影《蜗居》,其实别人住大房子的时候,江老师住的更是“蜗居”。很长一段时间,他都住在靠北三环的小房子里。我给你讲一讲我怎么把江老师的破家具处理的——一把破椅子,轮都掉了。师母经常说,这把破椅子,该扔就扔了吧,房间很小,也占地方;但老师一直不愿意换。在他出国的时候,师母就把我叫过去,说你看看这把椅子,早该换了。现在回想起来,那把椅子还是历历在目,米黄色的靠背,拉着哗啦哗啦响。后来我跟师母说,“这样,老师也不在家,别直接扔掉,我先把椅子放我宿舍里,他回来后要是还要,我就搬回来。”我考虑也比较细,担心江老师对这把椅子有感情,要是真扔掉了,如果他想要的话,谁都不能复原。我就放我宿舍。还有一台电子琴,也很旧,是江老师从苏联带回来的。宿舍里放不下,我就放在宿舍门外面,连捡垃圾的都看不上。老师回来说,在你那也能看得到,就算了。很长时间后,我才把这些东西处理掉。

现在名片上印着“中国人民大学信托与基金研究所所长”的周小明,是江平第二届博士生之一。

周小明1987年开始在中国政法大学读研究生。由于硕士论文题目与罗马法有关,他的论文由江平指导。1992年,周小明考上中国政法大学民商法专业博士,继续师从江平。

周小明告诉笔者,在社会整体倾向务虚的氛围下,他认为自己更适合也更愿意做纯理论的学术研究。但是师从江平时,江平建议他对博士论文的题目作出改变,由此改变了他的人生轨迹。

我原来自己写了个理论色彩很重的论文提纲。拿给江老师看,江老师既没否定,也没肯定。1993年初,他找到我,说“现在有《信托法》

的立法机会,你感不感兴趣?你要是感兴趣的话,就来承担一些具体的事务。"我欣然答应。但江老师随后附加条件说,"如果你决定参加这个立法,你就得以信托法为题来写博士论文。"他没多解释,只是建议我们多参与一些实践活动。这样一来,实际就改变了我的人生轨迹。

在周小明看来,这种改变,归根结底还是江平"学以致用"的学术理念所导致的。周小明认为,江平"并不认可真正学究意义上的研究,其实他最关键的理念还是'学以致用',要求学术要能够解决现在或者未来的问题。"

施天涛,现任清华大学法学院副院长,江平 1993 年招收的博士之一。在考上博士前,施天涛是西北政法学院的教师,对江平"慕名已久"。为什么会慕名已久呢?施天涛告诉笔者:

江老师很自谦地说他没有写过什么书。但是,就我们这代学子来讲,就是读他的书成长起来的,比如他早期和张佩霖教授写的《民法教程》,那是我们学民法的入门教材。我们绝大多数人都是通过江老师的著作,来开眼看世界,了解西方法律制度的。在北京的青年人可能有机会听他讲西方国家民商法,但是我在外地,没这个机会,就看他的《西方国家民商法》。这本书最早还是政法学院民法教研室 1979 年自己印的非正式出版物,开始的名字叫《资本主义民商法》,后来正式出版的时候叫《西方国家民商法》。他还和米健合写《罗马法》,这是我们了解中国民法和西方民商法的窗口。无论是民法还是西方国家的法律体系,我们的知识体系,都是从这个框架搭起来的。江老师的这几本书,可以说是星星之火,是江老师把这点学术的火星在他脑子里面保留下来。他在脑子里保留这点火星,点燃了中国民商法的今天、中国法学的今天。如果没有当时他大脑中保留的这些火星的话,就没有民法和经济法的争论和最后民法的胜利,可能中国的法学还要摸索更长时间;他保留的这些知识,使中国法学有一个基本的起点。

施天涛的机会终于来到。1993 年,北京商学院商法研究所组织一个学术研讨会,同时给征文颁奖。施天涛意外地获得一等奖,而他的颁奖嘉宾,正好是江平。中午会议结束前,施天涛鼓起勇气,告诉江平已经报考他的博士生。对于执教民商法多年的施天涛来说,这次考博没有什么悬念,他由此成为江门子弟之一。

进入江平门下之后,施天涛受到江平无微不至的关怀。他告诉笔者:

我们和老师生活上的关系也是很紧密的。当时学生少,老师经常叫我们去他家改善生活,给我们做饭吃。那时候大家都穷,平时拮据。印象最深的就是江老师做的东坡肘子,让我们度过那段缺乏营养的时光。

有段时间,老师和师母都打麻将,这是他们锻炼身体的方式。老师不在家里打,在学校有牌友;师母就在家里打,我们有时候就去凑。我原来不会打,临时跟大家学的。老师打麻将,一般都比较规律,晚上十一点就回来。他回来后,我们还没有散场,他就和我们一起打。每次我输了,他就站到我后面指导。一方面,这说明我们和老师生活上的亲密关系;另一方面,这也能说明,江老师是一个心细的人,他知道我是没钱的人,而他牌技高超,能让我少输点。

像施天涛这样能够吃到江平亲手掌勺的东坡肘子的江门子弟,后来越来越少,只有他们前三批博士有这种殊荣。随着江平社会活动越来越多,师生之间亲密无间的日子也一去不复返了。

在江平的所有博士生中,来自我国台湾地区的王文杰是很特殊的一位。1991 年,王文杰进入台湾政治大学读硕士。在此期间,他对大陆法律制度发生浓厚的兴趣,尤其是大陆公司法律制度的变迁。1994 年 3 月,大陆《公司法》颁布不足百日,对此颇为关注的王文杰便在赖源河教授的推介下,来到北京拜访江平。

当时,江平正好给香港律师讲课,他便邀请王文杰一起去听。听完之后,有心对大陆的法律制度做整体研究的王文杰,决定要来大陆地区师从江平攻读博士。

按照对港澳台学生的招生安排,王文杰在北京理工大学参加完笔试之后,又在中国政法大学参加由江平、巫昌祯和张佩霖组成的面试小组的面试。最终,王文杰以优异的表现,于 1994 年 9 月,成为第一个来大陆攻读法学博士学位的台湾人——由于当时台湾地区不承认大陆学历,王文杰的选择使他自己吃尽苦头。

1994 年 8 月 31 日,王文杰来到中国政法大学报到。“我下飞机后打车到政法大学，江老师还骑着脚踏车到门口接我，带我到他屋子里去。很多师兄弟正在外面等着，感觉像来看新娘，我还是忐忑不安的。”

就这样，王文杰开始了他师从江平攻读博士学位的时光。两三个月之后，王文杰逐步适应环境，江平建议他多出去走走，拜访王家福、王保树、梁慧星、王利明等民商法的大家。

在师从江平的过程中，有一件事给王文杰留下了深刻的印象：

1994年的寒假，我回台湾和太太订婚。3月份开学，我晚回法大一星期。走在校园里，每个人都恭喜我。我问为什么？他们就说你订婚了呀。我就说，你们怎么都知道？他们说，江老师在公开场合说我已经订婚。这是比较有意思的。

江老师很生活化，很关心他的学生。有时候我跟学长学姐们说，江老师会不会因为太关心我而忽视他们？他们让别担心，说江老师也很关心他们。

这十五年，我通过对江老师的观察发现，他不会因为学生数量多给每个人的关爱就减少，而是不管有多少学生，关心都是一致的。这是我十五年来感受最深的。这些关爱对来自台湾的我，是很重要的支撑力量。江老师的关怀让我消除不适感，在一定程度上也冲淡我对台湾的思念。这样，我就加速对大陆法学界情况的深入了解，接触面越来越广，阅读的东西越来越多，再后来有了如鱼得水的感觉。

1997年上半年，王文杰在江平的指导下完成学业，准备毕业论文答辩。4月，江平前往台湾访问，邀请赖源河和王泽鉴出任王文杰的答辩委员。在这之前，每年寒暑假，王文杰都会在赖源河、王泽鉴和江平之间充当信使，帮他们传递信件。江平的提议，得到赖源河和王泽鉴的积极响应，这也是中国政法大学校史上第一次有境外学者担任博士答辩委员。

王文杰1999年回台之后，由于台湾地区不承认大陆学历，无奈之下，他又在台湾政治大学攻读博士学位。当年年底，江平应邀再度访问台湾地区，时任“司法院院长”的翁岳生邀请江平在“司法院”大礼堂发表学术演讲。江平的言行，再次让王文杰感受到恩师的关心：“江老师知道我坐在下面，总是会找一些问题让我接茬，比如让我提问，让在场的人意识到我的存在。”

2002 年,王文杰在台湾地区获得博士学位,旋即前往台湾新竹交通大学执教。他在交通大学的第二年,江平再次访问台湾地区:

江老师在台湾法学界很受尊敬,各方邀约很多。让我感动的是,江老师跟我说,不管行程怎么样,他无论如何都要到新竹交通大学来看我的研究室,看我出生没多久的双胞胎小朋友。江老师到台湾访问的机会很多,但是他难得来一次;好不容易来一趟,日程便很紧。但是,他专门挤出半天时间,从台北打车到交大来,有点像父母去看自己的子女怎么生活和工作。我在车上就跟江老师说,“江老师,你这么忙,非得来新竹吗?”他说,“我就想看看你们学校的样子。”我就说,“江老师你这个人啊,你就像 ATM 提款机一样。作为你的学生,我们一直在向您提款,每次都是有求必应。即使到我都已经完成学业,您都不忘来看望。”很难用话语去形容老师对学生真诚的关照,他的小小的坚持,对我也是很大的鼓励。

2009 年 8 月,王文杰转而执教于母校政治大学。但无论他人在哪儿,他永远都忘记不了江平老师。

现任北京航空航天大学法学院院长的龙卫球,1991 年考入中国政法大学民商法专业攻读研究生,1994 年硕士毕业后,又继续师从江平攻读博士学位。

在龙卫球的贺寿文章中提及,他印象最深的是他刚上讲台那阵子,江平对教学经验有意无意的传授,“一开始,我估计他对我能不能站住课堂有些不放心,经常有意向我‘传授’一些做教师的经验,但都是以一种不经意的方式,比如自话自说当老师一定要恪守本分,要认真站好讲台,要学会备课等等,有一次还拿出他的读书笔记和讲课提纲来示范。这些对我启发很大,都照单接收了。终于有几次,江老师在外面听到一些对我上课和科研赞誉的评价,挺高兴的,还跟我说起来,明显有以资鼓励的意思……又有几次,我和他一起出席法大学生活动,看见我也受到学生热情欢迎,他挺感动,说卫球啊你干得不错啊!”

现任中国政法大学教授的王涌,是江平 1996 年指导的博士生。

王涌 1993 年考入南京大学读经济法硕士研究生。1994 年 8 月,王涌作为南京大学代表队成员，在北京参加“长虹杯”全国大专辩论赛，认识了作为评委以及点评嘉宾的江平。

“在北京大学第一次见到江老师，他的点评给我很深的印象。他点评的最后一场是南京大学对北京大学的决赛。江老师在点评中形象地说，这是南北两个帝都的决赛。最后还说，希望这代大学生多一点哲人的气质，少一点商人的气质。”我们当时击败北京大学，拿了全国冠军。王涌回忆说，“比赛结束以后，法律顾问李静冰就带我去后台评委休息室见江老师，这是第一次跟他接触。原来他是评委，没有交流过。江老师知道我是南京大学学法律的，还夸奖我说辩论得不错。我又在李静冰的介绍下，向江老师表达想考博士的愿望，他当场就说欢迎。看得出来，他对我的表现还是肯定的。”

考博并无悬念，王涌与江帆、卞宜民成为江平 1996 年指导的三位博士。在王涌的记忆中，江平忍受三环路上噪音的功夫堪称一绝：

江老师原来的住房在北三环。江老师住的房子，也是他的书房，正对着蓟门桥，很简陋。一张桌子一个床，工作完就睡觉。那屋子噪声极大，我都受不了。师母说没问题，江老师都受得了，他一躺下，用不了几分钟就鼾声大震。师母描绘得很形象，说一般人睡不着，江老师的鼾声和蓟门桥的车声互相抵消掉了。

据王涌介绍，江平在明光北里的房子并不是中国政法大学所分，而是他爱人崔琦所在单位分配。江平在中国政法大学位至校长，但政法大学连一套房子都没给他分，也是因为江平在分房中一让再让。后来，法大在 18 号楼给江平分了一间房子，他还让给王文杰住了。再后来江平在丰台区自己买房时，已经近 70 岁。

讲坛上的江平，口若悬河，声若洪钟，洪亮的嗓音加上激情与理性兼具的内容，已经成为汉语学界演讲高手之一。但据王涌的观察，生活中的江平在面对爱人崔琦的时候，老两口拌嘴，江平却往往是败兵之将，要不了三个回合，就败下阵来。

现为清华大学法学院教授的申卫星，是江平 1998 年招收的博士生之一。师从江平期间，有一件事给他留下刻骨铭心的印象：“2002年时，我在北大读博士后，原来供职的单位吉林大学想请江老师作报告，征得江老师同意后，我就陪江老师回长春。返回时，在长春机场过安检,江老师的假肢在过安检时就报警。安检人员就让江老师去屋里检查。我这才意识到他的假肢,怕他难堪,我就很意气用事地厉声跟安检人员说,你知不知道他是谁?他是全国人大常委,想用官压他们。看我这样,江老师非常生气,你说什么呢?检查就检查。当时我都快哭了,最后还是让安检人员看了一下。江老师当时对我的表现很生气,但是对安检人员却很有风度地配合。"

在吉大前后十三年的申卫星,师从江平三年后,因为江平的存在,逐渐对法大产生归属感。

在江平的众多门生中,邱海洋是个异数:他1999年考入江平门下攻读民商法专业博士学位,嗣后又在中国人民银行研究局工作。而在金融与法律之外,他更是一位资深的太极拳爱好者——2009年12月28日江平八十大寿寿宴上,邱海洋的太极拳表演技惊四座。

邱海洋给笔者发来的邮件中,回忆他安排陈氏太极拳第十一代嫡系传人陈正雷与江平会面的情形,颇为独特:

2003年8月,陈正雷大师出国教拳归来,在北京停留,我安排他与江老师会面,一起吃顿饭。

一位是法学大师,一位是武学大师,正是"巅峰会谈"!那年,江老师73岁,陈大师54岁。

二人见面,互相道:"久仰!久仰!"大家来自不同领域,无拘无束,谈得海阔天空,很开心。当时在场的还有师母、江波、小妹、高东祥和我。

席间,江老师饭量很好。江老师发现陈大师吃得不多,就劝陈大师多吃点。陈大师谦和地说:"我不能再多吃了,从事练武这一行,每顿饭不能吃得太多,因为随时可能要表演,吃太多,表演不好","祖训要求'六分饱七分坐',坐不可坐得太实,以便随时站起;饭不可吃得太饱,以便随时可以表演","这是职业的要求,我已经坚持40年了"。

过了一会儿,陈正雷大师问江老师身体这么好,平时采用什么方法锻炼、采用什么方法养生。江老师笑着回答说,"我锻炼的方法就是讲课","可以不吃饭,但不能不讲课"!

两位大师这次谈话,后来我多次向朋友讲起,听者都很感动,我更是至今记忆犹新。陈大师的"六分饱七分坐",江老师的"我锻炼的方法就是讲课",话虽不同,但说的都是职业信仰,是令人敬佩的敬业精神，是至高的人生境界。我为安排这次“峰会”而感到快乐！

2007级博士后张康林忆及：

2008年9月我曾带着老师、师母一起到我的家乡襄樊，游玩了古城襄阳、古隆中（诸葛亮故居）、丹江口水库、武当山等地。其中在游玩武当山的时候，有一个细节，当我们到达武当山半腰处的南崖后，第二天准备坐电缆车上金顶（武当山最高峰），晚上突然停电了，这样，由于老师和师母年纪较大，我们就没法能走上成金顶。正当我们为此事抱怨时，我突然想到武当山也是有灵气的，大凡各界“泰斗”，包括法学“泰斗”，上天都会阻止您上“金顶”，以激励您学术上永远没有“顶点”，要学无止境。当我把这一“解释”告诉老师时，老师笑着说，“是吗？”老师真是大智若愚，笑看人生。

现为南开大学法学院副教授的韩良，1989年毕业于中国政法大学政治系，于2005年成为江平的博士后。

1998年，当时韩良供职的天津大学，邀请江平作报告。在这之前，韩良见过几次江平，但没留下深刻印象。而这次邀请江平前往天津，韩良奉派陪同。在接送车辆上的谈话，彻底改变了韩良的人生轨迹：

在接送先生的车上，先生不顾伤腿行动不便，执意要在后排与我聊天。这次聊天对我的影响很大，奠定我一辈子从事民商法研究的想法，也拉近了我和先生的距离。与先生的这次谈话，可以说是我本科毕业后前后十年的“分水岭”：前十年是一个遍尝艰难人生、将自己从空洞的理论释放出来、寻求实用技能的阶段；后十年是一个兼收并蓄，走向自己独特的法与金融相结合的治学之路的阶段。先生对我后面十年的影响非常巨大。

韩良给笔者的邮件中，详细回忆了他报考江平的博士后的经过：“因为南开大学不准在校教师做外地院校特别是北京的博士后，我为了能有向江先生学习的机会，在没有被录取的情况下，已写好辞职申请，且请法学院院长签字批准。老实说，当年报名跟江先生读博士后的有4人，都非常优秀，加之我的博士专业不是法律，我心里一点底都没有。但为这次机会，我还是孤注一掷。幸运的是，南开大学见我报的是江平先生，网开一面，我成为南开大学第一个在外地院校的博士后的教工。”

现任江西财经大学法学院院长的邓辉,是江平 2000 级的博士。2003 年夏天,邓辉博士毕业,其间一直担任江平的秘书。当时,江平和邓辉本人都有意使其留校,担任助手,甚至已经与中国政法大学人事处、民商经济法学院协调好。但春夏之交的“非典”,使邓辉滞留在蓟门桥,无法赶回江西办调动手续。“非典”结束后,江西财大亦向邓辉伸出法学院副院长的橄榄枝。邓辉最终抱着试试看的态度,选择回江西。开完毕业典礼,邓辉回到江平办公室,向他汇报最终的决定。邓辉告诉笔者:“江老师语重心长的一句话,彻底改变了我的职业选择,也影响了我的人生观和人生道路。他说:‘邓辉啊,留不了北京、留不了法大也没有什么可难过的。在政法大学,上面都有你的老师和师兄,要想有很大的发展也很难。江西虽然落后一点,但用欧洲的眼光来看,江西也是一个国家那么大,在那里干好了,同样会很好,甚至会更好。’老师的这句话给了我莫大的信心,我常告诫自己:关注身边的人,做好身边的事,也常用这句话来教育我的学生。”

2003 年 10 月底,江平访学江西,邓辉陪同江平、崔琦夫妇游览井冈山。在参观毛泽东旧居时,江平和崔琦欣然穿上红军制服,摆出红军的姿势留下几张照片。江平和崔琦可爱的瞬间,永久地定格在画面中。

在江平的 2007 级博士研究生孙兆晖的记忆中,他印象最深的是江平所说的“平常心”:

2008 年夏日的一个午后,约江老师汇报学习情况。江老师把我领到会客室,随手还提了一大瓶冰镇可乐,说外面太热,喝点可乐。我正准备去客厅拿纸杯,他却已拿着茶几上的一只小碗,到水龙头边冲洗一下,为我倒了一小碗可乐。这些小事,都体现了江老师常说的“人要有一颗平常心”吧。我是江老师的一名微不足道的学生,虽然不愿意向别人提起,但却会时常想起这些小事,愿意在一次次的回忆中,感受江老师的那份蕴藏着人格魅力却又自然亲切的“平常心”。

作为江平晚年所录取的学生之一,孙兆晖面临别人最多的问题,即是“江老师还给你们上课吗,你平时能见到江老师吗”?孙兆晖告诉笔者:“大家会认为江老师年近八十,事务繁忙,可能无暇顾及指导学生。实际上,江老师最令人感动的地方,恰在于他始终把学生放在第一位。虽然他完全不用备课,便可以在讲台上信手拈来,让每一次讲演都精彩纷呈,但他仍会为了上好一堂博士生专业指导课,详细地书写教案,力求在课堂上以最好的思维状态,传授给学生最新的知识。”孙兆晖举了一个具体的例子:有一次,江平的课安排在上午,因早高峰路上堵车,他的车赶到学院路校门口时,已快到上课时间,77 岁高龄的他下车后,以近乎小跑的速度进了教室。“江老师不愿意让学生们多等一分钟!看到站在讲台上的江老师因刚才的快步急走而气喘吁吁,同学们都肃然起敬。”孙兆晖说,“平时,只要是学生约他汇报读书学习或论文写作情况,他都会以最快的速度安排见面,在家中亲自为学生倒水,然后与学生进行长时间的探讨交流。”

江平的教学理念与风格

事实上,在对江平的学生们采访过程中,大家聊得最多的不是自己如何与江平结缘并追随江平,更不是生活中的江平到底是什么样子的。大家聊得最多的,是江平对他们的言传身教。对于江平指导博士生的道与术,每一位受访者都有侧重点不同但大体相似的回忆。这其中,赵旭东的概括最为全面:

在教育方法上,江老师并不局限于法学知识内容,他更多教给学生方法,更多地培养学生具备法学的思维方式和研究问题的能力。比如在指导论文时,有些老师会一字一段提出很多具体的要求,而江老师总会从宏观上去把握论文的思路,从总体逻辑以及结论的价值上来指导。经他指导后,会有一种茅塞顿开的感觉,他简单地一点拨,就能把写作思路一下子拓展开来。

他更注重方法和境界。在我的硕士和博士论文中,我就有这种感受。他不会对学生提太多的要求,不会要求学生同意他的观点,这与有些老师成鲜明对比。江老师指导论文的过程,就是他和学生探讨的过程。在探讨中,他力争使学生得到启发,进一步提炼思路。

江老师对学生的教育,恰到好处地把握了学术民主的原则,让学生自由地发挥学术上的想象力。这点也影响了我。后来在跟学生交流和论文指导中,我受江老师影响,也不强求学生的观点和我一样。当观点不一致时,我会说没关系,但是你要自圆其说;我发现的问题,你要改,不能有很明显的漏洞;要是你仍然坚持,我不会因此而否定你,我会提出建议供学生参考,或者从学理上去说服学生。这一点上,我受江老师影响较大。

另外,江老师在学生培养中,充分利用自己的各种社会资源为培养学生服务,善于为学生提供各种条件和机会。他参加立法时,他会经常地安排学生参加立法活动,包括立法讨论、立法调研,使学生通过这些活动了解问题和实践。他也会利用自己与国外高校的联系,为学生们提供出国进修访问交流的机会。这些我是一路体验过来的。当时江老师就一个想法,让他的博士都能有出国的机会。这是江老师在教书育人中责任感和精神的表现。

还需要说的就是他的敬业精神。多少年来,江老师对法学教育都抱着严谨认真的态度。他是著名的法学家,按说到他这级别,上课可以很随意。但是他对教学工作发自内心地热爱,只要自己能做的,他都会尽力去做,哪怕担任校领导期间,他都坚持给研究生甚至是本科生上课。他担任校长时,还在讲罗马法。而且上课从不偷懒,从不偷工减料,他的课很少提前下课、迟到或者取消,也从来不会找学生替他讲。他只要承担教学任务,包括课程的准备和课堂的讲述,都会非常认真地完成。他有一个习惯,无论是不是自己讲过的题目,他都在讲课前把内容再梳理一下,看有没有更好的讲授思路。江老师一直保持这样一种严谨的态度,难能可贵。

除了教学方法和理念上的影响,江平给他的学生们,最大的影响更多体现在江平的为人和品格上。赵旭东概括了五点:

第一,江老师特别朴实,艰苦朴素,平易近人。尽管他是著名法学家,但是他还是保持着很朴实的习惯和作风,从来没有把自己当做很著名的学者,更没有以此作为索要更高待遇和要求的资本,他从没有把自己当做名人,一定要和别人分出高下,或者看低别人,或者和别人疏远。相反,他很自然地在骨子里面保持着亲近、平和的态度……比如说各种会议,他年纪大了,腿脚不方便,接送也自然。要是其他人,自己有时候也会提出来。但是江老师,只要你不提出来接送,他从来不会自己主动提出来;即使别人提出来,他能不用就不用,这种情况一直到他75岁左右都是如此。他在各方面都是能不麻烦别人就不麻烦别人,自己能解决就尽量自己解决。

第二,江老师特别严于律己、宽以待人。不仅在学术方面,工作和为人处世方面都是这样。对于别人做事明显的不当、失礼,他都很宽容,不会挑剔别人的不当或缺点,也不会记恨别人的某一次失礼。他对别人的缺点,也会大而化小、小而不见,不会去放大别人的缺陷。在他那,你永远听不到对别人负面的议论或者对社会各种抱怨或者怨天尤人的言论,心态非常健康。但他对自己要求又很严的,他做人做事都非常大气、得体,说话时都考虑别人的情绪,确实表现出严于律己、宽于待人的做人原则。

第三,江老师为人方面特别正直善良。这方面,他心里很坦荡,从来不工于权术,从来不搞圈子、拉帮结派搞阴谋。和江老师一起这么多年,我很少听说他跟同事有什么矛盾冲突,他也从不在背后去嘀咕别人,更不去为了某种目的策划事。恰恰相反,他特别善于团结同事、团结群体,尽量创造出和谐的氛围。不仅在学校里面这样,在社会各界他所参与的各种团体中,都能表现出这种精神。

第四,他非常淡泊名利。江老师这一生获得很多名誉,在学者中他赚的钱也不少。但是我想说的是,这些名和利,都不是他刻意追求的结果,不是他一门心思索取的结果。相反,这些名和利完全是别人自发给他的,他自己从不主动索取。

说他是一个淡泊名利的人,表现在哪儿呢?

首先说“名”。按照他的学术地位和声望,大家都公认为他是法学泰斗。其实在法学界,虽然没有统计,但法学界这么多有名的学者,各方面认可度最高的还是江老师。但其实他自己并没有刻意地去追求这样的声望。特别是在具体的形式上,他并没有这样一种称号或相应的位置:中国法学会民法研究会是我们学科的研究会,他从来没有担任过会长或副会长;中国法学会有很多学者担任副会长,江老师从来没有担任过。但是他在学界的地位是公认的最高者之一,他不需要这样的名称,他也从来都不主动去运作这些事情。

他不仅自己这样,对学生也是这样。我们这些学生,有时候认为要想在学界发展,还是要借助这些学术平台,有时候也希望他能够提供一些支持。但是在这些方面,他很不积极,因为他自己就是这样的,他觉得要顺其自然。

再举一例。当时北京政法学院评教授、评博导,江老师都不是最早的,但是在他那一代,大家都知道他是最出色的。在评职称的时候,他评教授要比别人晚一两年。在这些方面,他不争,都是被推着走的,是学校觉得他该上、他不能不上才上的。教授是这样,博导也是这样。博导他比陈光中、张晋藩老师晚了两年,结果民商法的博士生也比刑诉和法史晚招两届。按照学术水平他完全是可以的,但是他不去争取、不去申报,结果就晚了。

我们再说"利"。他赚钱应该说在学者中不算少,但是以他这条件、能力和资源,完全可以赚更多的钱,但他没有去刻意追求。比如说讲课费,他从来不会在讲课费上和别人计较,也不会因为讲课费低而心里别扭,更不会因为讲课费低就不去。所以会出现一些情况,把他请去后给得很少,少到别人都不好意思拿出手的程度,但他也无所谓。对于"利",他始终看得很淡。有次到外地去讲学,大老远讲了一天,人家才给了他两千元。那时候,一般学者都是五千元、一万元,居然就有人给他两千元钱。但这件事,这样也就完了,他从没说过什么,而且这样的情况也不是个别的。

讲课费也是一方面,其他涉及他的利益的事,江老师也是不争。他现在的那些钱,都是辛苦钱。多少年来四处奔波讲课,他的钱就是那么一点点地攒起来的。

所以,江老师确实有一般人没有的名和利,但是按他本身的贡献、能力,他应该能够获得更大名声和财富。因此,在本质上他其实是一个淡泊名利的人。

从其他方面也能看出他淡泊名利的品格。江老师70岁时,开始考虑如何去回馈社会。他觉得,在前22年,社会让他遭遇很大的挫折,后22年,社会又给他很大的回报,他很感激这个社会,还想为这个社会做点什么。于是,他自己捐50万元发起设立江平法学基金。其实他的财产也不是很多,和那些老板更没法比,但是他觉得,他把钱花在这会产生一种更大的价值。如果他把私利看得很重,就不会有这种境界。

赵旭东的概括基本上囊括其他学生的回忆。事实上,江平的这种胸怀,也体现在对待其他晚辈身上。在采访过程中,不止一个受访者说,江平对非他门下的学生,有时候比门下学生更好。正是江平这种博大的胸怀,使得他赢得法学界内外广泛的尊重和爱戴。

第3届“江平民商奖学金”评选通告。

第7届江平民商奖学金颁奖典礼。

2009年4月17日晚，第9届江平民商奖学金颁奖典礼
在中国政法大学昌平校区隆重举行。

十五、回报社会

——江平民商法奖学金十年路

“再为社会做一些贡献”

2009 年 11 月,江平应邀为江平奖学金成立十周年题词,他写下四个字,即“回报社会”。对江平来说,“回报社会”的想法十年前就已萌生并付诸实施。

2000 年底,江平七十华诞。在这么一个特殊的时刻,他“有一个很真诚的愿望,希望能够回报社会,能够通过自己的力量,再为社会做一些贡献”。“想来想去,觉得最适合我的方式,就是由我捐钱,成立一个奖学金。在当时的法学界来说,还没有由学者发起、以学者名字命名的奖学金,我的想法还算是一个创举,在当时是独一无二的。”

的确如此。具体负责筹备江平民商法奖学金的赵旭东教授告诉笔者,“作为学者,江老师能有这样的创意和境界是开学界之先河的,也是惠及学生千秋的一件大事。这是江老师晚年很浓墨重彩的一笔。”江平民商法奖学金成立之后,法学界先后有多人效仿,出现一系列以学者个人名字命名的奖学金,诸如陈光中诉讼法学奖学金、应松年行政法学奖学金等。

2009 年 12 月 27 日,江平民商法奖学金悄然走过风雨十年路。江平在庆典发言中,回顾当时“回报社会”想法:

大家刚才看到我对奖学金十年庆典的题词,是“回报社会”。为什么要讲“回报社会”呢?这得从我个人感受说起。我 1951 年到苏联留学,留学前领导人对我们语重心长地说,你们不要忘记培养一个留学生所要花的钱,在中国是很高的,仅次于培养一名飞行员。当时都是用小米来计算的,他说培养一个飞行员一年要花多少多少斤小米,培养一个留学生也是同样要用多少斤小米去换外汇,你们要珍惜人民培养你们的感情。这句话我始终记在心里。因为我们五年的学习,花去祖国很大一笔财富。我们的知识来自于人民和社会,所以现在我的情况好了,我应该给社会做出贡献,回报社会,只有如此才能对得起社会对我的培养。

江平的初衷是捐出一部分钱,设立专门针对贫寒学生的助学金,使得贫寒学子能够获得经济资助,顺利完成学业。但他的学生们建议,与其设立助学金,还不如设立奖学金,专门奖励民商法领域优秀的学生,提高学生们学习民商法的热情。江平最终接受该建议,江平民商法奖学金由此进入实施阶段。

2000 年 12 月 28 日,法学界齐集友谊宾馆,为江平庆贺七十华诞。在发言中,江平正式对外宣告:捐献 50 万元,发起设立"江平法学基金",同时设立"江平民商法奖学金"。早在 12 月 1 日,发起人江平和"江平法学基金"筹备组组长赵旭东教授共同签发"江平法学基金"捐助邀请函,即指出:

江平教授是我国著名法学家和法律教育家,为繁荣我国民商法学事业,鼓励、支持和赞助民商法学习与研究,在其"七十华诞"即将来临之际,特发起设立"江平法学基金"。该"基金"是我国法学界第一个由法学家个人发起设立的社会公益性团体,是将个人奉献、社会支持与法学教育、法学研究相结合的一种新机制。

江平教授为发起设立本基金,个人一次性捐资人民币 50 万元,其他资金将面向社会募集。现将本基金章程和捐资办法告知与您,如有捐资意向,请与"基金"筹备组联系。愿我们共同为我国法学教育和研究事业做出贡献!

王泽鉴"共襄盛举"

江平发起设立"江平法学基金"的消息传开后,得到各方面的积极响应。这其中,就有台湾地区著名法学家王泽鉴。2000 年 12 月 20 日,江平七十华诞之前一周,王泽鉴致函中国政法大学出版社社长李传敢,表达捐资意向:

李社长传敢惠鉴：

前月到北京，承蒙热心招待，谨再致谢意。拙著民法总则等书，贵社同意以优厚条件出版，深为感荷。

中国政法大学前校长江平教授七秩华诞，将设立江平民法基金会，为感念江平先生对中国法学的贡献，拟将民法学说与判例研究的稿酬人民币二十万元，捐献与该基金会，共襄盛举，为中国民法学的发展，共同努力，敬请惠于同意。顺颂

喜乐平安

王泽鉴　敬启

十二月二十日

在接受笔者采访时，王泽鉴教授详述他与江平联合设立奖学金的缘起：

接近千禧年，我的一些著作在大陆地区出版，包括八卷本的《民法学说与判例研究》，还有其他几本书。我一直在考虑我的著作大陆版的稿费处理问题。

当时，我曾跟中国政法大学出版社提议，用我的名义或者其他名义设立基金会，除当时的稿费之外，将来陆续还有稿费，甚至我自己可以再捐一点。那时候大陆和台湾币值差很多，我要捐的钱，也许在台湾不是很多，但在大陆就会是很大一笔钱。但细想之后，觉得以我个人的名义在大陆设立基金，这个方案并不是特别好。

2000年时，江平教授考虑捐献部分财产，设立"江平民商法奖学金"。我获悉消息后，给出版社写过一封信，说江平教授在法学界内外享有很高的声誉，我愿意一道共襄盛举，表达捐钱意愿。然后，将我要从中国政法大学出版社拿的稿费，也委托出版社捐入江平法学基金。当时，我的稿费大概有20万元人民币，这在2000年时不是一个很小的数目，据说都可以买一套房子了。

作为台湾地区法学界的翘楚，王泽鉴"共襄盛举"之举，不仅使得"江平法学基金"的数额增加至70万元，更为重要的是，江平作为大陆最著名的法学家，王泽鉴作为台湾地区最著名的法学家，由两岸最著名的法学家联手设立共同的学术基金，其在文化上的象征意味颇为浓厚。

基金设立很不容易

王泽鉴的加入,使“江平法学基金”旗开得胜。但是,根据国务院《基金会管理条例》第8条的规定,个人慈善基金会成立的条件之一就是“非公募基金会的原始基金不低于200万元人民币,原始基金必须为到账货币资金”。对于“江平法学基金”来说,江平和王泽鉴先期捐出70万元,对于设立非公募基金会来说,无异于杯水车薪。筹款的重任落在“江平法学基金”筹备组组长赵旭东和江平其他学生肩上。

赵旭东告诉笔者,江平法学基金发起设立的初衷之一,就是彻底去官方化,完全搞成民间性质的基金。因此,他作为当时中国政法大学经济法系民法教研室主任,责无旁贷地承担起具体操办江平民商法奖学金的重任。

操办本身,颇费心力。赵旭东详述他筹款的过程:

按照相关法律法规,基金的设立是一件很复杂的事,不是有人捐款就成立这么简单。另外,对于基金的规模也很难掌握,究竟是只要江老师的50万元和王泽鉴老师的20万元?还是通过对外募集,形成比较合理的规模,以便能够发挥更大的作用?当时商量的结果,就是由江老师发起,然后对外募集,扩大规模,将来还要长期发展。

对外募集更复杂。我当时就想,最可能积极响应江老师的群体:第一,本校教师,尤其是留校工作的江老师的学生;第二,江老师指导的走上社会且有一定能力的学生;第三,他接触的一些律师和实务部门;第四,他在民商法学界的同道。

我们初步的计划是从这几方面尽可能动员。既能使大家有所表示,同时又不能太张扬,不然就成为公开募集。在我国的基金发展当中,公开募集也没有很成文的规定,搞不好会成为非法集资。江平法学基金不能大张旗鼓,只能在特定范围里向特定的对象募集。

募集范围明确后,我就拟定初步的募集名单,然后就起草书面的邀请函发给对方。

之后,我又用电话直接和潜在的捐款人沟通。工作量很大,后来找了两个学生协助,让他们挨个打电话问是否收到邀请函,收到后再一个个打电话说明情况,表达劝募的态度。

募集工作甚至做到什么程度呢?像跟我一起在1986年读硕士的杨仁家,他先留校几年,后来去美国并留在那。到2000年江老师70岁生日的时候,我们的联系已经很少。尽管好多年没什么联系,打电话要赞助有点不好开口,但我想了一下,毕竟他是江老师的学生,我就跟他打越洋电话到美国。最后他也捐了一些。为了江平法学基金,只要有一点可能,都会尽全力去争取。

募集过程中,一个当事人请我做法律顾问,给项目提供法律咨询服务。结束后,说要给我报酬。我就跟他说,"你别给我个人付报酬,把要给我的钱捐给江平法学基金,就算对我的支持。"

特别让人感动的还有杨振山老师。当时,他已经不管教研室的事,但是他看到我在张罗这件事,又是江老师的事,作为教研室的前辈,他也尽自己的力量带头捐款。江老师发起基金,募集也只能按同事们个人意愿,我们很担心有些老师理解成强迫捐款。这时候杨老师的举动就很重要,他作为老一辈积极响应,就会为其他老师形成示范效应。其实杨老师也不宽裕,但他鼎力支持,带动教研室其他同事,就形成某种气氛,大家都做了力所能及的贡献。

最后,零散募集的资金一共有80多万元。这里面最大的一笔捐款来自田文昌律师的10万元,他要感谢江老师过去对他的帮助,以此表达心意;其余的70万元,都是一万一万甚至几千几千地凑起来的。最后,加上江老师和王泽鉴老师的70万元,一共筹集到150多万元。

最终,经过艰难的努力,先后有79位个人和16家单位慷慨解囊,成为江平法学基金最早的一批捐款者。

江平法学基金提供的早期捐款人分别是:

江平、王泽鉴、徐州信托、北京京都律师事务所(田文昌)、金城律师所、北京仲裁委员会、广东万商律师所(徐志光、张志、张善华)、中国工艺品进出口总公司、湖南金健米业、黄永庆、北京昊天律师事务所、北京浩天律师所(马晓刚)、北京市民政律师所(卞宜民)、李国荣、王惠安、李永福、何培华、张振凯、邹永生、李洪光、大连志诚集团有限公司(杨振华)、孙广亮、杨振山、赵旭东、韩小京、张学兵、李文、任国钧、高金波、李强、马怀德、杨仁家、陈洪武、王建平、徐杰、曹思源、张和伏、陈益民、顾永忠、李静冰、向阳机械厂、徐念沙、周小明、张默、罗伯特·来因斯坦、美国天普大学法学院、广西大学法学院、中国政法大学经济法系、周永明、中国政法大学法律系、陈逸民、庞正中、田予、贺宝银、张志、张善华、张楚、姚国斌、李步云、姜志俊、阎建国、李晓、梅慎实、赵威、胡希平、李炳成、赖文平、王文杰、阮齐林、田岚、鄢一美、龙卫球、赵德枢、刘智慧、王涌、高广清、张海鸥、高富平、浦志强、谢冀川、方流芳、管晓峰、田建华、李自卫、符启林、高祥、高月、米健、周竖奇、王宝莅、吴博文、贾承霖、李显东、夏吟兰等机构和个人。

2000年12月28日，学界、实务界齐聚北京友谊宾馆贵宾楼为江平祝寿。与此同时，刘利君、胡宏征、蒯化平、王富博、钱建军、郭锐、冯珏7位中国政法大学97级同学，亦因在民商法学习方面的优异成绩，经过层层选拔后，成为首届“江平民商法奖学金”得主。通过这种方式，江平法学基金正式向外界宣告诞生。

十年后的2009年12月27日下午，捐资者之一的法大校友浦志强回校参加江平法学基金十年庆典。在应邀发言时，浦志强指出，“我相信未来的十年、二十年，今天获奖的学生能够成为做人上站得住、学问上走得远的大学者。这也是江先生希望的。像江先生那样做学问，像江先生那样做人，是我们所有法大人的心声。希望这能够成为大家的共识，也希望所有的人都像江先生那样，把自己的心思，献给学术、献给学校，同时也献给未来。”浦志强的发言获得雷鸣般的掌声。在一定程度上，浦志强的发言亦代表着捐资者的某种心声。

对于江平民商法奖学金运行十年来的现状，江平本人亦表示欣慰。在十周年庆典上，江平也公开对所有捐赠者表达谢意：“这些年来，奖学金得到社会各界人士的广泛支持，尤其是中国政法大学毕业的学生、老师们的无私关怀。十年来，我们与捐赠人没有做太多的沟通，这是我们存在的一些不足，但是今天，很多我们十年前的捐赠者都前来出席，我感到很欣慰。可以说，没有捐赠者，就没有奖学金今天的成就，我只是捐献了奖学金的一部分，而更大多数的部分是来自社会的捐赠，我要特别感谢这些捐赠人，使得我们基金能够取得现在的规模和成就。”

江奖的运作机制

客观地说,按照《基金会管理条例》的规定,150 万元的规模,无法完成法定的注册手续,只能暂且被称为非法律意义上的"江平法学基金"。但无论如何,这么一大笔汇聚着所有捐款人的钱,究竟如何运作,又事关"江平法学基金"的声誉与生命力。

发起人、主事者都是法律学者。他们完全按照法律人的方式,设定江平民商法奖学金并维持其运转。赵旭东对于基金运作的每一个细节都了如指掌:

江平法学基金诞生之后,就有了如何运作问题。当时我们想,先只设一个"江平民商法奖学金",其他项目等条件成熟时再说。奖学金每年都要评选,怎么评、怎么选,工作量很大。后来,经过反复商讨,我们建立一整套机制,形成初选、初试、复试、面试等环节,最后选出最终的获奖者,并在颁奖时现场揭晓。

开始时,我们定的是每一届 10 人获奖,后来又扩大到 15 个,2009 年又扩大到 18 个,其中给清华大学法学院 3 个名额。我们确立的原则,就是保持基金的地位和荣誉。这样的话,就不能使学生获奖面太宽,否则的话,获奖本身对学生就丧失激励作用,确保获奖的含金量。但是,又不能难到任何人都无法获奖,还应在某种程度上相对容易获得,让大家看到希望。

一直以来,奖学金评选程序都很严格,学生获奖的难度也很大,能够获得"江平民商法奖学金",已经成为在校生最高的荣誉,一直被称为法大校园的"诺贝尔奖"。

奖励的力度也不小,奖金是 5000 元,对学生来说,刚好够一学年的学费。这也和我们的定位有关。正常情况下,贫寒学生有助学金,我们要发挥助学金发挥不了的作用。

如何选出获奖者?经过反复考量,我们确定只有在民法、商法当中学习优秀的在校生,才有资格申请"江平民商法奖学金"。每年具备申请资格的学生都有三百多人。于是我们让三百多人参加书面考试,书面考试分两轮:初试和复试,最后选出 20 个人进入面试。面试时,我们组成有五六位老师的答辩组。通过面试,最终评出10位获奖者。

每年从报名出题、组织考试、阅卷、面试以及最后确定获奖者,有大量的工作要做。这些工作都是我们民商法教研室的年轻老师在做。这些工作没有名也没有利,除面试答辩时的劳务费和交通费,几乎没有任何报酬,又需要很多时间精力。有时候我自己都觉得不忍心,但任何报酬都要花基金的钱,江老师和捐款人都希望基金的钱花在学生身上,基金运作成本要是花太多,我们也会惴惴不安。于是,每年评选就让大家做贡献。一年这样,十年还是这样。

最初,考务由龙卫球主持。龙卫球去北航后,王涌接替他主持考务。答辩时,费安玲、李显东、姚新华、刘智慧等老师每年都参加。为了基金的发展,为了使基金能够发挥江老师预期的作用,教研室的同事们做了很多工作。

到最后,还有颁奖仪式。每年的颁奖仪式都很有特色,越来越像奥斯卡的颁奖典礼。颁奖仪式都是我们院团委的学生会、学委会在具体负责。北极光工作室专门负责每年颁奖仪式的视频制作和背景、海报等事务。

每年的评选结果都是颁奖时当场揭晓。在这之前,谁都不公布,谁都不知道。最终获奖的人在进入礼堂时都是候选人,最后才能知道到底谁获奖。

颁奖时,主持人会安排部分获奖学生和他们的家长相隔几千里连线。他们的家长说话大家听不懂,但是在颁奖台上告诉家长子女获奖的喜讯,让家长发表感言,场面是很感人的。主持人也会即兴采访这些学生,让大家谈对江奖的看法,从中也产生很大的影响:获奖者觉得很荣耀,未获奖者亦会将之作为继续奋斗的目标,最终激发出学生对民商法的学术热情,也使大家当然受到江老师崇高的人格魅力的熏陶。

前几年,颁奖结束后,都会安排江老师做主题演讲,给现场所有同学一个聆听江老师教诲的机会。江老师平时很忙,但不管多忙,每年的颁奖仪式他都是一定会出席的,他会跟师母崔阿姨一起来为学生颁奖,还要做一个学术报告。这也是江老师对这个奖学金的奉献之一。

这些年基金的管理,江老师、崔阿姨他们一直在关注、跟踪,崔阿姨作为监事。同时,对于基金的管理,刘智慧也为此做了大量的工作。还有我们团委、学生会的老师和同学特别是黄瑞宇、董宁博两任团委书记,在这里面也做出了大量的奉献……总之,江平法学基金、江平民商法奖学金的成立、运转以及它现在取得的效果,是江老师和其他同仁一起努力的结果。大家的共同目的,都是想把江老师开创的这个事业做大做强,达到最好的社会效果。这也是对江老师最好的尊敬。

走出法大

从2008年开始,江平民商法奖学金每年给清华大学法学院3个名额,由其自行评选,获奖者来法大领奖。

促成此事的是现任清华大学法学院副院长施天涛。施天涛告诉笔者,"我个人一直有个心愿,想把江平民商法奖学金推广成为全国性的奖学金,但是江老师一直不肯。我猜想他担心推广奖学金,会引起别人的看法。后来因为我在清华,我就想找一个突破口。我一直跟江老师说,清华有您三个学生在,马俊驹、我和申卫星,应该对清华特别一点,把奖学金给清华开放。说了好几年,最后江老师终于同意此事。"

经过商定,"江平民商法奖学金"每年给清华大学法学院3个名额。但操办者也清楚,由于清华法学院和中国政法大学的不同情况,按照"江平民商法奖学金"在中国政法大学的选拔标准,清华大学法学院的学生很难进入笔试、面试,最终问鼎概率更低。考虑到这种现实,江奖在清华的评选标准,由清华法学院按照自身的实际情况评选。

获得江奖的"幸运儿"

2009年12月27日下午,江平80岁生日的前一天。在中国政法大学昌平校区礼堂,江平法学基金成立十周年庆典暨第十届民商法奖学金颁奖典礼隆重举行。这标志着自2009年11月11日启动的第十届江平民商法奖学金评选,经过一轮又一轮的淘汰与选拔,终于确定了最后的胜利者。

这也标志着江平民商法奖学金悄然走过了十年。十年,在历史的长河中可能只是一朵小浪花。但是对于江平民商法奖学金来说,这十年,每一步都很不寻常。江奖十年风雨兼程,最终留下一部编年史。在中国政法大学校园网首页搜索工具栏中,以"江平民商法奖学金"为关键词搜索,江奖十年路依稀可见:

2000 年 12 月 28 日,首届江平民商法奖学金颁奖。经过层层评选,最终中国政法大学 97 级的刘利君、胡宏征、蒯化平、王富博、钱建军、郭锐、冯珏 7 位同学问鼎。

2001 年 12 月 26 日,第二届江平民商法奖学金 10 名获奖者名单揭晓,他们是:法律系 98 级 11 班杨芳、法律系 99 级 10 班高婷、国经系 98 级 1 班申琳、法律系 98 级 3 班杜丹、国经系 99 级 5 班王晶、法律系 98 级 11 班孔乐、法律系 98 级 9 班沈建峰、国经系 99 级 5 班孙倩、法律系 99 级 10 班刘利军、民商法 99 级硕士生刘艳。该届江平民商奖学金符合条件的申请人为 252 人。从本届开始,江平民商奖学金的金额从 3000 元提高到 5000 元。

2002 年底,法学院 99 级 8 班程世刚、国经院 99 级 7 班的董亚川、民商院 00 级 4 班的方芸、民商院 01 级硕士郭锐、国经院 99 级 7 班刘丹、国经院 99 级 8 班刘甜、民商院 01 级硕士马江、国经院 99 级 7 班孙参政、法学院 99 级 2 班田志钢、民商院 00 级硕士韩光明 10 位同学获得该奖项。

2003 年 12 月 16 日,第四届江平民商奖学金获奖名单隆重揭晓,法学院 00 级 9 班乔娟、法学院 00 级 13 班刘文慧、民商院 00 级 5 班孙兆晖、法学院 00 级 11 班冯举、国际院 01 级 6 班赖银标、民商院 00 级 3 班李雷、民商院 00 级 3 班林桂彬、民商院 00 级 3 班任学敏、法学院 00 级 14 班余源志、民商院 01 级硕士刘岸 10 位同学最终获得第四届江平民商法奖学金。

2004 年 12 月 6 日,第五届江平民商奖学金颁奖典礼在中国政法大学昌平校区隆重举行。民商经济法学院 02 级 3 班李大彬、国际法学院 01 级 1 班刘云霞、国际法学院 02 级 4 班霍婉华、国际法学院 01 级 1 班刘岭、国际法学院 01 级 5 班郭勇、国际法学院 01 级 7 班邵夏虹、国际法学院 02 级 1 班王非、刑事司法学院 02 级 1 班韩尚武以及法学院02级硕士赵仁洋、民商经济法学院02级硕士朱虎获得此殊荣。

2005年12月19日,第六届江平民商法奖学金颁奖典礼隆重举行。来自民商经济法学院的03级3班余宁、02级1班舒占伟、02级7班金晶、03级5班怀宇、03级5班的张蕾、02级6班刘绚兮、刑事司法学院的03级4班的李媚、国际法学院的02级2班朱振华、03级6班蔡锟、法学院02级8班张扬获得此殊荣。

2006年12月18日晚,第七届江平民商法奖学金颁奖典礼在中国政法大学昌平校区礼堂成功举行。民商院03级1班刘晟昱、民商院04级5班乌兰、民商院03级8班谭津龙、民商院03级7班赵咏梅、法学院03级3班张力、民商院03级3班刘玲伶、民商院03级5班张维、民商院03级5班张笑滔、法学院04级5班洪祖仁、民商院04级6班洪敏桦、刑司院04级4班许敏、民商院04级4班罗迪湘、法学院03级1班张抒涵、民商院04级硕士郑坤山和民商院05级硕士张愉庆获此荣誉。从本届开始,江平民商法奖学金获奖者数量由10人扩大至15人,初试题也从主客观题混合变成纯客观题。

2007年12月20日,第八届江平民商法奖学金颁奖典礼隆重举行。15位获奖者分别为:民商院05级2班刘柱、民商院04级9班孙晓雯、民商院04级7班董燕、民商院04级6班杨婷、民商院05级1班柳建树、民商院05级2班廖文斌、民商院04级9班刘浩、法学院05级4班方科、民商院05级3班朱星星、民商院04级4班颜晓倩、民商院05级3班周星磊、国际院04级1班赵雷、民商院06级硕士李洹、民商院05级硕士薛启明、法硕学院05级熊海水。

2009年4月17日,第九届江平民商法奖学金颁奖典礼在中国政法大学昌平校区举行。中国政法大学刑司院05级3班孙晓杰、国经院05级1班宋志清、民商院06级6班于吟月、法学院05级8班何文俊、刑司院05级2班卫欣、刑司院05级3班李沫雨、民商院05级4班蒋洁、民商院05级4班李颖、法学院05级9班杨宝廷、民商院05级5班尹雯、民商院06级9班李弯弯、国经院05级3班褚立丽、国经院05级3班王琳、研究生郑谷晨、研究生胡雅妮以及清华大学法学院学生郑秋莹、葛江虬、龙俊等获奖。从本届开始,江平民商法奖学金开始拿出3个名额给清华大学法学院,江平民商法奖学金开始走出法大。

2009年12月27日，第十届江平民商法奖学金揭晓。有292位法大学子参与本奖学金的角逐。

……

一年又一年，每一年的“江平民商法奖学金”颁奖盛典，已经成为热爱民商法的法大学子们翘首期待的节日。

据统计，江平民商法奖学金启动十年来，已经有2434位符合申请条件的法大学子递交报名表，走进初试的考场；在这些同学中，又有466位同学通过初试，挺进复试考场；其中，191位同学最终进入第三轮面试；118位法大学子最终脱颖而出，站在江平民商法奖学金颁奖的舞台上。

如今，这些获奖者们，要么继续深造，要么走向工作岗位。但无论如何，江平民商法奖学金都是他们人生中一次极为重要的殊荣，一道最为亮丽的风景线。

艰难的“法大诺贝尔”

一直以来，江平民商法奖学金都有“法大诺贝尔”之美誉。

尽管随着课程设置的变动，江平民商法奖学金申请人的资格条件每年都略有调整，但从整体来说，仅仅具备申请人资格，对于很多法大学子来说，就是一个很不容易达到的条件。

那么，要获得江平民商奖学金需要哪些条件呢？比如，第三届江平民商法奖学金的申请资格是：

（一）本科生符合下列条件之一的，可以申请：

（1）民法学成绩在90分以上（含90分），或商法学成绩在90分以上（含90分）。

（2）曾经在省级以上刊物和报纸上发表有关民商法的论文。

（3）有其他突出的学术成绩和表现，并经一名民商法学教师推荐。

（二）硕士研究生和双学位生符合下列条件之一的，可以申请：

（1）在国家级刊物和报纸上发表民商法学论文的；

（2）有其他突出的学术成绩和表现，并经一名民商法学教师推荐。

依据《关于2009年第十届江平民商法学奖学金评选的通知》,第十届江平民商法奖学金的申请资格是:

(一)本科生和双学位生:一年级和二年级本科生不可以申请。三年级、四年级本科生和双学位生,修完民法学原理一(民法总论)、民法学原理二(物权法)、债与合同法(合同法)、侵权行为法、亲属与继承法、商法一(商法总论和公司法)、商法二(证券法和票据法)、商法三(保险法和破产法)、信托法九门民商法课程中的五门课程,并符合下列条件之一的,可以申请:

(1)其中民法学原理一或商法一在90分以上(含90分);

(2)其中有两门课程的成绩均在90分以上(含90分)或优;

(3)其中有四门课程的成绩均在85分以上(含85分)或优;

(4)在公开出版物上发表民商法学文章。

(二)硕士研究生在公开出版物上发表民商法学论文的可以申请。

(三)曾经获得过江平民商法奖学金(不含鼓励奖)的同学不可以申请。

对于满分为100分的考卷来说,获得90分谈何容易?课程设置调整后,9门课程中有一半以上要达到85分乃至90分以上,又谈何容易?这些严苛的条件限制,使得三四千名符合申请条件的法大学子中,最终可能只有不到1/10的在民商法课程上最优秀的学生,有机会申请江平民商法奖学金。

仅仅具备申请资格,距离真正问鼎江平民商法奖学金还有十万八千里之遥。按照评选的程序,江平民商法学奖学金一般分三轮:初试、复试和面试。初试采取客观题的方式,题量大、难度大是主要特点,能够通过初试的候选人,一般也只有候选人总数的十分之一二。通过初试之后,还需要通过复试和面试。复试采取主观题形式,现场公布题目,要求申请人在规定时间内完成特定题目的写作。通过复试后,则挺进面试。面试由中国政法大学民商法专业的老师组成面试小组提问,要求候选者经过简单准备后现场答辩。通过三轮层层选拔与淘汰后,最终确定入围者和获奖者名单。

但是,获奖者名单在颁奖典礼上正式公布前,除了极个别工作人员外,对于所有人来说,都属于保密状态。除18名获奖者外,前往颁奖典礼现场的还会有其他十多位入围候选人。这也使得一年一度的江平民商法颁奖典礼，成为江平民商法奖学金候选人最期待也最为煎熬的颁奖过程。

在第十届颁奖典礼上，举办者为来宾准备了一份江奖介绍材料，最后一段话，颇能代表江奖的追求："十年江奖，十年辉煌，江平奖学金一直激励和支持着年轻有为的学子们认真学习、努力拼搏，鼓励着他们在法学领域打造出新的天空。在今后的道路上他们必将带着恩师的鼓励和祝福，秉承着江奖的精神不懈努力，成就中国法学的希望和明天！"

江奖激励人生

对于江平民商法奖学金的获奖者来说，"江奖"到底代表着一种什么样的精神？

在十周年庆典上，江平在发言中触及这个问题：

什么是江奖的精神，很难用几句话来解释。但是我有一个感觉：我们现在考试的方法很有特色，它和司法考试并不完全一样。司法考试更多考你的记忆，考你对知识的掌握程度，但今天我们可以看到，江平奖学金的考试的方法，更多是对方法的考查。我很认同今年复试的题目："试论法学的分析方法"。能够思考法学的方法，这已经进入很高的境界。在美国，教授讲课的时候拿出案例给学生们讨论，讨论很热烈。问教授答案是什么，教授会告诉你，这堂课是训练方法的课，并没有固定的答案。我想这是一条至理名言，那就是说，法律完全可以随着时代而变动，但是方法应该永远掌握在心中，只要你掌握好方法，将来你才会在不同岗位上，面对不同的法律、不同的情况，用教师教给你的方法去分析并解决问题。这应该是终身受益的。

王泽鉴告诉笔者，"2009年，'江平民商法奖学金'运行刚好十年。十年来，奖学金已经形成严格的选拔机制，打造成一个知名度很高的品牌，培养出很多民商法领域的优秀学生，一定程度上促进了中国民商法学的发展。这个奖学金的存在，不仅是给民商法学专业优秀学生一定数额的资助,更多是一种象征,表达出江老师希望推动中国法律教育和年轻法学家培养的心愿。”

历尽千辛万苦获得被大家称为“法大诺贝尔”的奖学金,又有着怎样的感触?或许,这个问题,更应该从所有江平民商法奖学金得主的经历中,寻找终极的答案。

孙兆晖是第四届江平民商奖学金得主之一,此后又于2007年9月师从江平攻读民商法博士,现供职于北京市第二中级人民法院。在他的记忆中,“2000年秋天的某个午后,我路过食堂边宣传栏,红纸黑字的‘第一届江平民商法奖学金笔试通知’映入眼帘,但入学不久的我,对这份简易海报并未在意。当时匆匆一瞥所留下的影像,竟会在九年后的今天重又浮现。其间,我有幸获得第四届‘江奖’,并于2007年在江老师指导下研习民商法。”孙兆晖告诉笔者,“2003年12月的一个晚上,在礼堂等候揭晓第四届“江奖”获奖名单,我很忐忑,因为那是我第二次参评江奖,而且是从第一次失败时就开始着手准备工作,很认真也很期待。等到江老师为我颁奖、和我紧紧握手时,我觉得很温暖,更觉得这个奖分量很重。接过奖牌,似乎就意味着自己与江老师有了某种更深的联系,意味着自己的肩上有一种沉甸甸的责任。江奖传递了江老师对获奖者的殷切希望,这也成为我学习和工作中的不竭动力。”

通过电子邮件,笔者与获得第七届江平民商法奖学金的张愉庆做了交流。张愉庆告诉笔者:

我是在研究生阶段获得“江奖”的。按照“江奖”的评奖规则,研究生参评需要提交公开发表的论文。当时,我和另一位同届获得“江奖”的师兄,都提交发表在《研究生法学》的文章。因《研究生法学》没有刊号,所以不能被认为“公开”发表。但考虑到发表在《研究生法学》上的文章均收录于中国期刊网(中国知网),因此,基金会的老师们认为它实质上属于“公开”出版物,所以接受我们的申请。

我想,基金会老师对待此事态度的开明与实质判断的做法,相较于学校官方的奖学金评选要好得多。许多同学花钱在一些期刊上发表文章,以便取得评奖资格或在求职中增分,但并不在意文章的质量,而学校或者招聘单位也不在意或无法了解文章的质量优良与否,这导致“劣币驱逐良币”的现象,反倒淹没了真正的好文章。

我还记得，一位参加答辩的同学拿着自己在这些期刊上发表的文章给答辩老师看时，答辩老师说，以后不要拿这样的文章出来，这是学术污点。现今学术腐败、学风不端现象普遍，基金会老师的做法，令人肃然起敬！

最终获得江平民商奖学金，我觉得很幸运、很激动。这是对自己的一种肯定，也是一种激励。这种激励会一直伴随着自己。我在前面提到的那位师兄，他工作后就在办公桌上摆放着奖牌，以时刻鞭策自己。他的做法令人印象深刻，也说明"江奖"对大家的激励作用无时不在。感谢江老师以及基金会的老师！

江平民商奖学金对我直接的影响是，它极大地缓解了我生活的窘迫，使我面对喜欢的书时不再犹豫。更大的影响则是江老师的人格魅力，只要想起江老师，我们就没有理由懈怠，没有理由不努力。

另一位获奖者金晶，已经在德国攻读民商法的博士学位。她的感受是：获得江平民商奖学金，我"当时觉得，通过法律王国，自己可以获得幸福，并通过法律正义给予他人幸福"。获得江平民商奖学金，使她"非常受到鼓励和肯定，也是最后选择在德国留学的最初动力"。"除了江老师在学术上的杰出贡献，我比较受感动的是，对社会的付出，通过奖学金制度，鼓励青年对法学的学习热情和钻研精神，这种回报社会、回报学术的给予精神非常可贵。"

江平民商奖学金十周年之际，中国政法大学民商经济法学院曾提出撰写获奖感言，作为对江平教授的贺礼，金晶的感言就是"一份奖学金，开启了我人生中对梦想的追求。"

2009年4月17日，主题为"放飞希望"的第九届江平民商法学奖学金颁奖典礼隆重举行。在这次颁奖典礼上，江平以"重在参与"为主旨发言。

事后，这一届江平民商法奖学金得主之一郑谷晨在博客中写道：

江老师在讲话中再度提及参与的意义。当时，江老师的鼓励让我想起自己刚刚在获奖感言中所说的一句话，"对于学术，我觉得不仅需要一种担当的态度，而且也需要一种坚守的精神。"这里所言及的"担当"、"坚守"不正是更为艰苦卓绝的一项参与吗？想到这里，我愈发觉得"参与"之艰辛与可贵。

是啊,学问之道,贵在参与——自我思考的参与,师友交流的参与,学术实践的参与,以及更为广泛的以智识追求为目标的参与。只有通过这种持恒的、无止息的参与,我们才能不断体察自身思想的缺漏或短处,并随时予以添补,进而在总体上实现智识积累的广度和深度。正是在此意义上,江平老师的教导不断督促着我的努力。

2009年12月27日下午,第十届江平民商法奖学金获奖者之一,现清华大学法学院民商法专业博士生姚明斌发表获奖感言说:

用一句话来说,我现在的心情很激动。04年的冬天我和在座的一样,第一次坐在这里观看江平奖学金的颁奖典礼,也第一次知道有“法大诺贝尔奖”之称的“江奖”。05年的春天我第一次上民法学总论的课,那天开始我就有了学习民法的权利能力;可是过去几年,一直和参加“江奖”的机会擦肩而过,所以在我看来,自己还是一个限制行为能力人。直到今年我才正式参加“江奖”评选。我告诉自己,不管能不能获奖,我已经是完全行为能力了……今天最衷心的一份谢意,要献给敬爱的江老师,对我个人而言,正如刚才所说,“江奖”是一个未尽的梦,它实现了;我觉得进一步想想,“江奖”对于每一个人意味着什么?我非常同意刚才王卫国教授提到的,“江奖”是一个很好的给予法学新人平台,在这一方面,我进一步认为,“江奖”其实告诉我们的同龄人缺少的东西——梦想。前一阵子和几个朋友在聊,他们不满于现实,对现实非常失望,刚好提到“江奖”的事情,我就说江老师今年80岁了,他还能非常乐观地探索,实现他法治天下的梦想,我们这些二十几岁的人,怎么能放弃梦想?在这个时代我觉得“蜗居”不应该是我们生活的唯一主题,我们还应该拥有自己的梦想。

第二届江平民商法奖学金得主孙倩也应邀回校参加“江奖”十周年庆典。她在发言中说,“想到江奖,就想到江老师的人生经历和人格魅力,所以我认为江奖传递给我们的,是一种坚定的信念和一种永不言弃的精神力量。我们每个人的成长都不可能一帆风顺,但是有了这种力量的支持,不管在人身路上遇到什么艰难险阻我们都有勇气坚持下去,并且做到最好。”

……

实在没必要引用太多。上述同学的心声中，我们不难感受出来，“江奖”得主这个荣誉，对于法科学生的激励作用，说“江奖改变人生”谅非虚言。

显而易见，“江奖”的背后是江平。江平不屈不挠、只向真理低头的精神，对每一个获奖者、每一个参评者、每一个法大人，都是一种永远的激励。

十六、推动中国

为什么要呐喊？

去职二十年来，江平丝毫没有因为去职而落寞，更没有因为去职而消失。反之，通过不停地呐喊，他的社会影响力与知名度，反而在他去职后达到前所未有的高度。进入新千年之后，较之此前强调国家与社会的分野、公法与私法的分界、呼吁社会权力等理论探究，江平开始更关注转型中国具体的社会问题，以呐喊为天职，为民权呐喊，为私权呐喊。

这一系列的呐喊，持续十年乃至更长的时间。以呼吁与经济学家的结盟、推动保护私产入宪、孙志刚事件等诸多事件为契机，江平在全社会范围内产生深远影响，开始被誉为“中国法学界的良心”。

也正是这一系列呐喊，有时为他带来无尽的尊崇，而有时为他带来的却是网络口水和谩骂。是者奉之若神，非者视之若魔。江平的声誉与形象，也在这十年内前所未有地富有争议。

2004年12月，江平接受《南方人物周刊》采访时指出：“我这个人，在多年的经历上，造就追求自由的性格，自由高于一切。我的一生有两个东西，一个是只向真理低头，一个是自由高于一切。我常常说，人一生追求什么，最朴素的真理，嘴无非两个作用：吃饭和说话（大笑）。你仅让我吃得很好，不让我说话，这更可悲了。”

或许这是个玩笑话。但江平与记者对话，相对完整地刻画出他进入晚年后内心的真实想法：

人物周刊：74岁了，也许应该安享晚年，但您还是到处奔走，内心的动力是什么？

江平：（沉思）从个人来讲，活动就是生命。因为是终身教授，我现在还没退休，即使退休了，要我在家过退休生活，恐怕是生命的减少，而不是增加。我感觉到，不断讲课和活动，不仅体现了生命价值，而且是真正意义上延长了生命价值。不断跑，是一种锻炼，也说明我的思

江平在1980年代初期写下的学术专著之一《西方国家民商法概要》和《罗马法基础》。这两本书被认为“为中国民法学打开了一扇窗”。

《罗马法基础》书影。

江平主编、赵旭东副主编的《法人制度论》书影。这本书是我国公司法律制度构建中奠基性作品之一。

2000底江平庆祝70华诞时，出版的《江平文集》书影。

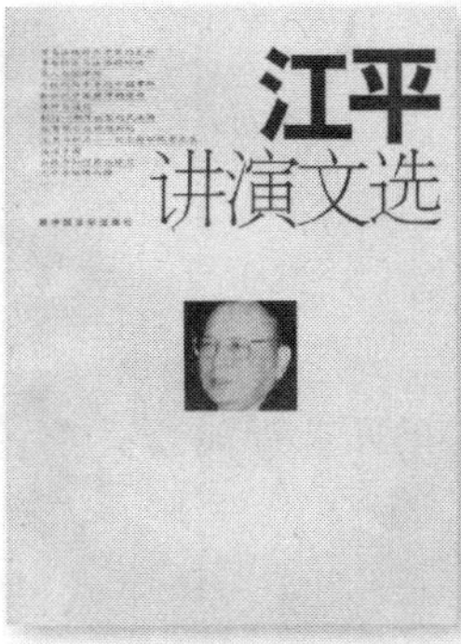

《江平讲演文选》书影。演讲是江平推动中国社会的主要方式。

《私权的呐喊》书影。

《我所能做的是呐喊》（第二版）书影。

《我所能做的是呐喊》第一版推出后获得诸多关注及好评，并入选《重庆晨报》“2007年度十佳图书”，获得《新京报》“2007年十佳图书”提名。

江平在“世纪大讲堂”做演讲。

2011年4月19日，江平与郭道晖、李步云等“法治三老”一道
在中国政法大学昌平校区礼堂做讲座。在中国当代法学界，
三位先生的声音总是激荡人心。

维还可以。我常考虑:我的思维有没有老化,思维有没有保守,有没有新的想法?

如果从大一点来说,从社会的使命来说,不必说太大的大话,无非也就是觉得,我现在所能够为社会做的还是呐喊,我现在的社会使命是呐喊。在我力所能及的时间内,范围内,影响力的度上,我尽量为中国现代应该有的法律观念和法律做一些呐喊。呐喊总是能起到一些作用。这是我个人的想法吧。

无独有偶,2008 年 2 月 1 日,江平在《我所能做的是呐喊》出版之后接受《新京报》专访,亦道出他的"呐喊"所暗含的四层内涵:

第一,从我的职业身份来看,我是一个搞教育的,教授就应该喊出自己的声音,有自己的理念和观念。做官的有做官的理念,教授有教授的理念。知识分子没有别的,有一张嘴,有嘴就要说话,发出自己的声音来。

第二,你可以理解,用"呐喊"这个词,就是说要有声音,有自己独立的声音。我们国家舆论还不是那么畅通,要让老百姓有发言的权利。能够发出他的声音,表示他的意见的自由。应该说,中国这一点还是有些欠缺。如果老百姓的意见不能充分表达出来,不同的意见,不同的声音不能表达出来,这是很不正常的。另外,人们的声音不应该被压制,那样情况只会更糟糕。所以,从这个意义上来说,任何时代都需要人们喊出自己的声音来。一个国家如果没有不同的声音,而只是一种声音,那只能证明危机被掩盖下来了,很有可能会爆发。

第三,从法治的角度来说,我所做的就是为了法治而奋斗,学校的学生让我为返校 20 周年题词的时候,我题了"法治天下"四个字。我们搞法治的人,唯一的理想就是能够法治天下,天下真能够按照法治的理念去构建。但是,现在的情况跟我们法治的理想还是离了很远。我想,法治与市场经济必须联系在一起。市场经济是经济上的自由、平等、民主,就现在的情况来说,我们的法治差了很多。基本还是人治为主。法治应该是人治的对立面。在这种情况下,我想应该更多地为法治去呐喊、去呼吁。

第四,这本书出版还有一个历史的大背景,就是我们的改革开放大争论。在这种情况下,这个呐喊实际上也有一个目的,就是为中国的改革开放呐喊,为中国的思想解放呐喊。我认为,中国现在仍然需要有思想解放运动。因此,也就需要有人去多呼吁。

自从1990年脱离政治舞台,此后十年内有限度地脱离教学舞台,耄耋之龄的江平,对于自己所能做的、所该做的、所承担的使命,有清晰的判定:呐喊!呐喊!再呐喊!

孙志刚事件

2003年3月20日,湖北大学生孙志刚在广东省广州市收容人员救治站被收容3天后,离奇死亡。一个月后的4月25日,《南方都市报》率先发布《被收容者孙志刚之死》。借助网络媒体,"孙志刚之死"成为中国进入新千年后最牵动人心的一起公共事件。

最终,孙志刚事件以6月18日温家宝总理召开国务院办公会议,通过《城市生活无着的流浪乞讨人员救助管理办法》,同时废止国务院发布的1982年5月《城市流浪乞讨人员收容遣送办法》而告一段落。

一个无名青年的死,一部行政法规的骤废,这里面,有着怎么样的玄机?这与江平又有着什么样的关系?

孙志刚事件发生时,北京正笼罩在"非典"的阴霾之中。5月16日,许志永、俞江、滕彪三位北大法学博士以普通中国公民的名义上书全国人大常委会,要求对《收容遣送办法》进行"违宪审查"。以此"三博士上书"为标志,中国法律人以一种公开而张扬的姿态介入孙志刚事件。尤其是许志永和滕彪,自此踏上维权道路至今。

对此事件,江平自然不会坐视。据现在能够在网络上查到的信息,孙志刚事件过程中直接和江平有关的是5月21日江平与秦晖、何光沪、沈岿等8位学者,一道研讨收容遣送制度进行并发表相关意见。

在这次研讨会上,江平公开表达对"三博士上书"的支持。《中国青年报》的报道提及江平的观点:"我国著名法学家江平教授说:'我对他们的行为非常赞赏和支持,他们合法地运用法律赋予自己的手段和武器,不是为自己的利益,而是捍卫整个国家法律的尊严。''江教授认为,公民要求司法救济权利的呼声越来越高了。而现在公民只能对具体行政行为违法提起行政诉讼,对于抽象行政行为违法问题还是解决不了,收容制度的审查就是一个抽象行政行为。如果没有一个最终的司法救济渠道,公民合法人身权利被侵犯后的救济就会削弱。对于违宪的法律、法规和规章,由人大常委会和专门委员会审查是一个层次,高一步上升到宪法委员会,更高一层涉及宪法法院。’‘从最低层次,到将来走向中层次,再走向更高层次,中国最终要解决这个问题的。’”

为改革辩护

2004 年 8 月 9 日,郎咸平在复旦大学的一场讲座中,以题为《格林柯尔:在“国退民进”的盛宴中狂欢》为题,掀起“郎旋风”,进而引发关于改革开放的第三次大论争。改革开放往何处去?是进?是退……这场首先在经济学界爆发的论争,不时敲击着江平。

在这场事关改革开放前途的论争中,法学家姗姗来迟。据马国川在其《大碰撞:中国改革纪事》中提供的信息,最早从法律角度回应“郎顾之争”的法学家是中国政法大学李曙光教授。2004 年 9 月 15 日,李曙光在其《法制日报》的专栏“曙光视点”中,发表《从法律角度看“郎顾之争”》,将“郎顾之争”从法学角度分解成三个问题:国企改革和产权改革的合法性问题;在法律上防止改革过程中国有资产流失问题以及法律应更多强调公平还是效率问题。这篇文章发表之后,法学界才陆续有学者介入第三次改革大论争。

作为一名改革开放之后成长起来的法学家,江平亲历改革全程。对于改革究竟往何处去,无论从理论还是实践,他都有自己的看法。但他迟迟未对这次改革论争发表看法,罕见地保持了很长时间的沉默。

沉默在 2005 年 10 月份被打破。10 月 30 日下午,江平来到北京大学英杰交流中心,在“第五届张福运先生纪念讲坛”上选择一个极具挑战性的题目:《中国改革成败得失的法律分析》。之所以选择这个题目,“是因为我们改革进行到今天,对于改革的成绩、失败和问题,已经有了各种不同的看法。有的可能认为某些局部的改革是失败,甚至有的人对我们改革的整个方向都提出了挑战”。

那么,江平又是如何从法律角度分析改革的得失成败呢?

第一,改革和公私法之争。江平一针见血地指出,“中国的改革实际上是要给‘私’确定一个领域,给‘私’一个合法的地位和保护。”“我认为改革开放就是要划出一部分属于私的领域,而且把这部分领域合法化,还要对这部分领域加以法律上的保护。”江平认为,“改革到现在,我们在这个问题上没有很好地处理公私关系。”结合改革的实践,江平毫不讳言地指出,“现在的不足就是国有企业的问题。”在江平看来,国有企业问题比较复杂,“从国有财产来说,我们认为这是公的领域,而从市场主体地位来说,它又处于私的地位……所以,国有企业就面临着公与私的矛盾”。

第二,改革和私法中的平等机制。在江平看来,中国改革开放就是要建立市场经济机制,而市场经济体制下最主要的活力来源是竞争,而完全充分的竞争要求竞争主体的平等。而在中国,竞争主体的平等历程缓慢而艰难,先通过加入 WTO 解决了国内外平等的问题,再通过促进和发展非公有制经济而艰难地解决所有制平等问题,但城乡平等问题,依然还是问题。

第三,改革和私法的自由机制。在这部分,江平着重谈市场经济下的自由竞争。江平认为市场包括三大自由:财产自由、合同自由和营业自由。而对于这三大自由,又都有各自的底线。江平提出,财产自由的底线是“只有社会公共利益需要时,国家才能征收”;合同自由的底线,则是“法律不禁止即合法”;营业自由的底线则是“准则主义”,只要符合条件就不能禁止设立而不需要前置的审批程序。

第四,改革和公平机制。“当前对于改革最大的非议就在于认为改革没有体现公平,改革改到了不公平,有人富得太快,有人没富起来甚至更穷。”在江平看来,“我们应该坚持一条,就是改革绝不能以牺牲一部分人的利益来使得另一部分人的利益急剧增长。改革是需要花成本的,但是改革的成本和负担应该让大家来承担,不能让一部分人承担改革成本,让另一部分得到改革的利益。”

第五,改革和诚信机制。之所以提出这一点,是因为江平很清楚地意识到,“改革开放二十年来,市场发展了,道德水平降低了。道德水平降低,不能都怪市场,市场不能都管的。市场的自发性必然造成为了自我利益而不择手段。在这个意义上说,我们必须要规制市场。”

江平以他和吴敬琏在对话中讲到的“经济学家的天真”和“法学家的天真”为例，指出我们“不能迷信市场也不能迷信法律”，“市场经济必须建立从私法角度的诚信机制”，而“我们要看到公法里，也同样要求极大的信用，尤其是要求政府有更大的信用。”“公信力在某种程度上比私信力更加重要。”

第六，改革和权力结构。江平受郭道晖的影响，在20世纪90年代中期以来一直把权力结构分为国家权力、社会权力和私人权力。按照江平的观点，改革的过程一定程度上也成为政府权力缩小、社会权力增大、私人权力彰显的过程。对此问题，江平曾在中国人民大学所作“社会权力和和谐社会”演讲中详细阐述。

整体来看，江平从公私、平等、自由、公平、诚信、权力结构六大方面，对改革面临的问题从法律角度做了全面的阐述和分析。这篇诞生于第三次改革大讨论末期的文章，可以说从法律的角度，为改革作出最好的辩护，一定程度上亦从法律角度为改革指明方向。

捍卫新闻自由

2006年6月24日，《突发事件应对法(草案)》，在延宕三年之后，正式进入立法议程，提交十届全国人大常委会二十二次会议审议。审议次日，新华社发布消息，公布《突发事件应对法(草案)》。

在对外公布的《突发事件应对法(草案)》中，有如下两条引起公众普遍的担忧：

第45条：履行统一领导职责或者组织处置社会安全事件的人民政府，应当按照有关规定，统一、准确、及时发布有关突发事件应急处置工作的情况和事态发展的信息，并对新闻媒体的相关报道进行管理。但是，发布有关信息不利于应急处置工作的除外。

第57条第5款：新闻媒体违反规定，擅自发布有关突发事件处置工作的情况和事态发展的信息，或者报道虚假情况，情节严重或者造成严重后果的，由(突发事件)所在地履行统一领导职责的人民政府处5万元以上10万元以下的罚款。

对于这种赤裸裸地以突发事件为由加强媒体管制的做法,江平的立场同大多数人的立场一样,认为既不应该,亦不必要。江平遏制不住内心的焦灼,破天荒地应《新快报》之约,写下时评《突发事件新闻管制严重违宪》,指出“总的来说,这样的条款是严重违宪的。对于这样的条款,人大就应该发挥立法机关的作用,予以删除而不要抱有修改、完善的幻想。立法作为走向法治的第一步,责任重大,立法者当慎之又慎。”

7 月 17 日,《新快报》发表江平的评论。在此前,江平已经就《突发事件应对法(草案)》表达自己的关切。7 月 10 日《财经》发表的《突发事件应对法“突发争议”》报道,即提及“原全国人大法律委员会副主任委员、中国政法大学终身教授江平在接受《财经》专访时,特意提到最近胡锦涛总书记关于科学执政、民主执政、依法执政的论述。他说,无论是决策还是立法,都应该大力推进科学化、民主化,努力使我们的决策和立法,符合客观规律和科学规律,符合人民群众的愿望”。按照常理,这显然不是江平的全部观点。

一年后,在《突发事件应对法》出台之前,江平针对 2007 年 6 月底该法律草案的二审,借着评论凤凰大桥垮塌事件的契机,在 7 月 22 日刊出的《财经》上撰写《维护新闻自由,首在保护记者权利》一文,再次阐明他对此立法的持续关注和担忧:

但事实上,很多地方政府,出于地方保护主义,更重要是为了掩盖某些腐败行为,往往在突发事件发生后,不是积极公开信息,主动配合新闻报道,反而封锁消息,限制新闻采访。轻则回避媒体,拒绝接受采访透露信息;严重的直接对记者进行人身伤害,实施殴打或者限制人身自由,此次记者在凤凰县采访被殴打正是典型代表。

针对这种情况,有关部门应做出严肃处理,否则后果可想而知:一方面是政府瞒报、谎报信息的行为会更加猖獗,腐败行为得不到舆论监督;另一方面由于记者的工作环境甚至生存环境严重恶化,除了个别具备道德勇气、有大无畏精神之人,多数人出于自身安全考虑,面对恶性事件只能选择放弃监督保持沉默,甚至还有可能沦为粉饰太平的附庸。长此以往,受害的是整个社会,一个无人敢说真话的社会将失去发展的希望。

……

所以，当一个突发事件发生之后，重要的不是关心前来采访的人是不是记者。关键在于，应该更彻底披露信息，更坦诚面对社会舆论。惟其如此，才是上上之举。

2007年8月30日，第十届全国人民代表大会常务委员会第二十九次会议三审通过《突发事件应对法》。立法机关采纳江平等人的建议，删除相关可能限制新闻自由的条款，将第54条改成“任何单位和个人不得编造、传播有关突发事件事态发展或者应急处置工作的虚假信息”。

演讲天下

演讲也是江平推动中国进步的重要方式之一。江平的演讲，已经成为法学界乃至中国学界学术演讲的一个招牌。

江平在学界泰山北斗的地位，加上他气势磅礴的演讲，使得许许多多学术活动的主办者，都以邀请江平参加并做学术演讲为荣。也正是因为江平的出席和演讲，许多本来暗淡的学术活动增色不少。

《中国律师》前主编刘桂明在其主持该刊物时，曾多次策划过与中国律师有关的论坛。而这些论坛少不了的一位嘉宾，就是江平。刘桂明在《我给江平老师“派”任务》中回忆说：

一直秉持“想律师之所想，言律师之所言，急律师之所急，忧律师之所忧”办刊理念的我，在任职《中国律师》总编期间曾绞尽脑汁谋划了诸如“中国律师论坛”、“中国青年律师论坛”、“法学与法治巡回讲坛”、“中国律师圆桌对话”及其他区域性论坛等律师研讨培训交流平台。于是，法学大家的出场便成了展现这些平台活力的聚焦点；于是，江平老师的出场就自然而然地成了律师们的焦急期待；于是，邀请江平老师出场的重任也就自然地非我莫属了。

每每这个时候，江老师总是诙谐地回应：“只要是给律师讲课，你就尽管派任务吧！”其实，我哪敢给江老师派任务啊！我只是向律师们领任务，然后再向江老师求支援。可以说，没有江老师的帮助，我的“任务”永远都无法完成。所以，我也乐得自在而不断地给江老师“派任务”。

按照刘桂明的粗略统计,江平受他的邀请做过的演讲就有:

1997 年 9 月,在北京市律师协会关于《做人与做律师》的演讲;

1998 年 4 月,在天津市律师协会关于《为权利而斗争》的演讲;

2000 年 12 月,在北京市“中国律师 2000 年大会”上关于《新世纪中国律师的使命》的演讲;

2002 年 12 月,在昆明“法学与法治巡回讲坛”上关于《律师与法律人思维》的演讲;

2003 年 4 月,在上海举办的“法学与法治巡回讲坛”上关于《律师与诚信》的演讲;

2004 年 10 月,在合肥举办的“第四届中国律师论坛”上关于《律师与资源》的演讲;

2005 年 5 月,在北京大学举办的“第二届中国青年律师论坛”上关于《律师与职业底线》的演讲;

2007 年 10 月,在法制日报举办的“营销与管理论坛”上关于《律师与营销》的演讲。

……

那么,用什么来概括江平式演讲的风格呢?口若悬河?声若洪钟?气势磅礴?酣畅淋漓?字字珠玑……全是,又全不是。没有哪个词能够精妙而传神地概括江平式演讲的风格。

在《律师文摘》2010 年年会上,刘桂明曾对江平的演讲风格作了概括:

一是讲究条理。我们可以看到,在任何一次演讲中,江老师的演讲都是有条有理,有理有据。讲到罗马法的精神在中国的复兴,他会告诉我们从四个方面来理解:第一,从意志本位到规律本位;第二,从国家到社会;第三,从身份到契约;第四,从经验到理性。但是,他在另外一个会议上谈到“中国现今法律观念之变化”时,对此又作了新的归纳:第一,从意志本位到规律本位;第二,从管理本位到权利本位;第三,从国家控制企业到企业自治;第四,从产权高度国有化到产权社会化;第五,从完全国家意志到意思自治;第六,从人治到法治。在谈到“律师与诚信”时,他则用了一个形象的概括,那就是“四面八方说诚信”。所谓“四面”是指信用的四种性质:第一,信用是一种资格;第二,信用是一种财富或财产；第三，信用是一种权利；第四，信用是一种信息。而所谓“八方”则是指诚信与律师有关的八个方面：合伙与诚信，委托与诚信，广告招揽与诚信，包揽诉讼、恶意诉讼和诚信，服务收费与诚信，不正当竞争与诚信，虚假证明与诚信，忠实勤勉义务与诚信等。而在北大举办的“第二届中国青年律师论坛”上，给青年律师们谈“法律职业人的底线”时，他会从“理念底线、职业操守底线、生活准则底线”三个方面展开演讲。

二是揭示法理。作为一个法律教育家、法律活动家，江老师自然明白自己的演讲更需要在法理上做到答疑解惑、传道授业。所以，在江老师的演讲中，处处能够听到通俗易懂的法理，时时能够感悟简洁明了的法理。比如说市场经济主要是两大行为：交易行为和投资行为。作为市场行为，它们必然具有自由、平等和公平三大特性。又比如股东的权利，江老师告诉听讲者，按照《公司法》规定，股东享有三大权利：第一，资产受益权，也就是谁投资谁收益。第二，重大事务决策权，也就是谁投资谁决策。第三，选举管理者的权利，也就是谁投资谁选择管理者。还比如讲到国企改制时，他会做出一个非常形象地概括：其一是企业公司化；其二是公司股权化；其三是股权明晰化；其四是股权社会化。还比如在讲“市场经济的法律机制”时，江老师则会从主体、权利、行为、责任四个方面阐述其法律关系。以上谈到的都是调整市场经济方面的法律。实际上，作为一个民商法学家，江老师演讲涉及的范围非常广泛。他从罗马法的精神讲到我国民法典的制定，从公民的个人权利到国家的意志，从公平的交易到市场主体的准入，不管是用一个鲜活的案例还是引一个固定的条文，无论是结合立法形势还是结合演讲现场，江老师无不讲得头头是道，句句在理。这个理，既有道理，也有常理，还有哲理，更有法理。

三是追求真理。据我个人对江老师演讲风格和演讲范围乃至演讲对象的了解，江老师所有的演讲其实不仅仅是授业解惑。如果仅仅是为了这个目的，那就只要教好自己的学生即可。上个月 27 日，在江老师生日庆祝宴会上，我看到与会的江老师的博士生在主席台上合影，竟然好几排都站不下。由此可见，江老师的弟子完全可以用桃李满天下来形容。其实，江老师的弟子哪只眼前我们看到的学生呢？当然,江老师并非追求自己有多少弟子,而追求自己的理念能够引起多少共鸣,能够得到多少传播。所以,江老师的演讲实际上是为了传道,是为了传授法律常识,是为了传播法学理论,是为了传达法律思想,是为了传递法治理念,是为了传承法律文化。对此,江老师往往是从比较法的视野、从民商法的思维、从中国法律人的具体实践来展开演讲的。比如说民主政治文化、权利本位思想、意思自治原则、现代企业制度等,江老师除了告诉听讲者其中的知识内涵,更重要的是告诉听讲者知识背后的法理乃至真理。他曾经在律师的演讲中说过:"律师手中没有权,他靠的是什么?靠的只能是法律。他靠的不是法律的韧性,靠的不是法律的矛盾,靠的不是法律的空隙,而是靠法律的权威,靠法律里面体现的真理。"为此,他鼓励律师一方面要做好服务之道,另一方面更要做好治国之道。他告诫律师,莫以高官论英雄,莫以钱多论英雄。他希望律师要"为权利而斗争","在这个问题上,我们作为一个律师的使命来说,就是要为他人的权利而斗争。因为我们的当事人、委托我们的人,不管是诉讼案件或者非讼案件或者公司企业,这些人往往是最不了解自己在法律上享有哪些权利。那么,你给他以法律援助,使他懂得自己有哪些权利,如何为自己的权利而斗争,如何行使保护自己权利的这种程序,这就是律师的任务。所以,从我们作为律师来说,本身的任务就是为弱者、为当事人、为你的委托人而进行斗争。"

刘桂明对江平的演讲发出由衷的感慨:"如果说从简单到复杂是一种学术,而从复杂到简单是一种技术。那么,知道什么时候应该简单,知道什么情况下可以复杂,则是一种艺术。从这个意义上说,江老师的演讲已经成一种艺术。所以,无论是声音还是节奏,无论是语言还是手势,无论是气质还是形象,无论是其关注的视野还是其思考的高度,无论是其丰富的知识还是其深邃的思想,无论是其观点主张的独特还是其问题研究的前沿,江老师的演讲艺术无不发挥得淋漓尽致,无不展现得出神入化。"

江平的演讲能力,跟他早年的知识获取有很大的关系。从他成长的一些细节中,我们不难发现这种蛛丝马迹。北京政法学院编译室编印的1956年12月31日《教学简报》第21期中,刊登一篇苏联专家弗·叶·楚贡诺夫的文章“论讲演的技巧”。这篇文章由张尧翻译、江平校对。在这篇“讲演技巧”中,楚贡诺夫在征引列宁、高尔基、加里宁等马列主义政治家、文学家关于演讲的一些论述的同时,亦深入细致地阐述自己关于讲演的心得。

成功的讲演是相似的。通过楚贡诺夫的文章,我们不难发现,勤恳的积累、认真的准备、细致的润色以及讲演中必要的技巧,甚至包括语音、语调、停顿等,都将是一次讲演成功的重要原因。楚贡诺夫的文章最后,还列举并详细说明多种导致讲演失败的原因,如过多地使用专有名词、过多地使用外国字、复杂笨拙的句子排列、过多使用形容词和副词、过多引用学者的长篇大论、过多地列举数字和日期、多次重复同样的字句和措辞,等等。

江平今日的好口才,是否在早年校阅此文时,就已潜移默化地打下基础?江平校对这篇文章的时候,只有26岁,正是对知识如饥似渴的时候。尽管我没有跟江平本人求证过,但我相信这篇在当时来说公开发表的校对作品,一定深深地印在他的脑海里。

就笔者的观察而言,楚贡诺夫所提示的诸多技巧中,只有一点江平没有做到,那就是讲演前必要的停顿。江平的讲演从来不是这样,往往是主持人的话音刚落,听众的掌声响起,江平的讲演就滔滔不绝地开始了。

2002年7月,72岁的江平应邀前往西藏和青海高院做学术报告。这次旅行特别重要的价值在于,江平由此完成一个心愿:在全国所有的省、市、自治区、直辖市(包括台湾)都进行过学术演讲。“此生足矣!”江平在2003年7月出版的《江平讲演文选》序言中感慨万千。

对于自己的学术讲演,江平有着充盈襟怀的感触。而这“千言万语满胸臆”,最终在其《江平讲演文选》序言中,被形象而传神地比喻成“唱戏”、“设计”和“雕刻”:

作学术演讲好比演员唱戏。观众买账不买账,全在你唱得如何,再有名气的演员唱砸的也有。我深深地感到:一场演讲需要你全神贯注地投入,是台上与台下的交融。演讲者像一个好的演员那样,将听众带入到你所引领的新的空间中去,要让他们能够真正聚精会神地想听你下一句将会说什么!让他们感到你不是在演讲,而是在和他们交谈。

作学术演讲好比设计师设计。内容新颖不新颖全在你设计得如何。演员唱戏唱的是台词永远相同的戏，而设计师绝不应当去设计一个形式与内容完全相同的建筑。一场学术报告，哪怕主题相同，但因为听众对象的不同，它的设计方案、内容剪裁、例子选择、语言深度都会不同。给研究生所做的演讲就和给党政领导干部讲的有很大的不同。演讲首先看对象，然后量体裁衣地设计一场演讲的内容、框架。

作学术演讲好比艺术家在雕刻。精益求精，在细节上不遗余力，多下一笔刀就使作品更趋完美。作学术演讲也要像艺术家那样去精雕细刻：语言的精练准确、语言的感染力和煽动力、节奏的快慢、声音的高低、高潮的起伏，甚至肢体动作运用的恰当，都会影响一次演讲的效果。

口才颇佳的刘桂明，对于江平的演讲艺术作了绝妙而感同身受的注解。对于江平学术演讲好比演员唱戏的比喻，刘桂明评论道：

这是一位大家的风度，更是一个学者的高度。因为演讲最忌自恃清高而高高在上、指手画脚，最烦自恃才高而故弄玄虚、故作高深，最恨自恃位高而空话连篇、套话成篇。成功的演讲一定是台上与台下的交融，是讲者与听者的交谈，是思想火花与心灵鸡汤的交汇。于是，就需要演讲者对演讲对象的充分尊重和高度理解。对演讲主题的认真研究和深刻理解，对演讲内容的全身投入和全面理解。在江老师的演讲中，不管时间长短，不管人数多少，不管内容繁简，他都是像第一次演讲一样积极准备，认真对待，全面投入，激情迸发。

而对于江平将学术演讲比做设计师设计的比喻，刘桂明则认为：

如果说刚才那一番话说的是，江老师的演讲讲究的是对听众的充分尊重和台上与台下的交融，那么，这几句话讲的是江老师对演讲内容框架的设计和演讲素材的调度。于是，在面对相同的主题但不同的听众对象时，他会根据实际情况对演讲内容进行针对性的调整和完善。而面对相同的听众对象，他同样会对演讲主题重新进行设计和调整。这些年来，江老师讲过合同法，也讲过公司法，还讲过证券法，又讲过物权法，但他每一次演讲的内容绝不雷同，更不简单重复。江老师给律师做过许多演讲，但他每一次演讲内容都不完全一样，甚至连例子都不相同。比如说他同样讲做人与做律师,但他给北京律师和天津律师讲的却不完全重复,给中年律师和青年律师讲的也不完全相同,给沿海律师和西部律师讲的更不完全一致。所以,在我们律师的眼中,江老师的演讲每一次都有新意,都有新的视角,都有新的素材和资料,都有新的启发和收获。

对于江平将学术演讲比做艺术家在雕刻,刘桂明则转变话锋,讲起了他亲历甚至组织、主持的江平给律师界的演讲:

同为法律人,江老师对执业律师似乎更为偏爱,所以在每一次给律师的演讲中,从主题到内容,从素材到框架,从数据到史料,从案例到实例,他都是精雕细刻、精益求精。尽管每次演讲他都是脱稿发挥,但他实际上都是手中有稿,心中更有稿。当然,他也绝不离题万里,信马由缰。我曾经请江老师在律师界做过许多演讲,每次他都是认真思考和仔细研究。无论是在"法学与法治巡回讲坛"上讲"律师的思维"还是谈"律师与诚信",无论是在"中国律师论坛"上讲"律师与资源"还是在"中国青年律师论坛"上谈"法律人的职业底线",他都是如此准备和对待的。有时为了一个主题,有时为了一个案例,有时为了一张剪报,有时为了一篇文章,他还会问问我在律师界的有关出处和来源。比如说,他在给上海律师协会作关于"律师与诚信"的演讲时,他就是从两个剪报和一期杂志开始入题的。一般演讲之后,他还会向我了解律师们的想法怎样,律师们的反应如何,律师们的希望如何。可以说,在江老师的心目中,给律师们演讲无论是事先的准备工作还是当时即兴的发挥,都需要投入更多的激情和智慧,都需要更加认真和细致。

江平不停歇地呐喊,最终也为他带来了以"南方系"传媒集团为代表的民意所认可的荣誉。

2004年,江平的知名度和声誉空前提高,刚刚创刊不久的《南方人物周刊》,以一组"影响中国的50名公共知识分子"封面专题报道,将江平送到五位中国法律人的首席。这应是江平第一次被冠之以"公共知识分子"这么一个标签。

2008年11月24日,由南方报业集团及其下属的《南方都市报》共同评选的“30 年,30 人 · 改革开放 30 年风云人物致敬盛典”在广州举行,江平成为入选改革开放 30 年风云人物的唯一法学家。

进入 80 岁后,江平依然没有停下他奔波的脚步,他依然在中国的土地上,竭尽全力地呐喊。激励他前行的,是他心中一个未尽的梦想。

十七、80后江平

大病一场

在2008年11月份之前，江平一直深信自己的身体不错，可以不停歇地为国家、民族和社会奔走下去。时年江平78岁。

然而，11月1日突发的大病，却让他住进医院近两月，也让所有关心江平的人们，为他捏了一把汗。大家都担心最坏的情况出现。江平一向意气风发，永不疲倦，这次怎么没有任何征兆，就突然病倒了呢？

江波详细介绍江平生病的过程：

当时，我爸刚从南方讲课回来，觉得手有点麻木，也没太重视。以前也有过这样的情况，后来自己就好了。这次，我就陪他北医三院检查。检查完之后，大夫给他开了点药，要求输液，我爸嫌输液麻烦，就回家了。

回家之后又过了两天，我妻子生小孩，第二天我爸特别高兴，带着我妈来医院看孩子。看了孩子，我爸情绪特别好。然后我们一起去"苏浙汇"吃饭。那个时候，我明显感觉我爸话比平时少。饭后我把他们送出来，我爸就靠在栏杆上。我一看情况不对，赶紧开车送他去北医三院。

到北医三院之后，大夫让他打点滴，他还是不打，坚持回家吃药。第二天我妻子出院，我就跟老婆孩子回到大兴家里。

次日一早，我妈就给我打电话，说"赶快过来吧，老爷子话都说不出来了。"我赶到丰台一看，我爸老想跟我说话，但是已经说不出来。这把我吓坏了，赶快带着他再去北医三院。

本来他已经约好当天中午跟法大的吴焕宁、刘富霞、马改秀等老朋友在贵友聚会。她们还邀请我爸参加政法大学老教授合唱团，我爸那时候兴致挺高，当时也同意了。他这人特别讲信用，跟人约好的事，是一定不能反悔的。路上,我爸断断续续地说,“不行,我得去跟她们告个别”,死活要去贵友,特别固执。实在拗不过他,我就带他去贵友,跟老朋友见个面,我爸让我拿钱把单买了,才又去北医三院。

到北医三院后,就开始检查,拍片子、照 CT。下午检查结果出来后,医生就让留观。观察室条件真差,跟难民营似的,我们好不容易在靠过道的地方找到地方,一张破床,两边都是别人的呕吐物,观察室里什么样的人都有。我爸很难受地在那儿过了一晚上。

第二天想住北医三院,因为北医三院是中国政法大学的合同医院。但看到那条件实在太差,后来费安玲又找在 301 医院的熟人要了个高干病房。于是,我爸最后还是住进 301 医院。

2008 年 11 月 2 日,江平住进医院,由此开始长时间的治疗。江平生病的消息通过各种各样的途径传播,关心他的学生们颇为担忧:“法学界的良心”会不会从此倒下?大家都不敢想象最坏的结果。

据江波介绍,江平的病情是血栓导致的动脉堵塞。尤其是左侧动脉,堵塞很严重,高达 90%。这种状况,一般都是通过搭支架的方式解决,越早动手越好。但住进医院之后,治疗过程却一波三折:

我爸先是住在康复病房,那边条件比较好,住得也挺舒服。后来又住进治疗病房,治疗病房条件比较差,我爸就等不及,想早点手术、早点出院。

本来都推进手术室了,过了好半天,大夫出来后又说,我爸的病情有新情况,在手术过程中发现瘘,情况比较复杂,不敢继续往下做,先停一下,研究新的治疗方案。

我爸出手术室后还挺高兴,以为做完了。结果我们跟他说有情况,还没做,他还问怎么没做啊。后来又在三零一医院住了两个多星期才做了。

出院后,尽管恢复得很不错,但依然在江平身上留下深刻的印记,思维明显没有病前敏捷。江波说:“在生病之前,我爸思维特别快,说话一点磕巴都没有,走路虎虎生风;但现在,说话语速已经明显变慢。这一次病对他后面的人生还是有很大影响的。”

半年后的 2009 年 8 月 4 日,江平接受腾讯网“深度对话”专访,毫不避讳地向访问者介绍自己的病情:“我最近得了一场病,是中风后遗症。中风后遗症出现了以后,一开始是说话有障碍,语言有障碍,行动有障碍,经过301医院的治疗应该说基本上恢复了,可以说恢复到原来的95%吧,还没有完全恢复到原来的应该有的样子。所以大夫建议我更多的注意恢复身体,他说这个中风后遗症如果再要发作的话,问题就比较大。我现在的生活可以说是处于一种安心休养为主的状态,所以工作并不是特别繁忙。”

当记者问他病中有什么感悟时,江平坦言:“应该说,最主要的感觉就是大彻大悟了吧。原来我还始终认为自己像一个完全健康的人一样的努力工作,而且我是希望能够工作到80岁甚至再长一点,现在看来不现实了。如果你要想工作长一点,就必须把健康放在第一位。这样的话,就形成工作和身体之间的矛盾,也就是说,不能够像过去那样,始终以工作为目标。现在要把目标放得现实一点。”

八十大寿

2009年12月27日上午,一场主题为“私权在中国的昌明”的学术研讨会在北大附近大益茶餐厅举行。法学界通过这种方式,为江平献上生日的祝福。

包括北京大学法学院、清华大学法学院、中国人民大学法学院、北京工商大学法学院、北京师范大学法学院、安徽大学法学院、黑龙江大学、黑龙江大学法学院、武汉大学法学院、上海交通大学凯原法学院、西南政法大学、郑州大学法学院、江西财经大学、南昌大学在内的学术机构,专门为江平的八十大寿发来贺电、贺信。

上海交通大学凯原法学院院长季卫东教授发来的贺电文辞典雅,颇具代表性:“先生历经坎坷,壮志不渝,孜孜追求正义与自由,弘扬民主与法治,为我国法学教育与法制建设做出了巨大的贡献。先生云水风度,松柏气节,高尚人格,严谨学风,为法学界树立了光辉的典范。在此,我们衷心祝愿先生健康长寿,松鹤长春!”

江平的老朋友、意大利学者桑德罗·斯奇巴尼教授亦发来贺信,由费安玲教授代为宣读:

致中国政法大学江平教授

尊敬的教授、亲爱的朋友:

首先请允许我与其他所有的朋友、同事一起庆祝您的80华诞,请接受我最诚挚的祝贺!

能与您相识并与您一道工作了近20年,对我而言是一种莫大的荣幸。我不仅钦佩您作为法学家具有的远见卓识及影响力,而且也为您作为您伟大国家的公民和学者始终如一的信念,对选派学生、指导学生的掌控,为您的活力、您的风趣所折服。

我非常高兴在"第四届罗马法·中国法与民法法典化"国际研讨会上再次见到您,这是您的倡议取得的成果,也是我们共同工作的成果。还希望您今后多多支持。

我们期待着中国学者通过学习、传授并且用中国文化对其进行丰富,从而为罗马法系的发展做出自己的贡献。

桑德罗·斯奇巴尼教授

2009年12月27日

作为这一天的主嘉宾,江平在发言中,对自己的80年人生做了简要的回顾,提出三点他这80年特别感到幸福的地方:

第一,回想80年的历程,应该说我在不幸者当中属于相当幸运的人。因为改革开放初期,在经历22年的波折后,很多划为"右派"的同行,有的已经去世,有的年龄非常大,有的因为这样那样的原因,都不可能再发挥自己的能力和专长。而我算是其中比较幸运的,我在改革开放初期相对来说比较年轻,还有机会重新回到法学讲台,发挥自己的专长和贡献,这使我感到很幸运。

第二,虽然我曾谈到我曾失去22年的光阴,但是这22年已经补回来了。我现在80岁,按60岁退休来说,我已经补回来20年;如果我能再干20年,我就更能补回来。

第三,划"右派"期间,对自己的身体是非常大的考验和锻炼。我之所以觉得自己身体好,有两个原因:一个是家庭原因;另一个要深深感谢当时的劳动。除去年发了一场病,稍微感到有一点吃力外,总的来说,我对自己的身体感觉很好,我希望能再活10年,活到90岁。这是我下一个目标。

28日，江平80大寿家宴。江平再次重复自己的"三个幸福"。江平的二姐江伟珊，特地上台展示一首自己专门为江平大寿手书的小诗：

饱经风霜大事秋，蒙冤遇难志更坚。
立法重任凝心血，法学泰斗美誉传。
傲骨追求真善美，淡泊名利胸怀宽。
桃李满园尽芳菲，心祝康寿福绵绵。

区区56个字，虽然文字浅显，但八十多岁的姐姐对弟弟的真挚祝福，早已融化在那一帧白色的宣纸和淡淡墨香之中……

2010年1月23日下午，由《律师文摘》编辑部为江平操办的"《律师文摘》2009年会暨《江平八十华诞庆贺文集》首发式"在清华园宾馆举行。由孙国栋主编的这本非公开出版的贺寿文集，收录包括王泽鉴、张思之文章在内的46篇文字，蔚为大观。2010年11月，这本贺寿文集由中国法制出版社正式出版。

心愿与遗憾：出版口述自传

2000年70大寿的时候，江平立下两个宏愿：其中一个，设立一个以自己名字命名的奖学金；另一个，则是争取活到80岁，届时写一本回忆录。

设立奖学金的愿望，在2000年70岁生日时即已经实现。而回忆录则迟迟没有进展。之所以如此，有三个很主要的原因：第一个原因，是江平本人对于是否写回忆录，一直持很犹豫的态度。尽管近十几年来，多次有他的学生、晚辈乃至同辈劝他写回忆录，但江平内心一直不为所动。另一个原因，法学界无论是自传还是评传，都很少有人写，他认为自己还在世就出版回忆录，担心会被外界看成太突出自己。第三个原因，则是江平本人认为，他自己一生主要都在北京政法学院、中国政法大学工作，除留学苏联的经历能给读者一点新鲜的内容之外，其他都没有太多可以说的。出于这些想法，江平对于写回忆录一直不甚积极。

到了80岁生日前夕,他的学生们再次建议他,尽早写自己的回忆录。尤其是2008年底大病之后,他自己也不再乐观地相信自己可以无休止地奔走下去,遂动了写回忆录的念头,并真正付诸实践。

江平给笔者提供过一份他对自己回忆录的25章的框架安排。按照该框架,江平写完其中的第1章"从天堂之门到地狱之门"(11,881字)、第10章"关于民法与经济法的争论"(4431字)、第11章"涉足行政立法"(5857字)、第12章"难产的民法典和顺产的民法通则"(10,943字)、第13章"国有企业改制与公司法"(7324字)、第15章"罗马法的因缘"(6909字)、第18章"民事诉讼法的转正过程"(6296字)、第20章"牵动改革神经的'双城记'"(6727字)、第22章"失去衡平法依托的信托法"(6562字)、第25章"比较法的情怀"(7418字)。

但是写到这里之后,江平自己又失去动力。在《沉浮与枯荣》自序中,他写道,"起始是自己动手写的,把我参与立法活动的经历写了约10万字左右,又彷徨起来了,这些东西有谁去看呀?一停笔就是半年多。"

就在这个时候,笔者走近江平的视野,最终成为他的口述自传《沉浮与枯荣:八十自述》的整理者。2009年初,赵旭东教授即开始物色为江平先生写传记的人选。三四月份,在赵旭东的学生吴未央推荐下,笔者与赵旭东开始接触。赵旭东的想法是直接给江老师写一部大部头的传记。而我的思路,则是先做江老师的口述自传,然后在此基础上写江老师的传记。说服赵旭东教授之后,笔者又与江平先生沟通。由于2002年、2006年笔者曾两次采访江平教授,近几年亦为法律人物写过一些文章,江平最终接受笔者的想法。约定版权、经费等事宜之后,这项抢救历史的工作,便紧锣密鼓地开始。

2009年6月18日,笔者与江平先生合作其口述自传的工作正式启动。通过一次次采访、整理、校改、定稿,这本江平口述、笔者整理的《沉浮与枯荣:八十自述》于2010年9月18日下午在中关村图书大厦举行首发式。巧合的是,从开始采访到最终出版,前后历时刚好15个月。

首发式上,江平夫妇、张思之律师、中国政法大学校长黄进、法律

江平口述自传《沉浮与枯荣》。

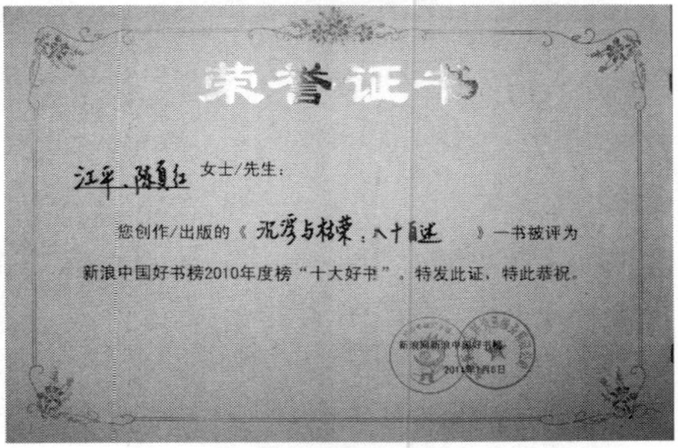
荣誉证书

江平、陈夏红 女士/先生：

您创作/出版的《沉浮与枯荣：八十自述》一书被评为新浪中国好书榜2010年度榜"十大好书"，特发此证，特此恭祝。

《沉浮与枯荣》荣获新浪中国好书榜2010年度十大好书。图为获奖证书。

《沉浮与枯荣》荣获新京报"年度致敬图书"荣誉。图为获奖证书及奖杯。

2010年9月18日下午，江平与本书作者陈夏红合作的口述自传《沉浮与枯荣》
在中关村图书大厦举行首发式。

《沉浮与枯荣》首发式上，江平为读者签名。

出版社社长黄闽、副总编吕山、编辑孙东育、郑导等嘉宾及来自学界、律师界、实务界的数百人,应邀出席发布会。

《沉浮与枯荣:八十自述》出版之前,笔者曾受《凤凰周刊》叶匡政编辑委托,代表该刊对江平围绕口述自传做过专访。这个专访,比较全面地展现出江平对于这本口述自传的基本看法,亦对自己的人生有一定的反思,姑且录之如下:

陈夏红:江老师,您的口述自传《沉浮与枯荣:八十自述》将于18日首发。作为这本书的口述人,您现在到底是怎样一种心情?您怎么看待这本回忆录的出版?

江平:我觉得从我自身的角度来说,还不是特别习惯于"回忆录"这种形式。

为什么不是特别习惯呢?一个原因是中国的知识分子更多表现得很收敛,而我这个口述自传的出版,好像带有宣扬自己的性质,所以,出版这本口述自传,我自己多少带有一种于心不安的感受。另有一个就是,像我在自序里所说的,开始的时候我自己也曾经想独立写作回忆录,可是写了几章之后,有一段时间就搁笔了。我常常扪心自问:我自己这八十年,究竟有什么特别值得回忆的呢?我总觉得一辈子都在学校,参加一些活动,更多的是讲讲课,好像没有什么特别值得回忆的地方。这两个原因,应该说在我的思想里,始终占有很重要的地位。

后来,在我的学生们的鼓励下,我自己也渐渐认为,我相比于其他人,至少从法学界来说,我的经历还有点故事性,还有点坎坷。所以从这点来说,也就写了这本《沉浮与枯荣:八十自述》。

但是写完之后,我自己也担心:这样一本书,这么一些内容,是不是读者都会感兴趣啊?我的看法是,可能学法律的人会多少有一点兴趣,那么其他人究竟会如何?这是很难说的。

所以归根结底,我是抱着十分忐忑不安的心情,来对待"八十自述"的出版。再看看社会效果怎么样,看看和我预期的相符不相符吧。

陈夏红:许多朋友知道我们在做这本书后,都表示十分期待。我的另一问题是,您回顾八十年人生,自己比较满意的经历是哪一部分?

江平:从我自己的人生经历来看,我觉得我自己比较满意的地方,或者说,比较能够得到学生和青年知识分子赞同的地方,我看就是一个,即我经历的“反右”运动后的坎坷。

我觉得,反右斗争对我来说,不应该从消极面来看,而应从积极面来看。反右对我最大的积极面,就是要我深思一下,这个人生的道路应该怎么来走?22年的逆境,给了我一个很大的人生教训,就是不能够顺着潮流去走,不能随大流。也就是说,政治这个东西,在中国是变幻莫测的,那么,你如果什么时候都顺着潮流在波动,没有自己的主心骨,没有自己的立脚点,你就会顺势而走。或者难听点说,你就是一个政治上的投机分子,总是想博得领导的同意与欢心。这是一个很大的问题。

所以我觉得,自己一生中比较可喜的事情,就是我的一生,终究没有说太多违心话,没有做太多违心事。这里面很重要的一点,就是得益于自己失意的这一段时间。失意的时间里,你不可能在那个时候再来说些违心话、做些违心的事。或者说,你不可能在那个时候,还想为了求得政治上的飞黄腾达,去做一些趋炎附势的事情。

在这一点上,我应该说是很幸运的。我也曾经讲过,如果我没有“右派分子”的这一段经历,那么在顺势的情况下,我有没有可能也成为“文化大革命”中的造反派呢?或者也跟着“四人帮”做一些事情呢?我觉得完全有可能。因为那个时候,形势已经不是自己所能控制的了,你只能顺着政治的潮流来发展。由于有了这个挫折,所以我也不可能跟着潮流走。

那么,从改革开放30年来看,我觉得也有这个问题。改革开放30年来,我也经历了一个顺境,也有一个逆境。我担任的中国政法大学的校长被免了,全国人大常委会委员、法律委员会副主任和人大代表也在两年后免去。这对我自己来说,也是一个逆境。

这个逆境对我来说,应该说是一个很好的考验。

所以回顾我的人生,实际上是两大挫折:第一个挫折是大的挫折,“反右”之后的22年逆境;第二个挫折是小的挫折,是改革开放30年中经历的小的挫折,持续了20年。坦率地说,现在实际上我也很难说是官方所认可的那样的知识分子。

陈夏红:的确如此,大家最敬重您的一点,就是您“只向真理低头”

的精神。我想知道,您怎么看像您这样的一代知识分子对中国法治的贡献?你们这一代人对中国法治的贡献到底在哪儿?

江平:我们这一代知识分子的贡献应该从历史上来看。如果从历史上来看的话,我可以说我们这一代的知识分子,正处在一个社会变革大动荡中的时期。

为什么说我们处在社会大变革、大动荡时期呢?因为在我们之前大学毕业的,无论法学家也好,其他知识分子也好,特别是研究社会科学、人文科学的知识分子,很大程度上被认为是受了旧时代的影响,还是属于旧的知识分子。特别是法学家,被认为是"旧法人员"。而我们国家对于旧法人员,和其他人文社科知识分子相比,敌意更严重一点,甚至认为"旧法人员"是为旧政权而卖命的。旧的法官也好,旧的检察官也好,有的实际上被贴上"反共老手"的标签,都是这样的一些人。

我们可以看出来,在新中国成立的时候,这些知识分子大部分被打倒了,或者说被淘汰了。就法学界来说,能够留下来的,只是国际法方面的一些专家,像王铁崖、梅汝璈,等等。他们之所以还能得到一些使用,是因为我们的外交部门还是需要这样一些专家。那么,刑法方面受的摧残是最严重的,刑法方面很大一部分,都被淘汰了。民法方面应该说基本上也是属于被利用的,"旧法人员"中残存的民法知识还可以被利用的,整体上都是这样的一些状态,像那时候我们学校民法方面,还有一些专家,他们在民国时期还是很有名的,而他们实际上在北京政法学院讲的内容,也都是旧的一些知识,仅供我们参考的一些知识。甚至还有,像谢怀栻教授这样的一些"旧法人员",应该说在私法方面还是很权威的,但实际上也是很不受信任的。你看法学所,这几年谢怀栻基本没有出国的任务,什么也没有。

这是个中国特有的情况。我们这一代知识分子,最大的特点就是:虽然我们当时被划了"右派",但是从我们的帽子里面,或者说从我们经历来看,我们还可以被叫做"革命的一代"。也就是说,我们当初参加革命是自愿的,是真诚的。我们大都是解放以后才来上大学的,虽然我读燕京大学是在1948年。这样的话,我们是带着一种红色的色彩。这是个最大的不同。

我常说,这是我们的优点,也是我们的劣势。在建国的初期,我们终究还有一些老知识分子,可供使用。但是到改革开放时期,情况就大大不同了。从年龄上来说,一些老的知识分子已经退出舞台,有的由于健康方面的原因,已经不能够再从事工作。我们这一代人正好50岁左右,所以主要就靠我们这一代人,来作为八九十年代法学界的支柱。

对我个人来说,我还有个俄语的外语基础,我的英语在燕京大学也还有基础,所以我还有两门外语的基础。而很多解放后在国内上大学的法学家,基本上都不具备这么一个条件。我是在这么一种情况下出来的。

所以,我们这一代人的优势,就是前面整整缺了一代人甚至两代人,后面新起来的一些又没有外语的优势,也没有国外培养的优势。我们这一代人是在这种情况下登上历史舞台的。

那么我们的劣势在哪里呢?就是当我们能够发挥自己的作用的时候,我们已经是50岁了。而50岁的时候,很快又担任学校的领导,所以我们专业是很不踏实的。我常常说,我没有认真看几本书,没有像研究生那样,去翻阅一些名著或者国外的著名的法学著作。在这种情况下,就显得自己的真正的学术功底,比起现在的研究生们,就差了很多,这是我最深切的感受。

所以我也常常说,我们这一代人在法学界的作用,就是一个“梯子”的作用。我们就像一个“梯子”,我们为我们的正规的硕士生、博士生的七年甚至十年,做一个梯子。现在来看,我们起到了这个“梯子”的作用。

陈夏红:一定程度上,您们也是承前启后的。那么江老师您回顾您这八十年,有没有什么事情特别想做,但却没做到的?

江平:特别想做而没做到的?我觉得实际上就是从学校工作来说的话,可能存在这方面的遗憾。

我觉得这是一个普遍的问题,就是中国现在的大学校长,实际上不可能做到像我们老一代的校长那样,培养出一些很有能力、很有作为的人才,他们从自然科学来说,可以获得诺贝尔奖金;从人文社科类说,也是特别出类拔萃。我们不可能做到这样,我们不可能培养出来整整一代具有独立、自由人格的人。我想真正很遗憾的,就是中国的教育体制，实在不可能让你一个大学校长，发挥出你应该发挥的作用。课程的安排都是由官方来决定的，现在甚至连教学的内容都是由官方来决定，哪些课的比重是多少、哪些课程该设置，大学没有任何自主的权力。

这一点来说，我觉得中国最可欣慰的，就是改革开放后，我们摒弃了阶级斗争作为法律的主导思想，我们真正跟国际上一样，以公平正义作为法学的指导思想，这点是变化很大。我们培养出来的学生，从这一点上来说，体现了跟国际上的接轨。但是我们真正的独立自由的思想，还差了很多。我们培养的学生，在学校的时候很有理想和激情，可是一旦进入社会，他们就完全融入社会里头。社会环境对他们的熏陶作用，远远大于学校对他们教育的作用。

《沉浮与枯荣》出版后佳评如潮，各方面的反响多少出乎作者和出版方的预料。2010年11月28日，深圳读书月组委会和深圳报业集团联合评选的“2010年度十大好书”出炉，《沉浮与枯荣》不仅入选，而且被评为年度十大好书第1名，由此自动当选“年度图书”。评委魏甫华撰写的评语说：

这是一本用生命写成的书，是一本关于大时代大智慧的书。江平先生这本八十自述，写的是他们这一代知识分子的心灵史和精神史。在国家巨变时代，个人命运之所系乃国家民族命运之所系。江平先生以中国法制现代化进程的见证者、参与者、观察者和推动者的身份，践行了学者作为社会转型“扳道夫”的责任伦理，彰显了个人之精神与道德人格力量之于国家社会转型建设中的作用。

2011年1月7日，新浪网“新浪中国好书榜”2010年年度十大好书揭晓，《沉浮与枯荣》被评为第2名。

2011年1月8日，新京报书评周刊编辑部举办的“新京报2010年度好书”颁奖典礼在现代文学馆举行。《沉浮与枯荣》在评选中获得年度好书第1名，并自动当选唯一的“年度致敬图书”。致敬辞曰：

这是八十长者的人生道路记录，也是一段中国法治社会建设的艰辛历程。江平的《沉浮与枯荣》，聚焦“只向真理低头”人生宗旨下的公共活动和言说，以他的跌宕人生，为几十年来中国社会的进步留下见证。

我们致敬江平,因为他以自己的人生守望推动国家的法治建设。我们也致敬记录者陈夏红,因为他的记录,让我们能在历史中深思。

此后,《沉浮与枯荣》还陆陆续续进入其他榜单:《光明日报》评选的2010年度光明书榜"十大好书"第1名;《中华读书报》"2010年度十佳图书"第5名;凤凰网2010年度十大好书第5名;凤凰网网友票选2010年度十大好书第7名;《新世纪周刊》2010年度书单第8名;《都市快报》"独立书评"2010年度好书第8名;《新消息报》"2010年度十大好书"等。

结　语

走笔至此，这部《出没风波里：江平和他的时代》暂时结尾了，尽管较之于江平先生过去八十多年波澜壮阔的精彩人生，以及未来的岁月，这远远不是收尾的时候。

季卫东之问

在一篇关于江平的文章中，季卫东提出一个我们必须思考的问题："将来的史家以及人民会怎样评判20世纪后半叶的中国法律界的学术、实务以及人物？"

毫无疑义，这个问题也适用于江平。江平作为我们这个时代最有声望的法学家，将来的史家以及人民会怎样评判他？

对于这个问题，2000年70大寿的时候，江平用他的谦虚给自己做了一个明确的定位：

我不是一个真正意义上的法学家，因为我没有认真读过多少法学名著，也没有写出什么像样的法学专著。

我是一个法学教育家，我以学校为舞台，努力培育一代具有现代法治观念的，具有民主、自由开放思想的法律工作者、法律家、法学家。

我是一个法律活动家，我以社会为舞台，在立法、司法、政府部门、企业等诸多领域为建立现代法治国家助推了一把力。

江平这一段表述，在绝大部分描写江平的文章中都会得到引用。将自己定位成法学教育家、法律活动家而不是法学家，至少从江平的角度来说，他已经对自己的功过与成败有着清醒、冷静的表述——尽管这在很多人看来，有着谦虚的成分。如果他都算不上法学家，那么这个时代，谁能算得上？

季卫东写道：

当然，由历史来审理的案件是容许答辩并充分考虑客观情节的，因而评判的结果迄今也还无法预测。但有一点现在就可以确定，即像江平先生这样大放异彩的存在,无论如何都会对今后那次无法避免的“审判者也被审判”的公堂对簿以及各自的供词产生深远的影响。在对良知进行交叉询问之际,有些人可能要说我们“愧对江平”;也有些人则会庆幸有个把守住正义底线的江老师,可以在某些方面或多或少减轻法律人的羞惭——这一点,从大家常说的“目前中国法学的精神脊梁”这句话上,已经可以略见端倪。

江平和他的时代

究竟,该怎么说江平和他的时代?

综观江平和他的时代,我们可以用“幸运”和“不幸”来概括。

江平的幸运与不幸都不简单是个人的幸运与不幸,都刻着强烈的时代烙印,至于应该怎样正确认识给江平带来幸运和不幸的时代,还是留待历史和人民去评说吧。

但正是这些不幸,使得江平能够深思人生之路,能够想清楚再走,能够在社会的底层感受社会的脉搏,进而站在时代潮流的前沿,终于用他优良的道德与文章,成为一代法学之翘楚。

而他人生中的幸运,使他从中学开始,即与当时硕果仅存的“北系”地下党有了联系,加入了地下党外围组织,成为新生政权的同路人,受到远远多于旧知识分子的信任和重用。之后又留学苏联,能够在以阶级斗争为纲的时代,更早地开眼看世界。也正是因为这一点,使他能够乘着改革开放的春风顺势而上,一定程度上,也成为改革开放政策的受益者。

就江平的这些幸运与不幸来说,他作为我们这个时代最有名望的法学家,无疑也是我们这个时代最后的法学家。他所经历的幸运,无论是革命经历还是留学经历以及外语优势,现在革命经历已经过时,“海龟”车载斗量,后人不可能再以此津津乐道;而江平所经历的不幸,历史也很难再简单复制那个年代,后人亦无可能效法江平。

江平的孤独

从形而下的层面来说,江平一点也不孤独。人生八十,功名利禄早已看破。但即便如此,无论他走到那里,都有听众自发的起立致敬和掌声、鲜花。正如当年流行的话语"我的朋友胡适之"一样,今天人们亦越来越以"我的老师江平"为荣。江平只是一个学者,但是在一定程度上,他所得到的尊敬早已超越这一点。

但退一步说,江平又是异常孤独,而且,这孤独不可言说。在其口述自传《沉浮与枯荣》自序中,江平的起笔则已暗含这种孤独:"我一生中真正能称得上是故友、至交的人几乎没有,这可能与我的人生信条'君子之交淡如水'有关吧!也许是因为自己年轻时被划成了'右派',故友和至交逐渐离去,人情淡漠,我也不敢再奢求于故友和至交了!"

其实,江平的孤独不仅如此。在我看来,他的人生更大的孤独在于,他不懈地通过呐喊的方式,来说出我们这个社会极其匮乏的常识,但是,"言者谆谆,听者藐藐",他如同在空旷的山谷中声嘶力竭地大喝一嗓子,但期待许久,却没有得到任何回声,山谷还是那个山谷,中国也还是这个中国。

江平的宽容使得他没有一个敌人,但却有很多潜在的对手。

他的最大的对手是专制、落后。无论是早年要民主、争自由,还是晚年呐喊、呼唤法治和权利,他所吁求的,无非是一个人人享有民主和自由、人民权利得到充分保障、政治清明、历行法治的理想社会的早日到来。

他的另一个对手是愚昧。随着网络技术的发展和公众的进步,近年来,我们在一些公共事件事件中,听到越来越多批评甚至谩骂江平的声音。我不是说江平不可以被批评。但我们应该看到,他所遭致的批评多少有点无厘头……一定程度上,他的批评者们并不真正在意他说的是什么。在一个思维碎片化的"围脖"时代,网民们织就的不是分享和聆听,而是迫不及待地表达。江平的批评者们正是如此,对他们来说,江平说什么、做什么并不重要,只要一点点断章取义的言论,批评者们就能够忽略江平的苦心孤诣,而将他送上道德优越感的审判台。

蒋勋在《思维孤独》一文中说的一段话,笔者认为很能概括江平所面临的这种孤独:

我认为思维孤独,是六种孤独里面最大的孤独。作为一个不思考的社会里的一个思考者,他的心灵是最寂寞、最孤独的。因为他必须先要忍受,他所发出来的语言,可能是别人听不懂的、无法接受的,甚至是别人立刻要去指责的。作为一个孤独者,他能不能坚持着自己的思维性?这是很大的考验。

此言得之,江平的孤独正是如此。江平用自己的坚持,给蒋勋的提问给出肯定的答复。

成功与失败

臧否历史人物,无非成败二字。

整体上来说,江平的人生是非常成功的——

作为一个民法专家,江平参与改革开放以来大部分民商事立法,在学术领域亦留下开创性的贡献。尤其是其早期的《西方国家民商法概论》、《罗马法》等书,无不成为中国学子开眼看世界的窗口。

作为一个学者,江平坚持独立之精神、自由之思想的道德底线,言他人所不敢言,说他人所未能说,尤其是最近二十年,江平在未担任任何官方职务的情况下,却以其"呐喊"对我们的国家、我们的民族产生持久的影响力。

作为中国政法大学的校长,江平在位只有一年半的时间。但就这一年半的时间的经历,却让江平获得终身的荣耀。他成为一代学子心目中大学校长的理想标志,他是法大校史上最短命的校长,但却也成为"永远的校长"。

……

对于我们任何人来说,能够取得上述诸多成就中的一项,人生即已完美。而更为完美的是,江平取得了上述所有的成就,成为完美的人生中尤为完美者。

犹记得江平在《沉浮与枯荣:八十自述》中坦言,"人是要担任多重角色的,只有担任多重角色才能体会各自分工、责任的不同。我担任教授,一生离不开的是讲坛;我担任过校长,离不开的是行政权力;我担任过两级(最高的和最低的)人大代表,行使的是民意代表的职能;我担任过全国人大法律委员会副主任,行使的是全国立法职能;我担任过二十多年的仲裁员,行使的是司法的职能,我从中学到了如何行使审判员的权力。只有参加多种社会活动,担任多重社会角色,才能使自己避免成为关在象牙塔内的封闭学者。”

然而,在取得这些成就的同时,江平也在人生历程中经历种种劫难——

这些劫难,放在任何人身上,都很有可能毁掉一个人的人生。叹息、怨艾、悲愤……这些无妄之灾临头,好端端的人生轨迹就此改变,谁能笑对苦难?

江平能够。从这一点来说,他真是坚强者的化身。鲁迅有言,真的猛士,敢于直面惨淡的人生,敢于正视淋漓的鲜血。江平就是这真的猛士!

然而,即便江平在个人的生命历程中一直很坚强,却又表现得十分智慧。这也是为什么江平在一定程度上能够为官方所接受,而又在民间享有清誉。

既敢于斗争,又善于斗争

2007年9月,法律出版社在其“法学家演讲录”系列出版物中,隆重推出了江平的《我所能做的是呐喊》;2008年12月,首都师范大学出版社推出“北京社科名家文库”,江平自选集《私权的呐喊》列为第二辑第一本隆重推出。读者必已看到,江平晚年很重要的两部文选,均冠以“呐喊”二字。

“呐喊”已经成为江平晚年的关键词。而江平式的“呐喊”方式,便是一次又一次的讲演,从国内到国外,从东到西、从南到北,江平孤绝而苍凉的声音响彻神州大地。

2010年1月23日下午,由《律师文摘》操办的“江平先生与中国法治”年会暨《永远的校长:江平教授八十华诞庆贺文集》首发式在清华园宾馆举行。江平在发言中,特别提及他为什么要给最近的两本书都冠以“呐喊”二字:

我最近两本书都用“呐喊”二字,头一本书是《我所能做的是呐喊》,最近一本叫做《私权的呐喊》。我为什么选择“呐喊”这两个字?一方面当然是受鲁迅的启发,但也不仅仅是因为这一点。我选择“呐喊"很重要的原因就是,形势越来越严迫,外面的环境越来越难。在这种情况下,就有必要"呐喊"。不管你用什么字,"呐喊"是一种在情况比较紧急的情况下呼吁的声音。

"呐喊"这个字,也说明另外一个问题,那就是既要敢于斗争,又要善于斗争。在现今中国法治建设的情况下,如何把这两个东西很好结合起来,我始终在思考。这是一个很难的问题。要么你是善于斗争而不敢表态;或者你敢于表态,有时候又失去分寸。中国法治建设最根本的问题是党的领导的问题,是中国政治制度的基础,政治制度不改革,其他一切都不能改。政治制度不改革,法治、司法改革都没有太大的成就。在这种情况下,弄不好就容易"踩着线"、跨过禁区。所以在中国的情况下如何把这两个东西很好结合起来,既要敢于斗争,又要善于斗争,这是一个很艰巨的任务。

我记得季卫东教授曾经写过这个问题,这个问题也引起我的思考,他主要是讲:江平为什么在中国现在的政治条件下又能够生存,还能够没有太"踩线"? 虽然领导也重视你,但也考虑到你有一点要注意。我又是"线内"的人,我又是"线外"的人,所以这种情况确实是难把握。我想我们现在都是应该在"线内"的人、"线外"的人之间把握住分寸,这能够更好一些。

能够在线里与线外保持一种微妙而倾向又很明显的姿态,这的确有点难为江平。也正是在这一点上,江平的长袖善舞,使得他既能够为当局所接纳和容忍,又能够保持知识分子的古道热肠和精神气节,捍卫学者的天职和尊严。适当的妥协已经成为江平精神世界的一个重要的关键词。於兴中教授在评价李步云的一篇文章中,有过这样一段评述:

20世纪后半个世纪的中国法学是以实用主义与教条主义之间持续的斗争与妥协为特点的。李教授的文章反映了很多这些斗争与妥协。

对那些受过西方教育或者年轻得多的几代人而言,李教授的文章似乎太谨小慎微而缺乏战斗力。但是我们必须理解,这是一个学者在高度不稳定,有时甚至是反复无常的政治环境下想要表达其有争议的观点。他不可能像年轻的当代人那样对某些明确的观点持强硬的态度,因为这样可能导致不必要的后果。当政治环境不利于学术研究时——这在中国最近的历史上是常有的——敢于讲话就已经是一个胜利了。事实上,在这种情况下,李教授已经相当成功地表达了他的观点,而比起他的同行要成功得多,他们因为其所持的观点及表达其观点所用的方式要么从学术界完全消失,要么成为国家机器的代言人。

在我看来,於兴中用来评价李步云的话,放在同时代人的江平身上亦是准确的。

精神与风骨

2004年4月,江平受聘为社科院法学所研究员。贺卫方亦以学生身份应邀致辞。在致辞中,贺卫方提到江平的精神:

第一,他有着非常强烈的令人感动的道德勇气。这种道德勇气可以说是延伸到他生活的每个环节。江老师有深切的家国之忧,并对民族的命运一直保持着最强烈的关注。我们都记得他为学生而做出的种种努力,以及他又如何想方设法与某些邪恶势力抗争。他有一句名言,他也常常将此题给他的学生们:"只向真理低头"。1990年,被免去校长职务之后的江老师度过60岁寿辰,中国政法大学的毕业生们自发地为江老师祝寿。在祝寿活动进入高潮的时候,我们都要求江老师表演一个节目。江老师走路不太方便,但是我们还是看得到他步履的坚定,他用英文演唱了美国工会运动的一支歌曲,叫《我们绝不动摇》。看到这个场面,在场的每一个人的心灵都深受震动。一个民族、一个国家需要有自己的脊梁,而江老师就属于这样的脊梁,而法治社会的建立靠的也就是这样的脊梁。

第二,江老师身上体现的是知识分子的尊严。在相当长的时间里,知识分子一直被视为依附性的群体,他们只是要为某种阶级服务,自身绝无独立的品格。直到今天,知识分子仍然面临着政治与经济的双重挤压。如何在这样的环境中保持独立的品格,是我们每一个人都经常要面对的考验。江老师是著名学者,他的学术领域不仅仅在民商法,还在其他的许多领域,近年来尤其关注宪法问题。江老师意识到民法得以具有生命,离不开一个良好的宪政环境。江老师对于在中国建设宪政体制所面临的困难有敏锐的洞察,他的言说在理论高度和立论的独立性上都超越了某些一辈子研究宪法的学者,显示了知识分子的尊严,显示了面对政治以及商业逻辑所保持的独立品格。

第三,江老师热情提携后学的精神感人至深。在他70岁的时候,拿出自己的积蓄,宣布成立“江平民商法学基金”,对于那些在法学学习和研究上成绩突出的学子加以表彰。同时,江老师足迹踏遍大江南北,给各种各样的人讲课,这些人都通过学习不仅了解了民商法的知识,还了解了江老师的精神,他博大精深的学问。我认为江老师在我们这个时代里对于后学而言,可以说是影响最大的教师之一,他是我们这个民族的法学老师。

江老师内心充满着对生活和我们这个世界的热爱,他喜欢古典音乐,做格律诗,也是一个级别很高的球迷,对于世界杯和欧洲杯的转播,江老师也和年轻人有同样的热情,后半夜三点爬起来看球,第二天又兴致勃勃地参与学术研讨。那样的精力充沛让年轻人也自叹弗如。今天,这样的仪式让我为江老师感到由衷高兴的同时,也不免让我对于未来有一份企盼,希望将来我74岁的时候也能够受聘成为法学所的荣誉研究员,也有江老师这样健康的身体,更重要的是,有江老师这样的精神。

这篇演讲之后的第五年,贺卫方在撰写“时代的法学教师”一文时,对江平精神又作了两点补充:

首先要补充的是,他极度珍惜自己教育家的角色,无私而勤勉地投入到教育和传播法治理念与知识的事业中。记得江老师曾经谦虚地说自己不是法学家,只能算是法律教育家。了解他的人都记得他对待自己所从事的这个职业是何等认真而虔诚。无论是在哪里演讲,他都认真地做准备,绝不敷衍塞责。到了台上,他总是精神饱满,神采飞扬,讲授内容丰富而生动,令所有的听众都为所获得的知识与思想上的收益而兴奋不已。记得2007年5月,河北浩博律师事务所的宋振江律师在邯郸举办“燕赵律师论坛”,通过刘桂明邀请江老师为河北的律师就物权法发表演讲。10日下午六点,江老师刚从外地讲学归来,刘桂明和我就到他的楼下接他,马上驱车三个多小时赶往邯郸,草草吃了点东西马上就与当地的一些律师座谈到深夜。次日上午演讲三小时,不要说律师们,我也通过这三小时的听讲而进一步理解了物权法的原理及其在中国的独特困难。午饭后江老师立即赶到火车站乘车回京。在北京西站早有政法大学的学生等候,直接接到位于昌平的法大校区,匆匆忙忙吃了个汉堡包,就来到了学生辩论赛赛场,精神抖擞地为辩论赛进行点评。这样的节奏即便是年轻人恐怕都吃不消,但是这位77岁、一只腿还是假肢的老人却马不停蹄、一路奔波下来,这是怎样的一种精神!

要补充的第二点是江老师尊重他人、尊重规则的风范。无论参加怎样的活动,江老师都会准时出席。在规定了发言时间的会议上,他的讲话从来都会在规定的时间里结束(实际上,大家都特别期待他能够多讲一点),绝不拖泥带水。有些人——特别是某些知名学者——参加会议仿佛是一种对其他人的赏赐,讲完话立即走人。但是,在我也有机会跟他一起参加的会议上,江老师从来都是自始至终地认真开会,认真地听取每一个人的发言。在服饰方面,江老师也给予特别的注意。在重要的研讨会或仪式化的场合,他永远是西装领带,仪表庄重。记得在某大学校庆时举办的一个国际学术研讨会上,一位年轻学者上台发言,衣着过于随意。江老师马上悄声跟我说:“在这样的场合,如此衣冠不整真是太不应该了。”他那郑重的语气给我留下了深刻印象。

与贺卫方所作的第一点补充遥相呼应的,还有另一个细节。柳经纬在其贺寿文章中提及:

再一件是2008年秋,由中国政法大学发起的钱端升法学研究成果奖第二届评奖活动进入最后评定阶段,江老师是评奖委员,我担任评奖委员会办公室主任,负责评奖活动的具体事务,评奖会议在西四环的世纪金源酒店举行。江老师参加完上午紧张的评奖会后,不顾劳累,下午就要赶往机场,去外地做一场法治讲座。午餐后,在等待接送车辆的间隙,江老师拖着行李箱,就着酒店过道的沙发稍作休息。我问江老师是否安排到客房休息,江老师谢绝了,说在这儿就行了。一位年近80的老人,且身有残疾,他完全有条件不问世事而颐养天年,然而他却是如此的忙碌,究竟为了什么?这使我想起之前有一次去拜访江老师时,他对我说的一段话:“我现在老了,做不了什么事,所能做的,也只有呼吁!”我想,这么一位可敬的老人,如此忙碌地奔波于各地做法治讲座，不就是为了国家的法治而呼吁吗，还能为了什么？！

米健也曾在贺寿文中写下："他面对挫折和压力所表现出的坚定，那种对自己行为立场的自信，那种不愿委曲求全宁折不弯的气节，那种对于已然出现的逆境的从容，让我这个当时三十岁刚出头的青年深深感动，敬重日增。"

江平的性格中还有很闪光的一面，即他的宽容与大度。米健写道："在我和他交往的二十五年里，从来没有听他一味地抱怨过什么。在平常的生活工作中，他同样也经常遭遇不平甚至根本不应该发生的误解，但他从不在意，偶尔提及一些过往或眼前的不快，都是一带而过。每次和他在一起，更多的是感受到他的积极、乐观和大度。和他每次交流聊天之后，你总会感到轻松愉快，似乎获取了生活与工作的新的热情。"

江平口述自传出版后，《东莞时报》记者陈祥采访笔者。我曾告诉陈祥：每个人心中都有自己的江平。比如说，对于江平先生的博士生们来说，在他们心目中的江平，更多是一种"一日为师、终身为父"的情怀；对于中国政法大学85级、86级的学生们来说，他们眼中的江平，更多是作为"永远的校长"的江平；而对于民法学界来说，江平更多是一代大家；对于整个公众来说，江平是一个从不隐瞒自己的立场，并勇于为弱者呐喊、为私权呐喊的公共知识分子；对于今天法大校园里的80后、90后来说，江平更多是一个和蔼可亲的"江平爷爷"，更多是一个传说……相信这种列举，不能全部概括江平在每个人心目中的大体形象，但的确能够表现他生命历程中的某些方面。

江平精神亦如此。我相信每个人心目中也都有自己理解的江平精神。

最后的法学家

江平是我们这个时代最后的法学家。

读者或问：难道现在熙熙攘攘如"过江之卿"的法学家中，就没有人能够继承江平先生的衣钵，续写法学家的光荣与梦想？

对这个问题，我的答案非常悲观。让人揪心的现实是，在现实政治和市场经济的双重诱惑与压力面前，越来越多的法律人以进出官场为荣，以在市场经济的商海中遨游为荣，能够独立而清醒地就社会公共事务发言的法学家越来越少；与之相对应的，是一些完全以民粹主义为立脚点的声音大行其道。像江平先生这样“站在法律的一边”的法学家越来越少。在今后技术特征越来越强、人文教育越来越少的法学教育中，我们可能会培养出法律技巧炉火纯青的专家，但很难培养出像江平这样道德文章俱佳的大家。

我们现实的学术环境，亦未能给我们培养像江平这样的法学家提供良好的土壤与广阔的舞台。教育行政化的泛滥、市场经济下消费主义的盛行等诸多因素，已经使得大学精神日渐萎缩，成为学术官僚与学术包工头、打工仔的栖身地。大学早已不再是学术自由、精神独立的堡垒！

这就是我为什么愿意称江平先生为“最后的法学家”。

无论是英雄造时势还是时势造英雄，都需要时势和英雄在特定时间的相逢。他的悲剧性的人生，得到了人们广泛的尊敬与同情。而更让人敬佩的是，在这种人生的巨大灾难面前，江平并没有变成祥林嫂式的人物，喋喋不休地展示历史的伤痕，而是笑对人生，积极投身于中国法治建设的洪流，站在时代的潮头呐喊。

分析江平的人生，这两点其实都很重要：没有悲剧，无以获得同情；没有呐喊，无以获得尊重。我们在江平身上看到很难得的一点是，他同时具备这种条件，最终成就其良好的声名。

在江平口述自传出版之际，我曾在封底写下一段话：江平先生的八十年，不仅给我们留下一部编年史，更留下一种只向真理低头、绝不向命运屈服的精神。

我们不知道江平剩下的人生道路还有多长，我们更不知道江平在中国法治建设的道路上还能呐喊多久，我们更不知道未来的史家和人民究竟如何评判江平的历史地位与功过，但是，我们现在可以确定的一点是，江平作为这个时代最有声望的法学家，他的表现对得起这个时代，也不枉他那八十年波澜壮阔的人生。

……

2009年12月27日“私权在中国的昌明”学术研讨会上，有这么一段发言：

我们已经退出历史舞台，今天看到这么多到会的人，我深深地感觉我们这一代人真的算完成任务了，我们把我们的接力棒交给青年一代，主要靠你们来完成这个重大的事。中国的法治化进程非常艰巨，有些人问我中国的实现法治需要多少代才能够，我说一代两代人够呛，我们期待三代四代，所以任重道远，完全靠在座的努力。

江平以他的清醒与达观，表达了对自己历史使命的清醒认识。他可能会逐渐淡出中国法治建设的主力军，可能会逐渐从我们法学史上消失，但是，他只向真理低头的气节不会消亡，他为私权呐喊的悲悯不会消亡，他绝不向命运屈服的精神不会消亡。我深信，亲爱的读者会继承江平的精神，继续追逐法治之梦想。

江平的书房一角

后　记

尽管这本书经过四易其稿后杀青，但我并没有如释重负的感觉。在我心里，这本书的书名后面还有“未定稿”或者“征求意见稿”字样。我个人并不认为这是一部完美的作品。假以时日，随着时间的流逝和阅历的增长，或许我将有更从容的时间和心力与思考，来使得这本评述“江平和他的时代”的人物传记更加完美。

本书写作的依据，主要是对江平的家人、同事、朋友、学生等的采访及其他文献资料。当然，正文中的引用并不全是录音原文，而由笔者在无损原意的前提下作了适当地编辑。另外，并非每个人的采访都被引用，绝大部分采访最后被用在这本书中的不足十分之一。取舍标准无他，唯行文需要而已。这是有必要向所有采访对象和读者交代并请理解的。

对于这本书来说，尽管所有事件都已是明日黄花，但我所做的，依然类似于记者的工作。与记者采访新闻相比，我更多是在采访历史。在这本书中，我通过不断地提问，把我获取的信息经过必要的加工整理，然后即以新闻的方式告诉读者“江平和他的时代”的故事。

在写作前，我有一个雄心：想让这本人物传记既是文学的，也是史学的，更是法学的。但随着写作的深入，我发现这样的目标在一定程度上超越我对主题的驾驭能力。因此，写作的思路一再调整。

坦率地说,到最后我已经无意于撰写一部江平的“全传”。我所能做的,是尽可能通过自己的工作,给读者勾勒出“江平和他的时代”的轨迹;向读者展示江平“出没风波里”的一生。至于江平的是非功过究竟如何,我想把作出结论的机会留给读者。

出于尊重读者的考虑,笔者在这本书写作中坚持如下原则:对于江平口述、笔者整理的江平口述自传《沉浮与枯荣:八十自述》,不到万不得已,一般不引用。对于《沉浮与枯荣:八十自述》中着墨较多的篇章,尤其是江平的立法活动和学术研究,本书亦尽可能简略,甚至略过不提。一些涉及江平人生中关键事件而口述自传中已经引用过的文献和材料,除非必须,在这本书中原则上不再引用。

基于上述原则,这本《出没风波里:江平和他的时代》与江平的口述自传完全是“姊妹篇”,两者差异非常大。倘若两本书结合起来读,“江平和他的时代”可能会更全面一点。希望这不要被您看成是在后记中插播广告。

基于行文流畅的考虑,再加上这本书本身亦不是纯粹的学术专著,我并没有将文献出处以脚注形式标注,而是将文献题名尽可能插入正文中。书末附有主要参考资料目录,这也是我在整理江平口述自传时所参考的基本文献。

用两年时间完成两本书:江平先生和我合著的《沉浮与枯荣:八十自述》以及我独著的《出没风波里:江平和他的时代》,几易其稿,工作量不可谓不大,效率也不算太低。之所以如此,是因为我在这两年的时间里,几乎所有的时间和精力都花在这两本书上。写作过程中,我的健康状况一度亮起红灯,甚至不得不进医院。这种超负荷的劳作,是人生中一种难得的体验。我非常珍惜这份体验。

也正是因为工作量大而时间有限,在我自己看来,这本书留下太多的遗憾:可能还有该采访的人未采访,可能还有该看的资料未细看,很多思考乃至对资料的选择,对传主的刻画都未来得及展开。到最后,写作纯粹变成和时间赛跑的体力活。

还需要说明的是,基于众所周知的原因,这本《出没风波里:江平和他的时代》注定会被“删节”、“修改”。尽管内心充满遗憾,但我依然希望有一天,这本书能够更加真实地呈献给读者,正如江平在其口述自传首发式上所讲,“这天应该能够来到,我也相信能够来到。”

在一个网络技术日新月异的时代,真正的好书应该像“维基百科”一样,由作者和读者共同完成。亲爱的读者,我怀着谦卑而真诚的心态,随时期待您的鼓励、建议、批评还有更多的线索与素材。我的电子邮件地址是 fadaren@ 126. com。

这注定会是一本沉重的书,但我还是祝您阅读愉快。

陈夏红

2011 年 6 月 25 日定稿于荷兰马斯特里赫特无忧壁

参考文献

(一)江平作品

江平编著:《西方国家民商法概要》,法律出版社 1984 年版;

江平:《江平文集》,中国法制出版社 2000 年版;

江平:《江平讲演文选》,中国法制出版社 2003 年版;

江平:《信是明年春自来:江平诗词选》,中国政法大学出版社 2005 年版;

江平、米健:《罗马法基础》(修订本第三版),中国政法大学出版社 2004 年版;

江平:《我所能做的是呐喊》,法律出版社 2007 年版;

江平:《私权的呐喊:江平自选集》,首都师范大学出版社 2008 年版;

江平口述、陈夏红整理:《沉浮与枯荣:八十自述》,法律出版社 2010 年版;

(二)其他文献

阿计:《大立法:一个记者眼中的中国立法进程》,四川人民出版社 1997 年版;

阿计:《法治备忘:共和国立法、执法实录》,法律出版社 1999 年版；

阿计：《见证：世纪之交的共和国立法、执法报告》，人民出版社 2002 年版；

阿·托尔斯泰：《苦难的历程》，徐立贞译，北京燕山出版社 2006 年版；

北京市法学会编：《法学论集》，北京市法学会 1983 年编印；

北京政法学院四个政治理论教研室编：《北京政法学院右派分子言行汇编》，1957 年编印；

蔡定剑：《历史与变革：新中国法制建设的历程》，中国政法大学出版社 1999 年版；

陈洁：《山河判断笔尖头》，三联书店 2009 年版；

陈夏红：《百年中国法律人剪影》，中国法制出版社 2006 年版；

陈夏红编：《法意阑珊处：20 世纪中国法律人自述》，清华大学出版社 2009 年版；

陈夏红：《政法往事：你可能不知道的人与事》，北京大学出版社 2011 年版；

程燎原：《从法制到法治》，法律出版社 1999 年版；

崇德北京三十一中校庆筹备组编：《崇德北京三十一中学建校八十周年纪念》画册，1991 年编印；

戴煌：《胡耀邦与平反冤假错案》，中国文联出版公司、新华出版社 1998 年版；

董必武：《董必武法学文集》，法律出版社 2001 年版；

董必武法律思想研究会编：《陶希晋文集》，法律出版社 2008 年版；

《法治与人治问题讨论集》编辑组：《法治与人治问题讨论集》，社会科学文献出版社 2003 年版；

甘绩华：《甲子回眸：甘绩华耄耋叙语》，法律出版社 2010 年版；

高皋、严家其：《文化大革命（十年史）》，天津人民出版社 1986 年版；

顾昂然：《回望：我经历的立法工作》，法律出版社 2009 年版；

顾昂然：《立法札记——关于我国部分法律制定情况的介绍

(1982~2004)》,法律出版社2006年版;

顾维钧口述、唐德刚等整理:《顾维钧回忆录》,中国社会科学院近代史研究所译,第1~13册,中华书局1983~1994年版;

郭道晖、李步云、郝铁川主编:《中国当代法学争鸣实录》,湖南人民出版社1998年版;

郭德宏、林小波编:《"四清"运动亲历记》,人民出版社2008年版;

中国政法大学民商法教研室编:《民商法纵论》,中国法制出版社2000年版;

郭恒忠主编、阿计、赵宇红副主编:《法大85:青春的记忆》,中国政法大学出版社2009年版;

龚烈沸编著:《宁波古今方志录要》,宁波出版社2001年版;

何海波编著:《法治的脚步声:中国行政法大事记(1978—2004)》,中国政法大学出版社2005年版;

何兆武口述、文靖撰写:《上学记》,三联书店2006年版;

侯凤菁:《燃烧的多瑙河:匈牙利1956年事件真相》,新华出版社2009年版;

《纪念册》编委会编辑:《回眸"起跑线"——北平市青年文工团建团60周年纪念册(1949—2009)》,2009年编印;

蒋勋:《孤独六讲》,广西师范大学出版社2009年版;

《经济观察报》出品:《2004年的中国:崛起的中国与世界》,中信出版社2004年版;

李龙主编:《新中国法制建设的回顾与反思》,中国社会科学出版社2004年版;

李鹏:《立法与监督:李鹏人大日记》,新华出版社、中国民主法制出版社2006年版;

李宗仁口述、唐德刚撰写:《李宗仁回忆录》,广西人民出版社1988年版;

林达:《西班牙旅行笔记》,三联书店2007年版;

凌志军:《变化:1990~2002年中国实录》,中国社会科学出版社2003年版;

柳经纬:《当代中国民法学的理论转型》,中国法制出版社 2010 年版;

柳经纬主编:《共和国六十年法学论争实录·民商法卷》,厦门大学出版社 2009 年版;

刘恒等:《走向法治:广东法制建设 30 年》,广东人民出版社 2008 年版;

刘贻清、张勤德主编:《“巩献田旋风”实录——关于〈物权法〉(草案)的大讨论》,中国财政经济出版社 2007 年版;

龙应台:《大江大海一九四九》,台湾天下杂志股份有限公司 2009 年版;

罗平汉:《1958—1962 年的中国知识界》,中共中央党校出版社 2008 年版;

马国川:《大碰撞:中国改革纪事》,新华出版社 2006 年版;

马国川:《观察:26 位热点人物解读中国话题》,中国经济出版社 2008 年版;

马国川:《争锋:一个记者眼里的中国问题》,中国水利水电出版社 2008 年版;

马立诚、凌志军:《交锋:当代中国三次思想解放实录》,今日中国出版社 1998 年版;

B. M. 马诺辛:《苏维埃行政法》,黄道秀译,江平校,群众出版社 1983 年版;

马契拉·费拉拉、毛里奇奥·费拉拉:《陶里亚蒂传》,孙源、古野原译,世界知识出版社 1957 年版;

密洛凡·德热拉斯:《新阶级:对共产主义制度的分析》,陈逸译,世界知识出版社 1963 年版;

纳拉纳拉扬·达斯:《中国的反右运动》,欣文、唐明译,华岳文艺出版社 1989 年版;

潘灯等:《30 年,30 人:见证中国改革开放(1978 ~ 2008)》,外文出版社 2008 年版;

单刚、王英辉:《岁月无痕:中国留苏群体纪实》,中央编译出版社 2007 年版;

沈志华:《苏联专家在中国(1948~1960)》,新华出版社2009年版;

沈志华主编:《中苏关系史纲(1917~1991)》,新华出版社2007年版;

史良等:《苏联的司法工作》,湖北人民出版社1956年版;

苏联莫斯科大学新闻系中国留学生:《在苏维埃土地上》,中国青年出版社1959年版;

孙国栋、王景智、梁小玲编:《为了一个共同的梦:〈律师文摘〉创刊五周年纪念文集》,2007年编印;

孙国栋编:《永远的校长:江平教授八十华诞庆贺文集》,2010年编印;

孙国栋、赵国君编:《耄耋律师仍少年:张思之先生八十华诞暨执业五十周年庆贺文集》,2007年编印;

宋汝棼:《参加立法工作琐记》,中国法制出版社1994年版;

唐德刚:《史学与文学》,华东师范大学出版社1999年版;

唐德刚:《胡适杂忆》(增订本),华东师范大学出版社1999年版;

唐德刚:《史学与红学》,广西师范大学出版社2006年版;

唐德刚:《书缘与人缘》,广西师范大学出版社2006年版;

唐德刚:《晚清七十年》,台湾远流出版事业股份有限公司1998年版;

唐纳德·里奇:《大家来做口述历史:实务指南》,王芝芝、姚力译,当代中国出版社2006年版;

唐毅主编:《不要违背良知》,东方出版社2010年版;

陶和谦:《经济法学》,群众出版社2004年第6版;

《佟柔文集》编辑委员会编:《佟柔文集》,中国政法大学出版社1996年版;

王梦初编:《"大跃进"亲历记》,人民出版社2008年版;

王卫国主编:《中国民法典论坛(2002—2005)》,中国政法大学出版社2006年版;

王玉明主编:《中国法学家辞典》,中国劳动出版社1991年版;

吴敬琏:《呼唤法治的市场经济》,三联书店2007年版;

吴晓波:《吴敬琏传:一个中国经济学家的肖像》,中信出版社2010年版;

席宣、金春明:《“文化大革命”简史》(增订新版),中共党史出版社2006年版;

谢怀栻:《外国民商法精要》(增补版),法律出版社2006年版;

谢英整理:《谢怀栻先生纪念文集》,中国法制出版社2005年版;

解战原、马抗美主编:《永远的法大人》,中国政法大学出版社2002年版;

许承庸编:《长毋相忘:献给北京市第三十一中学九十周年华诞》,2001年编印;

许章润:《法学家的智慧:关于法律的知识品格与人文类型》,清华大学出版社2004年版;

徐康编著:《青春永在:1946—1948北平学生运动风云录》,北京出版社2004年版;

徐孟洲、周珂主编:《中国社会主义市场经济的法律调整——市场经济就是法制经济》,法律出版社1993年版;

徐向华主编:《新时期中国立法反思》,学林出版社2004年版;

薛涌:《仇富:当下中国的贫富之争》,江苏文艺出版社2009年版;

燕大文史资料编委会编:《燕大文史资料》(第1~6辑),北京大学出版社1988年4月~1992年3月版;

燕京研究院编:《燕京大学人物志》(第一辑),1999年编印;

燕京研究院编:《燕京大学人物志》(第二辑),北京大学出版社2002年版;

燕京大学北京校友会编印:《燕京大学校友通讯录(1919—1952)》,1997年编印,2002年修订;

燕京大学北京校友会编印:《燕大校友通讯》,第2、3、4、5、6、7、10、11、12、13、14、15、17、18、19、20、21、23、24、25、26、27、28、29、30、31、32、33、34、35、36、37、38、39、40、41、42、43期,1984~2005年编印;

燕京大学香港校友会编印:《燕京大学校友通讯录》,1986年编印;

燕京大学香港校友会编印:《燕京大学校友通讯录(续篇)》,1988年编印;

燕京大学香港校友会编印:《燕大校友通讯》,1984年编印;

燕京大学香港校友会编:《赵泽隆文集选》,香港凌天出版社2005

年版;

燕京大学天津校友会编:《燕津影集:庆祝国庆50周年和校庆80周年》,1999年编印;

燕京大学天津校友会编印:《燕园钟声通讯》,第3、4期,1996年、1997年编印;

杨继绳:《邓小平时代:中国改革开放集市》,中央编译出版社1998年版;

杨继绳:《中国改革年代的政治斗争》,ExcellentCulturePress(HongKong)2004年版;

杨正彦主编:《雄哉!壮哉!——燕京大学1945~1951级校友纪念刊》,1994年编印;

姚以恩等编:《姜椿芳纪念文集》,中国大百科全书出版社2008年版;

叶永烈:《反右派始末》,青海人民出版社1995年版;

尤凤伟:《中国一九五七》,春风文艺出版社2004年版;

余玮、吴志菲:《中国高端访问12:伴随中国法治进程的13种声音》,经济日报出版社2008年版;

于光远、杜润生等:《改革忆事》,人民出版社2009年版;

於兴中:《法理学检读》,海洋出版社2010年版;

乐承耀:《宁波近代史纲(1840~19190》,宁波出版社1999年版;

张大中:《我经历的北平地下党》,中共党史出版社2009年版;

张樹智:《燕京大学与我》,2006年编印;

张友渔等:《法学理论论文集》,社会科学文献出版社2003年版;

张友渔等:《宪法论文集》,社会科学出版社2003年版;

章诒和:《往事并不如烟》,人民文学出版社2004年版;

周春梅编:《杨振山纪念文集》,中国政法大学出版社2006年版;

周小平主编:《中国百科事业25年(1978~2003)纪念集》,中国大百科全书出版社2003年版;

中国社会科学院法学研究所民法经济法研究室编:《经济法理论学术论文集》,社会科学文献出版社2003年版;

中国社会科学院法学研究所资料室编:《论法律面前人人平等》,社会科学文献出版社2003年版;

中国人民政治协商会议宁波市暨各县(市)区文史资料委员会合编:《宁波文史资料》,第1、2、3、4、5、6、7、8、9、10、11、13、14、15、16辑,1983~1995年编印;

中国司法工作者访苏代表团编印:《苏联司法工作访问记:关于检察工作部分》,1956年编印;

中国政法大学民商经济法学院编:《十年江奖:江平民商法奖学金成立十周年纪念(2000—2009)》,2009年编印;

中国政法大学校史编写组编:《中国政法大学校史》,中国政法大学出版社2002年版;

中国政治法律学会编:《政法界右派分子谬论集》,法律出版社1957年版;

中华全国体育总会北京市分会编:《冬季体育锻炼手册》,青年出版社1951年版;

朱崇实主编:《共和国六十年法学论争实录·经济法卷》,厦门大学出版社2009年版;

朱地:《1957:大转弯之谜:整风反右实录》,山西人民出版社、书海出版社1995年版;

朱地:《1957年的中国》,华文出版社2005年版;

朱正:《1957年的夏季:从百家争鸣到两家争鸣》,河南人民出版社1998年版;

(三)网站

"律师文摘",http://www.lvshiwenzhai.com/

"中国律师观察网",http://www.ccwlawyer.com/

"洪范法律与经济研究网",http://www.hongfan.org.cn/

"法大85:青春的记忆",http://fada85.blog.sohu.com/

"财经网",http://www.caijing.com.cn/

"乌有之乡",http://www.wyzxsx.com/

"中国政法大学",http://www.cupl.edu.cn/

图书在版编目(CIP)数据

出没风波里:江平和他的时代/陈夏红著.—北京:法律出版社,2013.1(2013.3重印)
ISBN 978-7-5118-2799-9

Ⅰ.①出… Ⅱ.①陈… Ⅲ.①江平—传记 Ⅳ.①K825.46

中国版本图书馆CIP数据核字(2011)第234363号

出没风波里:江平和他的时代 陈夏红 著
特约策划 赵旭东
责任编辑 孙东育 郑 导
装帧设计 知行工作室

开本 710毫米×1000毫米 1/16
版本 2013年1月第1版
出版 法律出版社
总发行 中国法律图书有限公司
印刷 世纪千禧印刷(北京)有限公司
印张 23.5 **字数** 320千
印次 2013年3月第2次印刷
编辑统筹 独立项目策划部
经销 新华书店
责任印制 张建伟

法律出版社/北京市丰台区莲花池西里7号(100073)
电子邮件/info@lawpress.com.cn
网址/www.lawpress.com.cn
销售热线/010-63939792/9779
咨询电话/010-63939796

中国法律图书有限公司/北京市丰台区莲花池西里7号(100073)
全国各地中法图分、子公司电话:
第一法律书店/010-63939781/9782
重庆公司/023-65382816/2908
北京分公司/010-62534456
西安分公司/029-85388843
上海公司/021-62071010/1636
深圳公司/0755-83072995

书号:ISBN 978-7-5118-2799-9
定价:45.00元
(如有缺页或倒装,中国法律图书有限公司负责退换)